ASAHI SENSHO
朝日選書
1037

死生観を問う
万葉集から金子みすゞへ

島薗 進

朝日新聞出版

死生観を問う――万葉集から金子みすゞへ　目次

死生観を問う
万葉集から金子みすゞへ

島薗 進

はじめに

宗教の教義が教える死生観は道徳と安心の源となってきた。正しい信仰をもち善業を積むことで永遠の生命、来世の幸せが与えられ、そうでなければ地獄に落ちる、あるいは悪しき運命に再生すると。

こうした信仰は現代人にとってはそのままに受け取りにくくなっている。とはいえ、生活文化のなかには伝統的な宗教文化から引き継いだものが多く残っている。生活文化のなかの死生観もすっぽりと捨てることはなかなかできないものだ。弔いの文化はそのよい例だ。

そこで生活文化のなかの死生観は言葉としては表現しにくく、人生のさまざまな機会にその意味を問い直されることになる。たとえば、なぜお墓参りをし、墓前で手を合わせるのか。教義的な死生観は受け入れにくいし、自分自身の死生観は言葉にしにくい。

こうした事情もあって、自分なりの死生観を言葉にしたいと思う現代人は少なくないと思う。ヒントになるのは、過去の人々が宗教教義や科学的生命観の枠を超えて表現してきた死生観だ。自ら死に向きあったり、死別の悲嘆のなかから古人が生み出してきた言葉が豊かにあって、現代人も親しみやすいものが多い。とくに、多くの人が親しめると感じているのは文芸のなかに表現された死生観だ。そういえば、現代文芸にも死生観の表現はふんだんに見出せる。

本書は古代から現代に至るまでの生活文化と日本の文芸のなかから、死生観の表現を拾い上げて、私たち現代人の死生観を問い直す手がかりにしようとして書かれたものだ。古代以来の日本の死生観表現といっても膨大かつ多様である。

そこで「魂のふるさと」「無常」「桜」「うき世」などのモチーフに注目し、現代人が死生観を言葉にする際の手がかりにしたい。宗教的な死生観については直接ふれないが、念頭に置いている。宗教から離れようとして、なかなか離れきれない近世以来の日本人だが、死生観について考えることでその理由も少し見えやすくなるかもしれない。

大伴旅人《おおとものたびと》、山上憶良《やまのうえのおくら》、菅原道真《すがわらのみちざね》、紀貫之《きのつらゆき》、紫式部、西行《さいぎょう》、芭蕉、一茶、福沢諭吉、夏目漱石、野口雨情、折口信夫《おりくちしのぶ》、金子みすゞ、金子兜太《とうた》、そして現代作家の若竹千佐子などが登場する。『ギルガメシュ叙事詩』、「コヘレトの言葉」、李《り》白《はく》、杜甫《とほ》、『ルバイヤート』など古来の海外の文書や詩人にも言及している。もちろん他にも取り上げるべき人や文書、また形式は多いので、私なりの勝手な見通しのもとでの選択だ。そしてそれらを現代から古代へ、そして古代から現代へとループを描く形で並べ、ある見取り図を提示する。「私自身のために」探究した結果、こうなったが、展望を示すことは現代に日本語を使って生きている方々にもそれなりの意義があるとも思い、わかりやすく書くことを心がけてもいる。どこから読み始めていただいてもかまわない。読者の腑に落ちる箇所があることを願っている。

序章

一、『おらおらでひとりいぐも』の問い——夫の死と死生観の覚醒

二〇一〇年代の日本人の死生観といってもさまざまに違いないが、まずは私にとって印象に残る小説から一つの例を取り上げよう。若竹千佐子『おらおらでひとりいぐも』（河出書房新社、二〇一七年）である。著者は岩手県遠野市で生まれ大学卒業後、地元の男性と結婚し、三〇歳頃から首都圏で暮らしている。夫の死後、五五歳から小説講座に通い始め、六三歳でこの作品を書き、二〇一八年度の芥川賞を受賞した。

題から分かるように、この小説では東北地方の方言がふんだんに用いられている。作家自身よりも一〇歳ほど年上の主人公「桃子さん」が、夫「周造」の死後、死を前にして新たな人生に目覚める話だ。題の意味するところは、以下の引用箇所のあたりまで読み進むとわかってくる。

亭主が死んで初めて、目に見えない世界があってほしいという切実が生まれた。何とかし

てその世界に分け入りたいという欲望が生じた。それまでは現実の世界に充足していて、そんなことは考えもしなかった。それだのに。科学的でないことは受け入れない、自分は戦後に教育を受けた新しい人間なのだ、頑《かたく》なにそう思っていて、そんな世界を吹聴する人を旧弊《きゅうへい》とひそかに軽蔑してもいた。（同書、一一四ページ）

これまで気にも止めなかった「あの世」が死別の悲嘆を通して、急に身近なものになってきたという。死後の世界などは信じられないし、信じる必要も感じない。霊の存在や霊感などを信じるというのはあやしいし、危ない。そういう教育を受けてきて、それが当たり前と思ってきた。それだのに。だがその時はもう、自分がこれまで培ったと思っていたものが全部薄っぺらなものに思えていた。ほだって、おら何も知らねがったじゃぁ。あの当時ため息のようにして何度繰り返したことだろう、何も知らねがった。（同前）

何を知らなかったのか。大切な人が死ぬ。その喪失の辛さを知らなかった。「体が引きちぎられるような悲しみがあるのだということを知らなかった」。いったん、それを知ったからには、今までのままで生きていくことはできない。「自分が分かっていると思っていたのが全部こんな頭でっかちの底の浅いものだったとしたら、心底身震いがした」。

もう今までの自分では信用できない。おらの思っても見ながった世界がある。そごさ、行ってみって。おら、いぐも。おらおらで、ひとりいぐも。（同前、一一五ページ）

墓参りの道行き

桃子さんの世界に「扉が開いた」。さまざまな声が聞こえるようになった。「亭主の声だけでない、どこの誰とも分からない話し声が聴こえる。今はもう、話相手は生きている人に限らない。樹でも草でも流れる雲でさえ声が聴こえる、話ができる。それが桃子さんの孤独を支える」。あの世に繋がる通路が桃子さん自身の中にある、そう桃子さんは確信しており、それが変であると言われても気にしない。「この世の流儀はおらがつぐる」（同前、一一六ページ）と言う。

この小説は5章に分かれているが、第4章は亭主が眠る市営霊園へと向かう道行きである。今、引用してきた箇所もそこから引いている。その道行きで自分の人生を振り返っている桃子さんは、夫の死に打ちのめされ、悲しみに暮れていたその時こそが一番輝いていたときだったと思う。「平板な桃子さんの人生で一番つらく悲しかったあのときが一番強く濃く色彩をなしている」。「不思議なことに痛みを呼び戻す時だけ桃子さんは十も二十も若返って、あの当時に戻れると思うから皮肉である」（同前、一一一―一一二ページ）。ところが、この墓参りの道すがら、桃子さんは足が滑って右足のくるぶしをしたたか石の角にぶつけてしまう。「あんときも痛がったよね」。おかっぱ頭の小さな女の子が現れ、手招きして進む。そして、導かれたのは故郷の家だ。

桃子さんは気がせいて震える手で引き戸に手をかける。戸を開ければ、ばっちゃの割烹着《かっぽうぎ》に顔を埋めたときと同じ匂いがした。この匂いこそ故郷の家そのものなのだ。上り框《かまち》に足をかけたとき、桃子さんは自分の足が小さくなっているのに気が付いた。足だけでない、手もふっくらとすべすべの丸まった小さな手に変わっている。（同前、一二四ページ）

道行きがさらに続き、最後の難関長丁場の上り坂にさしかかり、「ここまできて足は限界に近付いたよう、ひっきりなしの痛みがあった」。そこで、桃子さんの心は自らの死についての思いがあふれてくる。「あいやぁ、この痛み、生きでいるがらごそだおん。それでも当面のおらを辟易《へきえき》させるこの痛み、凌駕《りようが》して余りある究極の安心がおらにはあるど、ほんとうに」。若い時には考えもしなかった「死ぬるなどというごど」、まがまがしく忌み嫌っていたことだが、今は違う。

あのどきにおらは分がってしまったのす。死はあっちゃにあるのでなぐ、おらどのすぐそばに息をひそめで待っているのだずごどが。それでもまったぐといっていいほど恐れはねのす。何如《なじよ》って。亭主のいるどころだおん。何如って。待っているがらだおん。おらは今むしろ死に魅せられでいるのだす。どんな痛みも苦しみもそこでいったん回収される。死は恐れでなくて解放なんだなす。これほどの安心ほかにあったべか。安心しておらは前を向ぐ。おらの今は、こわいものなし。なに、この足の痛みなぞ、てしたごどねでば。（同前、一四〇ページ）

魂のふるさとのありか

以上、見てきたところからもわかるように、この小説は、「あなた自身の死生観」を語った作品とも言える。青春小説に対して高齢者の境地を描く玄冬小説という言葉による特徴づけもあるようだが、高齢でなくても孤独をかこち、死を意識しつつ自らの身の置き所を模索している者にとっては身近な作品だろう。若者が読んでも引き寄せられるはずだ。

勝手に「あなた自身の死生観」小説とよびたいのだが、それは死別の悲嘆と自らの死に備えて生きる生き方が正面から描き出されているからだ。その意味では、無常を意識し、この世の生のはかなさを嘆く心が基底にある。それに対して、特定の宗教の答えがあって、それを信じているというのではない。かといって死を恐れ、死にとまどう、途方に暮れているというのでもない。死に備える意識があり、自分なりに答えのようなものが見えてきている。この作品はそれを描こうとしているのだ。『おらおらでひとりいぐも』という題の「いぐ」は「死に向かって行く」というニュアンスがあり、それを「おら」ひとり（自分自身）でできる、それを示した小説とも言えるだろう。

この孤独を支えている一つの要素は「故郷＝ふるさと」だ。すでに桃子さんの前に小さな少女が現れ、故郷の家に案内する場面を紹介した。自分自身やさまざまな他者が、桃子さんの心の中から姿を現す。「ばっちゃ」（おばあちゃん）も度々登場するが、「ばっちゃ」の声自体、ふるさとの臨在《りんざい》を表している。そして、桃子さんの心の中からふるさとの声、つまり方言が湧き上がってくる。桃子さんもよく理解しているのだが、桃子さんの心の中から湧き上がってくるさまざまな声は、実は過去の人々の声、先祖たち、死者たちが伝えてきた声のようでもある。

第5章では故郷の山、八角山が「ちっちゃぐ」やせて見える夢を見たというエピソードが語られている。今は家族は誰もいない。だが、「夜の底深く静謐《せいひつ》を湛《たた》えて星空に沈む八角山の図柄が心に広がるだけで、それだけで胸が熱くなる桃子さんがいる」とある。作家が遠野出身であることを知る読者は、自ずから六角牛山《ろっこうしさん》を思い浮かべるだろう。「いったい八角山とはおらにとってなんだべが」。

先人たちの死生観から未来の人たちへ

周造が死んだとき、桃子さんの目に焼き付いた光景がある。白昼夢なのだろうが、現実ではないかと思ってしまうという。

女たちの長い行列を目にしたのだった。女たちはこの世の人だったのかどうか、皆 白装束《しろしょうぞく》だった。一列で一定の間隔で誰も何も語らず、ただ黙々と前を見て歩いていた。（中略）ほどなく女たちは梯子《はしご》のような、険しい山道のような処《ところ》を力強く一歩一歩上っていく。すぐに雲間に隠れて見えなくなってしまうようで、やんた、このまま行がせたくない。ううん、おらも行ぐ。おらも一緒についでいぐ。必死に追いすがったが、どうしても追いつけなかった。

（同前、一四八―一四九ページ）

この女たちの姿は桃子さんにとって安らぎにつながるものだ。「繋がりたい。あの列に加わりたい」。同じ痛みを背負っている人が大勢いる。「おらばりでねぇ。この悲しみはおらばりでね。だって死は生の隣に口を開けて待っている」。その列に自分も連なるのだ。何度も自分にそう言い聞かせた。「あの人たちは、八角山のふもとで営々と生きてきた女たちだ。向かうところも八角山なのだ。八角山とはそういう山だった。そしておらも。おらはあそこで生ぎだ女たちの末裔《まつえい》である」。浮遊した根無草だと思っていたが違っていた。

帰る処があった。心の帰属する場所がある。無条件の信頼、絶対の安心がある。八角山へ寄せるこの思い、ほっと息をつき、胸をなでおろすこの心持ちを、もしかしたら信仰というのだろうか。八角山はおらにとって宗教にも匹敵するものなのだろうか。（同前、一五〇ページ）

桃子さんはこう自問して、「そうであって、そうでない」と自答する。「神だの仏だのそんな言葉は使いたくない。では、なんというか。おめ。おらに対するおめ。必ず二人称で言われなければならないのだ」。「おらはおめを信頼する」。そこに八角山との一体感がある。「おらはおらの人生を引き受げる。／そして大元でおめに委ねる」。桃子さんにこう言わせた後で、作家は「どうも孤独のあまり肥大化した自意識がそう思わせた節がある」と付け加えている。

だが、その八角山が「ちっちゃぐ見えた」。それは深まる孤独の表れだ。驚くことに桃子さんはマンモスと会話していた。マンモスに向かって「津軽海峡は歩いで渡《わだ》ったのが」などと尋ねたりしている。そして、「どこさ行っても悲しみも喜びも怒りも絶望もなにもかにもついでまわった、んだべ」と。その後、気づいたようにこんなことも言う。「おらは人とつながりたい、たわいない話がしたい。ほんとうの話もしたい／ああそうが、おらは、人恋しいのが」。

この心細さをどうすればよいのか。答えは伝えるということだ。「伝えねばわがね。それでほんとにおらが引き受けたおらの人生が完結するのでねべが」。桃子さんがわっと泣き出す。そんな桃子のところに孫の「さやちゃん」がくる。小説のフィナーレである。多くを引用し、要約させていただいてきたが、その美しい場面について要約するのはさすがに気がひける。ぜひ原文を読んでいただきたい。

二、自分自身の死生観を探る——東日本大震災後に目立つ死生観探究

『おらおらでひとりいぐも』を現代人の死生観という文脈から読み解き、紹介してきた。宗教学や死生学というものを学んできて、二〇一三年から上智大学グリーフケア研究所で現代人の喪失と悲嘆、孤独とケア、そして死生観について社会人とともに学んできた者として、思い当たることの多い作品である。あの世や死後の霊の実在を信仰するというところまで行かない人にとっても、死者との絆はなくならない。死者とのやりとりはさまざまな形で続いている。死の向こう側は確かにあるのだ。

悲しみが消えない、なくならないということは、死者の実在感が薄れないことのわかりやすい

標《しる》しである。また、死者の実在感が薄れないということは、遺された者にとって死者がいかに大切な存在であったか、その存在がいかに尊いものであったかを示すものである。生者がそのことを強く自覚するのは、たとえば夢に死者が現れるということだ。そして、そうした経験をする人は少なくない。その夢を見た人が、その夢から何か大きな意味を見出したりすることもある。自分の生き方を見直したり、死について考え直したりすることも少なくない。

『おらおらでひとりいぐも』のように、死別の悲嘆や死者との交わりの経験から、包括的とも言ってよいような死生観の再構築に向かい、自分なりに深めていく人はさほど多くないかもしれない。だが、その入り口にいる人たちは少なくない。とりわけ二〇一一年の東日本大震災後、そのような動きが目立つようになってきた。大学のゼミの学習研究活動の中から、東日本大震災の慰霊・追悼と悲嘆の表出・分かち合いの深化・拡充に取り組み、そこから死生観の再構築という課題が読み取れるような書物がある。二〇一八年に刊行された東北学院大学震災の記録プロジェクト・金菱清《かねびしきよし》（ゼミナール）編『私の夢まで、会いに来てくれた』（朝日新聞出版）だ。

これを読んだ多くの人々は、そこに記録された被災者たちの夢の語りに引き込まれ、あたかも祈りの場に立ち会っているかのように、心を動かされ、追悼の念と悲嘆への共鳴を呼び覚ますことになるだろう。四章「夢を思考する」の「孤立〝夢〟援――なぜ震災後、亡き人と夢で邂逅するのか」に書かれているとおり、金菱清氏は震災の直後から学生とともに「震災の記録プロジェクト」に取り組んできたが、人々の生活現場からの発信を重んじるアプローチをとってきた。それは、被災者にとっても、学生にとっても、そして研究者や多くの市民にとっても、心に届く新たな力をもった方法と感じられ、その成果が次々と世に問われていった。

「夢」と「生きている死者」

その持続と蓄積のたまものでもあるが、二〇一七年には「夢」を手がかりとしてなお悲嘆を胸にもつ人たちの話を聞き、記録する企てが行われた。こうして「夢」を媒介として多くの悲嘆が語られ、そして夢がもたらした癒しや慰め、また新たな目覚めの体験が語られることになった。死者は生きている。夢を通して、死者は思いがけない恵みや導きをもたらしてくれる。そして、それは多くの場合、辛い別れと孤独な悲嘆のなかにあった人々ならではの痛切さをもって語られている。

死別によって遺された人々によって、苦難を超えて、あるいは苦難とともに生きていくあり方が語られていてほっとし、かつ鼓舞されるように感じる人は多いだろう。それは、死者が生者とともに生きる世界のあり方を指し示してくれているからだろう。そこには喪失による悲嘆を超えて生きていくために、心が行う「喪の仕事」がわかりやすく語られてもいる。心を癒す物語、とりわけ童話や絵本がそうであるように、誰でもが入っていける心の再生の世界がそこにある。『私の夢まで、会いに来てくれた』が如実に示しているのは、現代日本では心の痛みを負うふつうの人々にとって、「夢」と「生きている死者」が深い心の痛みを慰め癒してくれるような経験領域があるということだ。これは人類社会にかつても多々あったことかもしれない。だが、「現代」の「日本」だからこそとくに際立つともいえそうだ。

そこには日本の民俗宗教などの文化のなかに見られる現象とあい通じるものがときどき現れている。死者に向かって祈る、死者に何かを捧げる、死者の訪れを迎える、死者と語り合う、といった儀礼や習俗や実践は日本の過去には広く見られ、現代でも珍しいことではない。この書物にもそのような場面が多々現れている。

このような儀礼や習俗や実践が、死者の言葉を聞く、死者のメッセージを受け止めるという形にまで展開することは伝統文化にもしばしば見られるものだった。東北のイタコやカミサマ、沖縄のユタ、各地の稲荷信仰などでシャーマニズムとして捉えられることもある。この本の語りのなかにはそうした霊能者もときどき登場している。

だが、この本の夢に現れる死者との交わりは、特別の霊能をもつ人を通して行われる「死者(霊)との交わり」ではなく、ふつうの人がふつうに見る夢のなかで行われるものだ。では、こうした経験はかつてはなかったのか。たぶんそんなことはない。だが、かつてはそれを見知らぬ他者に向かって語るというようなことはほとんどなかっただろう。

ところが、二一世紀に入った日本では、それが珍しいことではなくなった。夢で死者と交流する個人とその語りに引き寄せられる個人として、見知らぬ他者同士が語り、耳を傾ける関係に入る。そしてそれが相互にとって、慰めになったり学びになったりする、そのような時代になったのだ。これは各地で死別や喪失の悲嘆を語り合うグリーフケアの集いが開かれるようになった時代相と相通じている（拙著『ともに悲嘆を生きる』朝日新聞出版、二〇一九年、参照）。ここではそれが、夢に死者が如実に現出する経験という視点をもって集められることによって、新たなスピリチュアリティの祭典のような様相を呈している。

「孤立〝夢〟援」の経験を分かち合う

そのことから見えてくるのは、孤独のうちに死者とやりとりする経験をもつ人が多いということでもある。四章の金菱清氏の総括文が「孤立〝夢〟援」と題されているのは、ゼミ生の片岡大也君の表現によるとのことだが（『私の夢まで、会いに来てくれた』二四二ページ）、言い得て妙である。インタビューの機会を得て、多くの方々が応じてくれた。その方々にとっても、死者の夢について、課題を託された学生らに語るのはいやなことではなかった。

一章の「俺がこの世にいないなんて冗談だよ」の語り手、青木恭子さんも、三章の「最愛の妻と娘は魂の姿に」の語り手、亀井繁さんも、死者の夢をノートに書き止めるようになっていた。息子の謙治さんを喪《うしな》った青木恭子さんも、妻と娘を喪った亀井繁さんも夢から不思議と言えるようなインスピレーションを受けて、深い慰めを得ていたことが記されている。ノートを書き始めるきっかけについての青木さんの語りを、聞き手の林真希さんは次のようにまとめている。

謙治さんを失ってから、多くの人が恭子さんを慰めてくれたが、どの言葉にも癒やされることはなかった。しかし、夢の中で自分がこの世にいないことは冗談と語る謙治さんの言葉は違った。一番、聞きたかった言葉だった。誰の言葉より心に響いた。／そうだよね、あんたがいないなんて、ありえないよね。（同前、七六ページ）

青木さんや亀井さんの語りからは、孤独な魂に訪れる宗教的な覚醒の体験があったように感じられる。亀井さんもそうした覚醒を重ねてきて、死者との絆を深めていったことが語られている。「夢なんて誰でも見るでしょ、とか、脳が見せているだけと言う人もいるけれど、私にとっては単なる夢ではないんです。夢の二人は、魂の姿。だから、夢を見ることは、私にとって生きる力。これからも、宏美と陽愛《ひなり》も一緒に、家族として生き続けることなんです」（同前、二三七ページ）。

そして、青木さんも亀井さんも、そのことを他者と分かち合うことにだんだん前向きになってきたようだ。青木さんや亀井さんが、金菱ゼミの学生らの求めに応じて語り出したのは、そのような気運が熟して来ていたからでもあっただろう。悲嘆の孤独から夢を通して死者との共同性を取り戻し、それが他者との交わりの再生にもつながっていた。

もちろんこうした語りが望めばすぐに集められるというものではない。そこには、金菱氏の研究方法の練り上げと金菱ゼミの蓄積、そして東北学院大学関係者のネットワークが大いに寄与していた。こうして、現代の日本人にとって、苦難の経験を超えて「死者とともに生きる」あり方の重要性が、また、「夢を通して自己を超えた次元にふれる」経験の重要性が明らかにされたと言えるだろう。

三、あなた自身の死生観のために――死生観の探究と文化資源

東日本大震災のもたらした苦難と悲しみの記憶を伝え、そこから大切な事柄を学び取り、よりよき未来に向けて生きていく糧《かて》とする試みは、今後も続けられていくことだろう。二〇一七年に聞き取られ、翌年に刊行された『私の夢まで、会いに来てくれた』は、そのような試みが多くの人々の心を打ち、悲しみが生きる力の源となるものであることを証する貴重な作品である。そこから示唆されることは、多くの人々が「あなた自身の死生観」を探究する、とば口にいるということだろう。もちろん東日本大震災の遺族に限ったことではない。上智大学グリーフケア研究所の人材養成講座に携わった経験から、多くの市民がこうした課題を意識していると感じている。

そうした人たちの中から、『おらおらでひとりいぐも』の作家のように、自分なりの彫りの深さをもった死生観を編み出していく人もいることだろう。だが、多くの方々は、なかなかそこまで進めることができる力やゆとりはないものだ。しかし、そうした人々も死生観や死別の悲嘆、グリーフからの回復や死者との絆、どのように死に向き合い、どのように死に直面した私を受け止めるのかといった課題を多少なりとも自覚している。死生観の探究が自らの課題だと意識して

いる人も少なくないことだろう。

その場合に手掛かりになることの一つは、日本人が培ってきた過去の死生観を振り返ることである。『おらおらでひとりいぐも』の作家は、とくに東北地方の方言と民俗文化に多くを依拠している。少なくとも作品の上ではそこが目立つように書かれている。だが、実際は、作家は日本や世界の死生観や宗教について、またそれがどのように継承され表現されてきたかについて多くの経験と知識をもっており、この作品には反映されていなくても、それらが前提知識となり、土台となって生かされているだろう。

創造的な死生観表出とその背後にあるもの

たとえば、死者と神霊の山、八角山（六角牛山）にふれるとき、柳田國男の『遠野物語』（一九一〇年）を思い起こす人は多い。そこには何度か神秘な山として六角牛山の話が出てくる。六一番目の逸話は、和野村の腕自慢の漁師、嘉兵衛をめぐる二つ目の話だ。「同じ人六角牛に入りて白き鹿に逢へり。白鹿は神なりと云ふ言伝へあれば、若《も》し傷けて殺すこと能《あた》はずば、必ず祟あるべしと思案せしが、名誉の猟人なれば世間の嘲りをいとひ、思ひ切りて之を撃つに、手応へはあれども鹿少しも動かず。此時もいたく胸騒ぎして、平生魔除けとして危急の時の為に用意したる黄金の丸を取出し、これに蓬を巻き附けて打ち放したれど、鹿は猶動かず。あまり怪しければ近よりて見るに、よく鹿の形に似たる白き石なりき（以下略）」（『定本柳田國男集　第四巻』〔新装版〕、筑摩書房、一九六八年、二八ページ）。山中は神霊が現れる世界で、山自身が神秘な存在と人々は感じていた。

死者と方言が結びつく背景には岩手県出身の宮沢賢治の詩や童話があることを思い浮かべることは自然である。賢治が「永訣《えいけつ》の朝」という詩で、今、死にゆこうとしている妹のトシ（一八九八―一九二二）の言葉、「あめゆじゅとてちてけんじゃ」や「うまれで　くるたて／こんどはこたに　わりやの　ごとばかりで／くるしまなあよに　うまれてくる」を方言（ふるさとの言葉）で記したことも思い起こされることだ。そういえば、賢治が「イーハトーブ」とよんだ物語上の世界と、桃子さんの八角山の世界はどこか通じ合っているようだ。また、死者の言葉が宿るような表現において、方言が駆使される作品として、石牟礼道子『苦海浄土』三部作をあげることもできるだろう。

『おらおらでひとりいぐも』はまったく新しい独創的な作品というわけでもなく、実は豊かな文化資源が現代的環境のもとで生かし直されているものでもある。このように私たちが自らの死生観を探ったり、形作ったりするとき、さまざまな文化的資源が用いられるのは自然なことである。「手づくりの死生観」が求められる時代だが、そうは言ってもまったくの無手勝流というわけにはいかない。文化資源が役立つことは少なくないはずだ。ちなみに現代の欧米人なら、やはり聖書のなかの死や来世に関わる文化のストックへの親しみはかなりの程度、共有されているだろう。

では、日本の場合はどうか。残念ながら、そうしたストックは必ずしも接触しやすい形にはなっていないように思う。ある意味ではきわめて豊富であり、たとえば和歌や俳句に詳しい人は、すぐに死生観に関わるストックから何かを引き出すことができるかもしれない。仏教の特定宗派の教えに詳しい人も同様だろう。キリスト教世界の人たちが聖書の逸話や言葉などを思い浮かべるのと同様に。だが、日本の仏教全体を見渡そうとするとどうだろう。それらに広く通じている人は多くないのではないだろうか。たとえば禅宗でも臨済宗と曹洞宗では共有するものがさほど多くなかったりする。

あなた自身の死生観のための文化資源を読み解く

多様で豊かな死生観の文化資源があるために、かえって近づきにくくなっているところもある。そこで、「あなた自身の死生観」のために、日本の死生観の文化的歴史的ストックを見直してみるのは意味のあることだろう。私はすでに『日本人の死生観を読む』や前掲の『ともに悲嘆を生きる』で近代日本人の死生観の歴史について、探りを入れるような叙述を行った。だが、近代だけではいかにも狭いという自覚はあり、もっと広い見通しをもちたいという思いがあった。

ただ、死生観といっても広い範囲に及ぶ。葬儀や追悼儀礼や死者祭祀のような、庶民生活にも及ぶような側面も重要である。この側面から死生観の歴史をたどることもできる。これは儀礼や祭祀が対象なので、何を調べればよいか、比較的、見通しやすい。実際、そうした視角からの死生観の歴史の叙述は多くなされており、有益なものもすぐに念頭に浮かんでくる。池上良正『増

補 死者の救済史』（ちくま学芸文庫、二〇一九年／初刊、角川選書、二〇〇三年）、佐藤弘夫『死者のゆくえ』（岩田書院、二〇〇八年）、川村邦光『弔いの文化史』（中公新書、二〇一五年）。

これに対して、ここでは宗教の教えや文芸に関わる資料を手がかりとしたい。それも古代まで遡り、『万葉集』から現代までを視野に入れる。類似の試みもこれまでいくつもなされており、ごく最近も山本幸司『死者を巡る「想い」の歴史』（岩波書店、二〇二二年）のような書物も出ている。文芸に重きを置いた死生観の探究というのも、これまで多くの試みがあり、本書がまったく新しい試みというわけではない。本書の構成も、私なりの好みにそったもの（心のアンテナに響いたもの）を選んでいると言わざるをえない。

対象範囲が広いので、もちろん扱う資料は選択的になる。その基準は、「あなた自身の死生観のために」というところに置いている。現代人の心に響くもの、そして現代人が自分自身の死生観を省み、育てていく際の材料になりそうなものを拾い上げていきたい。具体的には、「魂のふるさと」、「無常」、「孤独」、「悲嘆」、「慰霊・追悼・鎮魂」、「桜」、「浮き世」などに焦点を当てていく。そしてその際、あえて日本の枠を超える場合もある。それは日本の文芸が近代以前は中国の文芸の影響を強く受けてきたということがあり、現代人は世界の文芸に現れた死生観にも関心があり、接する機会も少なくないということを踏まえてのことである。

全体は序章と終章にはさまれて四章からなる。第1章では柳田國男、折口信夫《おりくちしのぶ》、金子みすゞ、出口王仁《おに》三郎《さぶろう》、太宰治、第2章では、野口雨情、小林一茶、鴨長明、蓮如《れんにょ》、芭蕉、李白、『ルバイヤート』、「コヘレトの言葉」、大伴旅人《おおとものたびと》、山上憶良《やまのうえのおくら》、『ギルガメシュ叙事詩』、第3章では、『伊勢物語』、紀貫之《きのつらゆき》、杜甫《とほ》、菅原道真《すがわらのみちざね》、第4章では、紫式部、西行、『閑吟集《かんぎんしゅう》』、井原西鶴、『浮世風呂』、福沢諭吉、そして終章では、夏目漱石が取り上げられている。

扱う時代は第1章が近代、第2章では近代から古代へと遡り、第3章では古代・中古（平安時代）にとどまり、第4章では古代から近代へと戻ってくるという順序で話が進む。近代・現代について述べることが多い序章と終章を含めて、いわば現代から古代へとループを描いて還《かえ》ってくるという構成になっている。これは現代人の死生観の探究の巡礼の旅を一巡して、還ってくるというイメージで読んでいただけるとありがたい。読み終わったとき、読者自身の死生観の展望が少し広がった、あるいは見通しがきくようになったと感じていただけることを願っている。

＊　引用の際には原文を尊重しながら、旧字／新字、旧かな／新かなを使用しています。ときに旧字体は新字体に改め、ふりがなも旧かな／新かなを付しました。

第1章　魂のふるさとと原初の孤独

一、死者が近くにいるという感覚

近くにいる死者

私の父は一九九七年、七六歳でこの世を去ったが、その後、母はお盆にお迎え火をたくのを欠かさなかった。それまで両親が住む家には仏壇がなかった。父は長男ではなかったので、父の両親の位牌《いはい》が置かれた仏壇は家になかったのだ。父の死後に買ってきた仏壇に、母は毎日ろうそくを灯し、お線香をあげ、りんを鳴らしていた。

では、母は父がどこにいると考えていたのだろう。両親はお墓まいりは律儀にしていた。お正月、お彼岸、父の両親の命日、早く両親が死んだために父が長く世話になった伯父の命日など、山手線の日暮里《にっぽり》の駅から谷中《やなか》の共同墓地に行く。先祖は和歌山県にいたが、祖父が東京に住み着いたので、曽祖父が亡くなった昭和初期に、都市の共同墓地に購入したものだ。春のお彼岸と父の命日は桜が咲き散る季節だ。父は桜が好きだったので、この時期の墓まいりに母が込める思いは深かった。

死んだ父がふだんは谷中墓地にいると言っても、母にはあまり違和感がなかったと思う。自分も「死んだら草葉の陰にいるからね」と半ば冗談のように言っていた。お盆には父がどこからか帰ってくる。それを迎えるために迎え火をたき、送るために送り火をたく。その間は家のなかに、あるいは仏壇に父がいるように感じていたのかもしれない。

二〇〇六年の暮れのNHK紅白歌合戦で秋川雅史が「千の風になって」を歌った。紅白歌合戦で歌われるぐらいだから、すでにかなり広く知られていた歌だったと思うが、この歌を聞いて胸を打たれたように感じた人は多かったのではないか。私の母もその一人だった。

この歌では死者が自由にさまざまな場所にさまざまな姿で現れる。「千の風に」なったり、ダイヤのように「きらめく雪」になったり、朝、目を覚ましにやってくる鳥になったり、夜は星となってあなたを見守ったりするという。いつどこで、自分の前に姿を現したり、声を聞かせてくれるかわからない。こちらの思うようになるわけではないから遠い存在なのかもしれないが、どこからでも声をかけてくれそうだという点では近い、そして向こうから語りかけてくる愛あふれる存在なのだ。

「草葉の陰」と「千の風になって」

墓参りを好む日本人にとって、気になるのは、「私はお墓にいません」というところだろう。私の母はこれに違和感をもっただろうか、どうもそうでもないようだ。私に対して、「お墓まいりは大事にしなさい。あなたたちがくるときは私たちもお墓にいるのよ」と言っていた。「千の風になって広い空のどこかに、でもいつもあなたの身近にいる」というのと、「草葉の陰にいる、草葉の陰から見ている」というのはだいぶ違うようだが、母の心のなかではそれは矛盾と感じられていないようだった。

私が思うには、「千の風になって」では一人の死者と一人の生者の親密な関係が際立っている。それが「あの大きな空を」というように時空を超えて継続する。孤独であるとともにそれだけに親密性が重い意味をもつ、そんな現代人の心象を反映している。他方、「草葉の陰に」というと、血縁や地縁を思わせる地域性、集団性を連想させる。土臭さといってもよいだろう。私の母の中にはその両方の感覚があって、どちらも受け入れられたのだと思う。どちらにせよ、死者との近さはかわらない。「死者が近くにいる」という感覚が共有されている。

「千の風になって」の歌詞はアメリカ人女性が作ったもので、女友だちのドイツにいる母が死んだのを慰めるためだったという。復活のときまで地に眠っているはずのキリスト教の死生観とは異なるが、死後も「草木虫魚」とともに大地の近くにとどまっている日本やアジア諸地域のアニミズムの死生観とも異なるようだ。しかし、死者との「近さ」という点では後者に近いのではないか。「草葉の陰に」は地縁血縁の近さと関わりがあるが、「千の風になって」は孤独だけれども、あるいは孤独であるだけに近いという感覚を表している。だが、どちらも確かに「近い」。これはどういうことか。

山桜を植える人

死んでも遠くには行かない。家の近くにとどまっている。ここで思い出すのは、文化人類学者の波平恵美子が伝える、「山桜を植える人」の話だ（『いのちの文化人類学』新潮選書、一九九六年）。波平は国内の各地で病や死をめぐる地域の文化について話を聞いて、かつて人々がどのように「いのち」を受け止めてきたかを論じている。以下の話は、昭和四〇年代の初めに、大分県東部の農山村を調査したときのことである。

私が訪れた家の、世帯主の父親に当たる人はその頃六十歳代半ばだったが、インタビューのあと支度をして山へ出かけるという。それは桜の苗木を山に植えるためであった。その人は、自分の家の前の「マエヤマ」（家の正面に立った時に見える山の風景あるいは山そのもの）に見える桜の木は、自分の祖父が植えたものであり、今後生まれてくる孫や曽孫の代の人々が自分の植えた満開の山桜を楽しめるように、今のうちに桜の苗木を植えておくのだと言った。

（同書、二一一頁）

この高齢男性にとっては死者と生者の近さは「イエ」と不可分だった。曽祖父や祖父から孫やひ孫へと伝えられていくいのちのつながりがあり、その流れのなかに自分のいのちはある。そう感じているのだ。これは世代の幸福な連鎖の例だが、同じ書物にはこの世への断ち切れぬ執着の中で死んでいく例も取り上げられている。

死は、拒否したり受容したりするようなものではなく、死を目前にした人も死を看取る人も当然のものと受け止めた。それは、平静であるとか、嘆き悲しまないということでは決してない。死者が年若いか子供であれば悲嘆は大きかった。死んでゆく人も、幼い子供を残して死ぬ母親の場合は特に、生に執着した言葉を周囲の人々にもらしている。山口県の調査地で明治四十四年生まれの婦人が次のような話をした。自分が若い頃、近所にまだ年若い子供十人を残して死んだ人がいた。余程死ぬのが心残りであったのだろう。死ぬ時に「自分は死ぬが、(自分の霊は)裏のコンニャク畑でひざではいずりまわっているから」と家族に告げたという。(同前、一七七—一七八頁)

「いのちのプール」から生まれ帰っていく

これも、死んでも「近くにいる」という話だ。こういう話は半世紀以上後の現代人には、「気持ちは分かるが、そこまでは思わない」というところだろうか。そもそも子どもが一〇人というだけで、家族状況が違いすぎるかもしれない。

では、次の例はどうか。今度は子どもが早死にしたときの例だ。流産、死産、乳幼児突然死症候群は今もリアルだ。人工中絶も多い。だが、戦後すぐぐらいまでは、病気等で四、五歳までに死んでしまう子も多かった。「七歳までは神の子」というういいならわしが全国であって、子どもには仏事をしなかった。これは生まれる前に戻ってもらって、早く生まれ変わってもらう、という考えがあったという。早逝した子の次に生まれた子に、前の子と同じ名前を付けたりするのも、それと関わりがあるという。

子供の生まれかわりの信仰の背景には、以前にも述べたように、かつて日本人の間には一人一人の人間の個別性よりも、ある「家」やある土地に生まれ、一定期間の人生を生きて死んでゆく者は、一つの大きないのちのプールのようなものの中から、ある時間帯だけこの世に生まれ出て来て、死ぬと、またそのいのちのプールに帰るとでも比喩できるような、個人のこの世での生命を強調しないいのちの観念があった。(同前、四四—四五頁)

「いのちのプール」というのは波平が用いたたとえだが、なかなか巧みな表現と感じる。死者はやがて先祖になる。だが、その人たちがまた生まれてくる。「いのちのプール」から生まれ、またそこへ帰っていく。こんないのちの循環がある。「いのちのプール」を尊び、そこと保つべきよいつながりを維持していくことが大切だ。そうすることで、この世も平穏で喜び多いものに保たれ、死んでもこの世を見守りながら安らかにいられる。

「家の永続」と「縦の団結」

かつては「イエ」を単位に、こんないのちの循環の感覚があった。これが古代以来、変わらぬ日本人の死生観の基盤だと考えたのは柳田國男（一八七五—一九六二）だった。死者は家と村の近くの他界にいる。多くは山だ。そして、集合体としての先祖は山の神でもある。夏には田畑に降りてきて、秋には収穫の祭りを生者とともにする。お正月にも先祖は家に帰ってきて、生者とともに新年の祝いに加わる。このように死者と生者が近くにいて、いのちの循環をともにしている。そこに「家の永続」と「死後」の霊魂の存続に対する堅固な信仰があった、と柳田は言う。

それからなほ一つ、昔の日本人は死後を信じて居た。死んでも盆毎に家に還つて来て、眼にこそ見えないが子の子、孫の孫たちと、飲食休養を共にし得るといふことが、どれほどこの家の永続を切望させ、又大きな愛着を是に対して、抱かしめたか測り知れないのである。それはちつとも当てにならぬことだと、今の人は無論否認しようとするが、とにかくに実際は人も我も、共に之を信じて居た為に、祭が真剣であつただけで無く、死の床の不安は著しく軽め得られ、それが又人生の発足の時から、ちやんと計算の中に入つて居たことは、今なら我々は幾らでも証拠が挙げられる。（「嫁盗み」『婚姻の話』『定本　柳田國男集　第十五巻』筑摩書房、一九六九年、一〇三頁／初刊、岩波書店、一九四八年）

このような「信仰」がいつの時代にどこまで広く共有されていたかは、十分吟味されるべきもので、これまでも柳田説は度々批判されてきている。しかし、祖父母や曽祖父母、孫やひ孫との連続感、先祖や子孫との近さの感覚は今の日本人でも覚えのある人が多いのではないか。柳田はそこには世代を超えた「縦の団結」の感覚があるという。

淋しい僅かな人の集合であれば有るだけに、時の古今に亙つた縦の団結といふことが考へられなければならぬ。未来に対してはそれが計画であり遺志であり、又希望であり愛情である。悉く遠い昔の世の人のした通りを、倣ふといふことは出来ない話だが、彼等はどうして居たかといふまでは、参考として知つて置くのが強味である。古人は太平の変化少なき世に住んで、子孫が自分の先祖に対するのと同一の感じを以て、慕ひ懐かしみ迎へ祭るものと信ずることが出来た。（中略）日本の斯うして数千年の間、繁り栄えて来た根本の理由には、家の構造の確固であつたといふことも、主要なる一つと認められて居る。さうして其大切な基礎が信仰であつたといふことを、私などは考へて居るのである。（『先祖の話』『定本　柳田國男集第十巻』筑摩書房、一九六九年、一五一頁／初刊、筑摩書房、一九四六年）

ここで「数千年の間」、「家の構造」が「確固であった」というのは、現代の学術水準からは受け入れられないところだ。柳田國男がいうような小単位の「家」が構成する村落社会は、近世以降に成立したもので、明治維新以降も形を変えてそのメンタリティが維持された「イエ」として理解した方がよい。このイエとイエ連合というべき「同族団」（本家分家の集合）やムラは、確かに強い結束力をもっていたが、それこそが日本の精神文化や死生観の中核だというのも、やや狭い捉え方である。
しかし、確かに先祖から子孫へと続くいのちの循環の感覚やいのちのプールを尊ぶ死生観は、日本人の心性に深く根を下ろしている。また、それを「縦の団結」の感覚として捉えるのも現代的な意義がある。

世代を超えた連帯ということは、すべてが速いスピードで変化していく現代人にはなかなか理解しにくい。大都市の核家族に生まれ育った人間は、イエの先祖から何かを受け継いだというような感覚はもちにくい。だが、環境問題の重要性を認識し、自然資源を保ち持続可能な社会を実現すべきと考えている現代人にとって「縦の団結」は、新たな意味で大切な何かと感じられるようになってきている。

「いのちのプール」という言葉も、まずは古い小規模な村落社会と結びついて表象されるだろう。しかし、現代人は地球規模で生命資源の維持を不可欠のものと感じている。いわば「地球村」の「いのちのプール」に関心がある。たとえば、シロクマが北極に住めなくなって彷徨《さまよ》い出てくるとか、オーストラリアの森林火災でコアラやカンガルーが焼け出されるといった話を聞くと、私たちは地球規模の「いのちのプール」の枯渇を恐れる。

こうした感覚と死者が近くにいると感じる感性につながりがあるのではないだろうか。私の母が「草葉の陰にいる」と言い、また「千の風になって」に共鳴するとも言った背後にある死生観と、柳田國男や波平恵美子が注目した日本人の死生観にはやはりつながりがある。私自身の中にも、こうした死生観に共鳴するものがあると感じるのだ。

二、先史時代に遡る「魂のふるさと」

祖先の伝えたあの世への望郷の念

「いのちのプール」（波平恵美子）とか「家の永続」とか「縦の団結」（柳田國男）という言葉には、現代人がやや忘れかけている「いのちの循環」の感覚があるのではないか。しかし、死者が近くにいると感じ、その声を聞くように思ったり、仏壇の前やお墓で話しかけたり、姿を見るように思ったりするときには、そのようないのちの循環の感覚からさほど遠くないように感じる。

お盆に死者が帰ってくると考えたり、命日に欠かさず仏壇にお線香をあげたりするのはいかにも日本人らしいと思うのだが、「千の風になって」がまずはアメリカで広まった歌だということを考えると、これは人類が広く共有している感じ方と言えるかもしれない。

ただ、見えざる存在はただ唯一の神のみとするプロテスタントの信仰が強力に作用していた時代のアメリカ合衆国では、「千の風になって」は受け入れられにくかっただろう。そうなると、かつて人類が共有していた感じ方が宗教や文化の影響で弱まる場合もある。また一時弱まっていた感じ方がさらによみがえってくるということもあるのかもしれない。日本の場合は、生者と死者の親しみが深く、いのちの循環の感覚が強い傾向が古くから、もしかすると先史時代から保たれてきたと言えるのではないか。

だがそれは、生と死の間に明確な区切り目がないということではない。区切り目があるけれども、両者の間に懐かしみがある、何かを分け持っているという親しみの感覚があるということだ。このことをたいへん印象的な文章で語った人に折口信夫《おりくちしのぶ》（一八八七―一九五三）がいる。

『古代研究』が注目する「妣の国」

古代日本の文学を研究する学者であり、歌人・詩人でもあった折口は、柳田國男の仕事に感銘を受けつつ民俗学の道をも歩むようになった。大著『古代研究』は一九二九年に「国文学篇」と「民俗学篇1」が、そして翌三〇年に「民俗学篇2」が刊行される。その「民俗学篇1」の冒頭に置かれたのが、「妣《はは》が国へ・常世《とこよ》へ――異郷意識の起伏」という文章で、もとは一九二〇年に『国学院雑誌』に掲載されたものだ。

十年前、熊野に旅して、光り充つ真昼の海に突き出た大王ヶ崎の尽端に立つた時、遥かな波路の果に、わが魂のふるさとのある様な気がしてならなかつた。此をはかない詩人気どりの感傷と卑下する気には、今以てなれない。此は是、曽《かつ》ては祖々《おやおや》の胸を煽り立てた懐郷心（のすたるぢい）の、間歇遺伝（あたゐずむ）として、現れたものではなからうか。

> すさのをのみことが、青山を枯山《カラヤマ》なすまで慕ひ歎き、いなひのみことが、波の穂を踏んで渡られた「妣《ハヽ》が国」は、われ〳〵の祖《おや》たちの恋慕した魂のふる郷であつたのであらう。いざなみのみこと・たまよりひめの還りいます国なるからの名と言ふのは、世々の語部の解釈で、誠は、かの本つ国に関する万人共通の憧れ心をこめた語なのであつた。（『折口信夫全集　第二巻』中公文庫、一九七五年、五―六ページ／初刊、大岡山書店、一九二九年）

二〇歳を過ぎてすぐの時期の折口は、志摩半島の東端にある大王崎《だいおうざき》に立ち、海の彼方《かなた》に「わが魂のふるさと」があるように感じたという。そして、それを「祖々」が感じた「懐郷心(nostalgia)」の隔世遺伝（atavism）だと述べている。折口はこれを古代、あるいは先史時代から引き継がれた何かと捉え、『古事記』から「妣が国」という言葉を引き出している。

母神イザナミの国を恋慕するスサノオ

『古事記』では、この世の人々の「魂のふるさと」である「妣が国」「妣の国」へと赴く神が二柱あり、「すさのをのみこと」と「いなひのみこと」だ。日本の最古の神話的な死後の世界の表象といってよいだろう。まず、「スサノオノミコト（須佐之男命＝『古事記』、素戔嗚尊＝『日本書紀』）」から見ていこう（現代語訳は中村啓信訳注『新版　古事記』角川ソフィア文庫、二〇〇九年、を参照させていただくが、自由な現代語表現も用いる）。

イザナギノミコト・イザナミノミコトによる国生みとそれに続く自然神の誕生の最後に、イザナギによる禊《みそぎ》が行われる。禊から生まれた神々の最後に、イザナギが左の目と右の目を洗ったときに生まれたのが、それぞれアマテラス（天照大御神）、ツクヨミ（月読命）、鼻を洗ったときに生まれたのがスサノオの三貴神である。

イザナギは大いに喜び、アマテラスに「天上界」を、ツクヨミには「夜の世界」を、そしてスサノオには「海原《うなはら》」を治めなさいと命じる。アマテラスとツクヨミはそれに従ったが、スサノオだけはそれを受け入れず、「あごひげが伸びてみぞおちに垂れ下がるまでの長い間泣きわめいた」。

その泣くありさまは、青々とした山は涙のための水分として取られ、枯れ山となるほど泣いて枯らし、河・海の水は涙のための水として取られ、泣いて干上がってしまったほどだ。そのため悪神たちの放つ声は五月の蠅《はえ》のように国のすべてに満ち満ち、物という物がみんな妖《よう》気《き》を発した。（同書、二六八ページ）

これは現代人には情景がイメージしにくいかもしれないが、長期にわたる水不足と、疫病や害獣・害虫に苦しむような状態だろうか。新型コロナウイルス感染症の流行は、ここで表現されている自然の脅威を思い起こさせてくれるだろう。

「なぜお前は委任した国を治めないで哭《な》きわめいているんだ」という父神イザナギの諭しに、スサノオは「死んだお母さんのネノカタスクニに行きたい。だから哭いてるんだ」と答える。イザナギは怒って「それならお前はもうこの国に住むな」と追放した。離婚した父に反抗し、「お母さんのところがいい」と泣き喚く（「哭きいさちる」）あばれんぼうのスサノオである。それほどに母の国は慕わしいものだった。だが、その母の国はネノカタスクニだった。

イザナミのいる黄泉の国

スサノオが泣いて行きたいといったネノカタスクニとは、母神イザナミが死んで行ってしまった黄泉《よみ》の国、つまり地下の国だろう。多くの神を産んだイザナミは、火の神ヒノカグツチを産んだために女陰《ほと》を焼かれて死ぬこととなった。その後、イザナギはイザナミに会いに黄泉の国を訪れる。イザナギは「この世に帰ってきてほしい」と言葉をかけるが、イザナミは「もう少し早く来てくれればよかったけど、私は黄泉の国のかまどで炊いた食事を食べてしまった。でも何とか帰りたいと思うので黄泉の神に話してみる。けどその間、けっして覗き見《のぞみ》しないで下さいね」と言う。

なかなか帰ってこないのでがまんできなくなったイザナギは、つい覗き見をしてしまう。「そこには伊耶那美命の肉体のいたるところに蛆虫《うじむし》がたかり集まり、うごめく音がごろごろと鳴るありさまで」、からだじゅうに八種類もの雷《いかずち》の神が湧き出していた。恐ろしさに逃げ帰ろうとするイザナギに、イザナミは「私に恥をかかせましたね」と怒り狂い、黄泉の国の醜女《しこめ》ヨモツシコメに追いかけさせる。ほうほうのていで逃げ延びたイザナギは黄泉の国とこの世との境の黄泉比良《よもつひら》坂《さか》で、そのふもとの桃の実三個を投げて撃退することができた。

妣の国と黄泉の国の間

スサノオが恋慕って「行かせてくれ」と泣きわめいた「妣の国（母の国）」の像と、イザナギが経験した蛆虫と雷だらけの地下の国の像には大きな開きがある。その後の『古事記』の展開では、スサノオは出雲に降《くだ》って恐ろしい大蛇（ヤマタノオロチ）と戦ったり、根の国で迎えた婿になったオオクニヌシ（大国主）を蛇や蜂やムカデで試練に遭わせたりする。根の国のスサノオは、黄泉の国のイザナミにつきまとう禍々《まがまが》しいものと無縁ではないようだ。

だが、その一方で、スサノオはヤマタノオロチから救ったクシナダヒメ（櫛名田比売）と結ばれ、出雲国に宮殿を設けるべく良き土地を求める。そして、須賀《すが》というところで「吾此地《あれこ》《こ》に来、我《あ》が御心すがすがし」と語り、須賀の宮を造った。そのとき、日本の最初の歌とされる歌を作りもした。

八雲《やくも》立つ　出雲八重垣《やえがき》
妻籠《つまご》みに　八重垣作る
その八重垣を

中村啓信の現代語訳では、「（雲が盛んに湧き上がり　八雲立つ）出雲の地に　幾重にも垣を築《つ》き　妻を籠《こも》らせに　垣を重ね作る　その八重もの垣よ」というものだ。水も豊かでさわやかな緑濃い出雲の地に、妻が穏やかに暮らし守られる宮が建てられる、これが「母の国」を目指したスサノオの得たものでもあった。この歌の「出雲」には「魂のふるさと」らしく楽園にも通じるイメージが伴っている。

そして、スサノオの娘、スセリビメ（須勢理毗売）と結婚して出雲の主神、また「国津神《くにつかみ》」の代表となったのは大国主命だった。一九〇五年にできた唱歌「大黒様《だいこくさま》」（石原和三郎作詞）は、慈悲深い大国主命の像を人々の胸に焼き付けることにもなった。

一、おおきなふくろを　かたにかけ／だいこくさまが　きかかると／ここにいなばの　しろうさぎ／かわをむかれて　あかはだか

二、だいこくさまは　あわれがり／「きれいなみずに　みをあらい／がまのほわたに　くるまれ」と／よくよくおしえて　やりました

三、だいこくさまの　いうとおり／きれいなみずに　みをあらい／がまのほわたに　くるまれば／うさぎはもとの　しろうさぎ

四、だいこくさまは　だれだろう／おおくにぬしの　みこととて／くにをひらきて　よのひとを／たすけなされた　かみさまよ

このような大国主命が治める国は「魂のふるさと」とよばれるのが自然かもしれない。

イナヒノミコトの「母の国」

「母の国」が「魂のふるさと」であることは、『古事記』でもう一カ所「妣の国」が出てくる箇所でも確認できる。それは、神武天皇の誕生に関わる場面だ。天照大神により地上の統治のため

に遣わされたニニギノミコトの第二子がヒコホホデミ（ホオリノミコト、火遠理命）、山幸彦である。そのヒコホホデミと豊玉姫《とよたまひめ》の長子がウガヤフキアエズノミコト、そのウガヤフキアエズと玉依姫《たまよりひめ》の間には四神が生まれた。四番目が「カンヤマトイワレビコノミコト」（神倭伊波礼毗古命）、即ち神武天皇だが、二番目の男子が「イナヒノミコト」（稲氷命）、三番目が「ミケヌノミコト」（御毛沼命）である。このミケヌノミコトは「波頭《なみがしら》を踏んで常世国にお渡りになり」、イナヒノミコトは「亡き母の国ということで、海にお入りになった」。

ここでは、母の国は海であり、常世と並べられるとすれば「海の彼方の永遠の命の国」ということにもなる。『古事記』がウガヤフキアエズの子どもたちの誕生を記す箇所の少し前には、ウガヤフキアエズの母、豊玉姫の出産が描かれている。豊玉姫は夫のホオリノミコトに「他国の人は子を産む時に臨むと、その本国の姿で産みます。それで、私も本来の姿になって産みます。どうか私をご覧にならないでください」と伝えた。ところが、ホオリノミコトは出産の場面を覗き見してしまう。すると大きなワニ（鮫）になってくねくねと這っていたので、恐ろしくなって逃げ出した。豊玉姫は恥ずかしく思い、産んだ子どもを置いて、海の道の境界を塞いで海の国へ帰ってしまった。

「母の国」と「琉球の宗教」の「楽土」

イナヒノミコトの母、玉依姫は豊玉姫の妹である。イナヒノミコトにとっては豊玉姫は祖母であり伯母である。そして玉依姫もすでに世を去った。ワニの姿を現した豊玉姫と同じく、海の道の彼方の国、海底の国にいるのだろう。スサノオにとっての母の国はイザナミのいる地下の国だが、イナヒノミコトにとっての母の国は海底の国である。だが、イナヒノミコトの弟、ミケヌノミコトは海上を「常世」へ向かったという。この「常世」は祖々の住む「魂のふるさと」であるとともに、海の彼方の理想郷である。

折口信夫は一九二一年、はじめて沖縄を訪れ、スサノオとイナヒノミコトが憧れた「妣の国（母の国）」の像を「琉球の宗教」に見出すことになる。それは日本人の宗教性の原型でもあると考えられた。奄美《あまみ》・沖縄・先島《さきしま》の人々が、記紀に記された日本の古代の宗教性を今に伝えていると捉え、そこに「魂のふるさと」の原型もあると考えた。その考えをまとめ、一九二三年に「琉球の宗教」と題して発表された文章もまた、「国学院大学郷土研究会での柳田先生の話」として『古代研究　民俗学篇1』に収録されている。

> 琉球神道で、浄土としてゐるのは、海の彼方の楽土、儀来河内《ギライカナイ》である。さうして、其処の主宰神の名は、あがるいの大神《オホヌシ》といふ。善縄大屋子《ヨクツナウフヤコ》、海亀に嚙まれて死んだ後、空に声あつて、ぎらいかないに往つた由、神託があつた。而も、大屋子《ウフヤコ》の亡骸は屍解してゐたのである。天国同時に、海のあなたといふ暗示が此話にある様である。（『折口信夫全集　第二巻』中央公論社、一九六五年、四九ページ、傍線は原文）

琉球では死んだ祖たちの住むニライカナイへの望郷が、今も人々に共有されている。孤独な折口が大王崎で隔世遺伝と感じたものが、村祭りとして現実に生きている。

三、折口信夫のマレビト

海の彼方の他界から訪れる神

この世の近くにいて、折にふれてこの世に帰ってくる死者、そして死者たちが行ったそれほど遠くないあの世、他界といった観念について考えている。「魂のふるさと」とよべるような他界を感じ取っていて、現世と他界とのいのちの循環のなかで「ともに生きるいのち」への信頼感が、別離の悲嘆や死の恐怖と釣り合っている。

折口信夫が「妣《はは》が国へ・常世《とこよ》へ」という文章で示そうとしたことの一つは、そこに古代人の死生観があり、奄美から先島に至る沖縄（琉球・南島）の宗教はそうした古代的・先史社会的な死生観を現代に伝えているということだった。「妣が国へ・常世へ」が冒頭に掲載されている『古代研究　民俗学篇』には、続いて「古代生活の研究――常世の国」という文章が収録されている。

ここで「常世」の原型は琉球の宗教のニライカナイ、海の彼方の死者の世界だが、そこはまた「訪れる神」の世界でもある。折口信夫が描き出した日本列島の古代人・先史人の「魂のふるさと」は、「訪れる神」、すなわちマレビトがそこからやってくる世界でもあった。

にらいかないというのは、海の彼方の理想の国土で、神の国と考えられているところである。儀来河内《ぎらいかない》・じらいかないなど、いろいろに発音する。神はここから、時に海を渡って、人間の村に来るものと信じている。人にして、死んでにらいかないに行って、神となったものの例として遺老説伝には記している。(『古代研究Ⅰ　民族学篇1』角川ソフィア文庫、二〇一六年、三〇ページ、傍線は原文)

『遺老説伝《いろうせつでん》』は琉球各地の伝承を集めた書物で一八世紀の初期にまとめられたものとされる。「時に海を渡って、人間の村に来る」神や祖先、折口はこれをマレビトとよんだ。マレビトは「まろうど＝客人」の古語で、「まれに来る人」という意味を響きに残している。祭りのときに外来の神や先祖としてやって来る存在である。

ニライカナイから訪れる霊的存在

琉球では石垣《いしがき》島などの先島に、このマレビトを迎える儀礼がなお残っているという。石垣島や西表《いりおもて》島、またその両島の間に位置する小さな新城《あらぐすく》島や小浜《こはま》島では、アカマタ・クロマタとよばれる存在が豊年祭に各家を回る。この姿を撮影することは今でも絶対に許されないとされている。安藤礼二によると、折口はこの祭を実見することはできなかったが、喜舎場永珣《きしゃばえいじゅん》らの報告によってその実態をつかんでいた(安藤礼二『折口信夫』講談社、二〇一四年、第四章「祝祭」)。前の晩から

「ナビン洞《どう》」という洞穴にアカマタとクロマタの二つの神面を持ち込み、葛《くず》の衣を胴体手足にまとい、薄《すすき》を頭髪に擬してアカマタ・クロマタに扮《ふん》する。当日は警護団等が厳重に周囲を取り巻き、一切他人を近づけない。そして仮面をつけて家々を回る。

安藤によると折口が実見したのは、それとは別の春野城の「盆アンガマ」（折口は「あんがまあ」と表記）の行事だという。そこでは、翁《おきな》と嫗《おうな》の仮面をつけた二対の神が、覆面の楽器奏者や舞踊者たちの一団を率いて、練り歩く。一方、新城島のお盆には「ミルク」とよばれるにこやかな白い顔の仮面をかぶり、黄色の琉球風の衣装を着た翁が団扇《うちわ》と杖をもってやってくる。

アカマタ・クロマタとマレビト神

折口信夫は「古代生活の研究」で石垣島宮良のアカマタ・クロマタについて次のように述べている。

宮良《めいら》という村の海岸洞窟から通う地底の世界にいる（また、にいる底《すく》）というのがあるのは、にらいと同じ語である。この洞からにいるびと（にらい人）またはあかまた・くろまたという二体の鬼のような巨人が出て、酉年ごとに成年式を行わせることになっている。青年たちは神という信念から、その命ずるままに苦行をする。しかも村人の群集する前に現れて、自身踊って見せる。暴風などもにいるから吹くと言っている。そういえば、本島でも風凪《かざな》ぎを祈って「にらいかないへ去れ」と言うことを伊波普猷《いはふゆう》氏が話された。（『古代研究I　民族学

篇1』、角川ソフィア文庫、三〇―三一ページ）

アカマタ・クロマタは恐れられる存在で、秋田県の男鹿《おが》半島周辺で正月前後に行われているナマハゲの行事を思わせる。他方、ミルクは弥勒菩薩《みろくぼさつ》が地上に下生《げしょう》して人々を救うという仏教の弥勒下生信仰と習合したものだが、能の翁など神事や芸能に登場する平和と繁栄を象徴する存在を思わせる。

アカマタ・クロマタは共同体の外部から恐怖をもって襲いかかるように見えながら、あらゆる脅威を克服して、人々すべてを平和な共存へと導くような存在だ。イザナミのいる黄泉の国のような死と暴力の世界を前提としつつ、それを超えた平和な世界をもたらす、原型的なマレビトとはそのような存在だろう。

折口信夫はマレビトをこう定義する。「てっとりばやく、私の考えるまれびとの原《もと》の姿を言えば、神であった。第一義においては古代の村々に、海のあなたから時あって来《きた》り臨んで、その村人どもの生活を幸福にして還《かえ》る霊物を意味していた」（『古代研究V　国文学篇1』角川ソフィア文庫、二〇一七年、七ページ）。

折口信夫がマレビト像から得たもの

このようにあの世から渡来する存在をマレビトの語で捉えると、死生観を考える視野が大きく広がる。古来行われてきた地域の祭りや、笛や太鼓や鼓とともに面を被って舞われる神楽や能など、さまざまな芸能のことが思い起こされる。とりわけ、さまざまな祭りと芸能が連想される。ふだん人々を分け隔てている境を取り払っていく共感の横溢《おういつ》（集合的高揚）と死生観とを結びつける可能性が生じる。

折口信夫が記紀神話の「妣が国」や「常世」に、古代以来の「魂のふるさと」の表現を読み取ろうとしたのは一九二〇年頃のことだ。スペイン風邪が世界各地で猛威を振るったのは一九一八年から二〇年のことだが、世界全体で死者数二〇〇〇万から四五〇〇万、日本でも四五〜四八万人がいのちを失った（速水融《はやみあきら》『日本を襲ったスペイン・インフルエンザ』藤原書店、二〇〇六年）。スペイン風邪は欧米でも軍隊での感染が目立ち、第一次世界大戦の終戦を早めたとされる。日本でも若い兵士たちの死者が多かった。

そんな苦難の後の一九二一年、折口は七月から八月にかけて沖縄に滞在する。そして、沖縄には日本古代の宗教が今も伝えられていると感じ取る。さらに二三年の七月から八月、今度は沖縄の西方、八重山諸島を訪れる。そして常世の原型であるニライカナイや訪れる神、マレビトについて語るようになる。ちょうど関東大震災によって新たな大災厄が襲う直前のことだった。折口がマレビトについて語り考察を深めていくのは、日本社会が死の脅威を身近に感じ取る時期だった。後に述べるつもりだが、あたかも死や喪失や悲嘆を主調音とする物語や歌が次々に発表されていくのを予感するようでもあった。

花祭と霜月神楽

折口信夫は沖縄の祭りに強い印象を受け、古代人の信仰世界を感じ取ろうとした時期に、本州中部地方の山間地帯で行われる霜月《しもつき》神楽にもたいへん大きな関心をもった。天竜川上流の奥三河地域、三河と信州と遠州にまたがる地域だが、一一月から三月にかけて二〇カ所近くで、数十戸単位の地域ごとに夜を徹して、「花」とよばれる神事と芸能と祝祭の場が現出する。民俗学者の早川孝太郎が『花祭』という著書で紹介し（角川ソフィア文庫、二〇一七年／初刊、岡書院、一九三〇年）、折口信夫も繰り返し親しみをもって語っているものだ。災厄を払い、よい収穫を願う祭だが、神事芸能である湯立《ゆだて》神楽や田楽や念仏踊りなどの様式も混じっている。

二〇代半ばの私も一九七〇年代前半、何度か花祭を見学した。場所は公民館のような場所だったり、広めの家屋だったりする。午後、まず神を下ろしてその場を清める儀式から始まり、長い時間をかけて子供から大人まで年代の異なる男たちが次々、舞を続けていく。女や子供は飲食をしながら、飽きずにそれを見ている。深夜を過ぎると、「おきなの舞」があり、続いて赤い衣装をつけ面を被り斧《おの》をもった鬼たちが出て来る「朝おにの舞」がある。鬼と入り乱れるようにして人々が踊る。その他にも、性的なニュアンスをもって笑いを誘う場面もあり、にぎやかに過ごし、最後に獅子舞がある。

私の心に深く残っているのは、この祭のために故郷へ帰ってきた男たちが鬼に扮する地元の男たちとともに踊る場面であった。女や子供もまだ残ってそれを楽しそうに見ている。笑いと喜びの饗宴だが、あの世の存在が来臨しているという感覚が、私にはとても懐かしく感じられた。これはお盆のとき、法事のとき、またその宴の場面に、死者が来ている、生者と死者がそこにともにいると感じるのに通じる。だが、特定の死者をめぐる集いでは限られた死者とつながりのある人々の集いだが、村の祭の場合には村人すべてがそこに関与している。そのようにして「魂のふるさと」がそこに顕現《けんげん》していると感じるのだ。

集合的高揚と部外者の孤独

とはいえ、それを見学している私はといえば、招かれざる観客であり部外者である。例年通っているファンたちがあり、地元の人たちもいやがっているわけではない。そこに集い、死者と生者の共感の世界の参与者たちを横で見ていて感動しているのだが、よそ者はよそ者で、ある意味ではシラけている。ときに「私は何のためにここにいるのだろうか」と振り返りながら、孤独を感じてもいるのだ。

霜月神楽を見学に行った折口信夫はどうか。そこで日本の祭の歴史、芸能の歴史について洞察を深め、国文学者・民俗学者・神道論者としての充実した調査研究資料を得たに違いない。また、ここにこそ日本の宗教や芸能の本質を読み解く鍵があるとも感じ、ある意味、没頭しながらその場にいたのだろう。だが、他方、折口は部外者である自己を強く意識してもいる。歌集『春のことぶれ』（折口信夫著、岡野弘彦編『釈迢空《しやくちようくう》全歌集』角川ソフィア文庫、二〇一六年／初刊、梓書房、一九三〇年）には、「雪まつり」と題された二六首が収録されている。主に一九二九年の一二月に詠まれたものだろう。

最初に「三州北設楽《きたしたら》の山間《やまあい》の村々に、行はれてゐる初春の祭り。旧暦を用ゐた頃は、毎年霜月の行事であつた」とある。後半一五首は、小見出しで「花祭りの夜」と題されている。そのなかから数首を引く。

たど〳〵の　翁語りや。
　かつ〳〵に
聴き判《ワ》く我も
　旅の客《キヤク》なる

夜まつりに、
たはれ歓ぶ
山びとの　このとよみに、
　われ　あづからず

さ夜ふかく

大き鬼出でゝ、
　斧ふりあそぶ。
心荒らかに　我は生きざりき

いやはてに、
　鬼は　たけびぬ。
　　怒るとき
かくこそ、
いにしへびとは　ありけれ

遠き世ゆ、
　山に伝へし　神怒り。
　　この声を
われ
　聞くことなかりき

夜まつりは、

朝に残れり。
日のあたり強き　舞ひ処《ト》に、
　鬼は　まだゐる

「国文学の発生」と旅する詩人・芸人

一九二〇年代の折口信夫が探求に力を入れた「マレビト」は、アカマタ・クロマタのように祭りのときにあの世からやってきて「神として現れる人」だけを指すものではなかった。次第に神的なマレビトが人間的なマレビトになり、宗教的なマレビトが文芸・芸能的なマレビトになる。村の外からやってきて、村の人々に呪言《じゅごん》を与えたり、伝承を伝え、それが職業になるような存在、これもマレビトである。

『古代研究　国文学篇』には、「国文学の発生」の「第一稿」から「第四稿」までが収録されており、そこには、マレビトから民間宗教者、芸能者、詩人・文学者といった職種への展開が描き出されている。つまり、民間宗教者、芸能者、詩人・文学者といった人々は、マレビトが変容していったさまざまな様態と見なされている。

冒頭に置かれた「第三稿」には、次のような一節がある。

大晦日・節分・小正月・立春などに、農村の家々を訪れたさまざまのまれびとは、みな、簑笠姿を原則としていた。夜の暗闇まぎれに来て、家の門からただちにひき還《かえ》す者が、この服装を略することになり、ようやく神としての資格を忘れるようになったのである。近世においては、春・冬の交替に当たっておとずれる者を、神だと知らなくなってしまうた。ある地方では一種の妖怪と感じ、またある地方では祝言《しゅうげん》を唱える人間としか考えなくなった。（中略）祝言職の固定して、神人《じんにん》として最下級に位するように考えられてから、乞食者《ほかひびと》なる階級を生じることになった。（『古代研究V　国文学篇1』角川ソフィア文庫　二〇一七年、一八ページ）

「第四稿」は副題が「唱導的方面を中心として」とされ、「呪言から寿詞《よごと》へ」「叙事詩の成立とその展開と」「語部の歴史」、「賤民の文学」「戯曲・舞踊詞曲の見渡し」となっている。「第一稿」には「語部《かたりべ》の物語がだんだん、神殿から世間へ出て来た時代が思われる。（中略）神との関係が一部分だけ截《き》り放されて、芸術としての第一歩が踏み出されるのであった。書物の記載を信じれば、藤原朝にすでに語部が、邑・家・土地から游離《ゆうり》して、漂泊伶人《れいじん》としての職業が、分化していたように見える」（同前、八三ページ）とある。

マレビトという言葉は、「魂のふるさと」のよそ者、「魂のふるさと」から追放された人という意味合いも含むものだった。

四、魂のふるさとへの憧憬

受け継がれてきた「魂のふるさと」

歌人・詩人であり国文学者であった折口信夫は、「魂のふるさと」を懐かしむ心情が古代から現代へと引き継がれていると感じ、宗教・民俗・文学・芸能などの諸領域を横断し、歴史を縦断しながらその奥深いふところを明らかにしようとした。

「妣が国」への憧れという表象についても、記紀神話や沖縄の宗教にその源流を求めるだけでなく、古代から近世に至る文学や芸能や伝承のなかにそれが脈々と流れてきていることを示していく。一九二四年、『三田評論』に掲載された「信太妻《しのだづま》の話」はその代表的なものだ（「古代研究（民俗学篇1）」『折口信夫全集　2』中央公論社、一九九五年／『古代研究Ⅱ　民俗学篇2』角川ソフィア文庫、二〇一七年）。「信太妻」というのは、一八世紀の前半に活躍し、「菅原伝授手習鑑《すがわらでんじゅてならいかがみ》」の作家としても知られる浄瑠璃の竹田出雲《たけだいずも》の「蘆屋道満大内鑑《あしやどうまんおおうちかがみ》」の作中人物である。

和泉の国の信太の森から狩り出されて、逃げてくる狐を安倍安名《あべのやすな》が助けるという話から始まる。その安名は葛の葉姫と幸せに暮らしていたが、石川悪右衛門に姫を奪われてしまう。絶望した安名は自らいのちを絶とうとする。そこへ以前助けた狐が葛の葉姫に化けて出て、安名を助ける。安名と葛の葉姫となった狐は結ばれ、摂津の安倍野で暮らす。子供が産まれて童子丸《どうじまる》とよばれる。そこへ実の葛の葉姫の親「信太ノ荘司《しょうじ》」がやってくる。その様子を知った、元は狐の葛の葉姫は、障子に歌を書き置いて姿を消す。その歌には「妣が国」を恋い慕う心情が表現されている。

恋しくば、たづね来て見よ。
和泉なる信太の森の　うらみ葛の葉

異類婚姻譚の系譜

折口はこの浄瑠璃作品をもとに、片親、とくに母親が動物など人間以外の存在で、異界に去ってしまうという物語の系譜をたどっていく。この主題は、中世の説経節《せっきょうぶし》等、芸能と結びついた物語に多々、見られる。また、地域に残っている伝説、たとえばものくさ太郎の話のなかにも、狐と結ばれて子供を授かるというものがある。こうした神話や芸能作品や伝承は「異類婚姻譚《いるいこんいんたん》」とよばれる。「異類」が狐であることが多いのは稲荷《いなり》信仰と関係があるだろう。三輪山《みわやま》や賀茂の信仰では、男性の神が蛇になって女性と結ばれるという神話がある。だが、蛇が女性という伝承もある。

近代にも好まれた話では、鶴や犬と結ばれるという話がある。木下順二の『夕鶴』はもっともよく知られたものだ。羽衣を着る天女の話も全国にあり、能や歌舞伎の出し物にもなっており、

「羽衣」の地名も各地にある。沖縄にもその種の伝承があり、『万葉集』にも浦島子《うらしまこ》伝説が長歌に詠《よ》まれ、『古事記』や『日本書紀』にも出ている。これら神話に近い古代の例では、母は海神の娘だったり常世《とこよ》（蓬莱《とこよのくに》）の存在だったりする。しかし、龍や亀とのつながりが示唆されており、後代になると「龍宮」から来たことになる。豊玉姫や玉依姫が海底の異類の存在とされていたことは、すでにふれたとおりだ。さらに原初の表象といえば、スサノオが泣き喚いて行きたいといった、イザナミのいる地下の国ということになろう。

折口信夫は「信太妻の話」でこれらの物語が古代から近世へと引き継がれてきたことを示しながら、「信太の森」、「安倍野童子」などの言葉が何を暗示するかを示そうとする。これらは特定の神社や宗教芸能の伝承者と関わりがあるという。現在も大阪府和泉市に信太森葛葉稲荷神社があり、陰陽道《おんみょうどう》の始祖である安倍晴明の母が神となったと伝えられている。晴明神社は各地にあるが、大阪市阿倍野区は晴明の誕生地とされ、安倍晴明神社がある。

では、「童子」とか「童子丸」は何を意味するのか。晴明の子供の時の呼び名とされるが、寺社に所属しながら陰陽師や唱門師《しょうもんし》など、こうした伝承を伝えた人々の呼び名でもあったのだろう。これは零落した宗教者、放浪するマレビトたちであり、芸能を演じて暮らしを立てていた人々の系譜である。

原初の宗教から引き継ぐもの

もう一つ、折口信夫が考えを深めていくのは、神話的思考をする古代人がなぜ「妣が国」を強く表象するようになったのかという起源論である。「妣が国へ・常世へ」（『古代研究Ⅰ 民俗学篇1』角川ソフィア文庫）では、部族生活を送っていた人々が居住地を移していくときに、前の居住地を神話的に表象していったのが元ではないかと示唆されていた。これは大正時代に公表された、台湾少数民族の調査報告書に記された神話や伝承に影響されたものだ。それに対して、この「信太妻の話」では、「トーテミズム」と「外婚制《がいこんせい》」という言葉が持ち込まれている。これらは、一九世紀末から二〇世紀初めにかけて西洋の宗教起源論の文脈で提起されたもので、折口はイギリスの古典学者で『金枝篇《きんしへん》』の作者であるジェイムズ・フレイザーの名前を挙げている。

当時のトーテミズム論は、ジークムント・フロイトの『トーテムとタブー』やエミール・デュルケムの『宗教生活の原初形態』などを通して、現代にまで知られている。だが、トーテミズムなどというシステムは存在したことはないとするレヴィ＝ストロースの『今日のトーテミスム』が一九六二年に出て、今ではそれが実在したと論じる人はいない。だが、部族社会の宗教について考える上でも、トーテミズムにこだわった西洋近代宗教理論を知る上でも興味深い素材である（拙書『宗教学の名著30』ちくま新書、二〇〇八年）。

当時のトーテミズム論が想定した原始的な宗教とはどんなものか。原始時代には各氏族が動物

（植物のこともある）をその氏族の先祖として崇敬し、それらを食べることはタブーとされた。ただ限られた祭りの際に、その動物を殺して皆で食べる。これが供犠《くぎ》の起源で、また先祖を神として祀《まつ》る儀礼の原初的形態だ。さらに、氏族ごとに異なる種が先祖として崇敬されているが、配偶者は別の氏族の出身でなくてはいけない。これが「外婚制」だ。夫婦は母方に居住する場合と、父方に居住する場合があるが、後者の場合、子供は父方のおばさんたちに育てられることになり、母親とは離れて暮らすことになる。こうした時代の信仰が、「妣が国」を恋慕する信仰の源泉となったのではないか。

浄土信仰と「魂のふるさと」の連続性

「童子丸」をめぐる省察は今も有効だが、トーテミズムをめぐる推測は、今では省みる学者はほとんどいない。しかし、古代から近世に至る日本の宗教、文学、芸能の底流に「魂のふるさと」への憧憬《しょうけい》が存在し続けてきたという省察は、令和の時代の現在も、多くの人々の心に訴えかけるものがあるだろう。

折口信夫は「妣が国」のモチーフを広く日本の宗教史・文学史・芸能史・文化史に読み取っていったが、それは仏教にも及んでいる。平安時代以来、影響力を増していく西方極楽浄土への信仰に、「魂のふるさと」への憧憬が宿っていると捉えられる側面があることを示したのだ。一九四三年に書物として刊行された小説『死者の書』の、作者自身による解説とも見ることができる

「山越しの阿弥陀像の画因」という文章がある（『折口信夫全集』32、中央公論社、一九九八年）。「山越しの阿弥陀像」というのは、阿弥陀仏が二つの山の間から上半身を露わにした姿を描いたもので、『往生要集』を著した源信（恵心僧都《えしんそうず》、九四二―一〇一七）が比叡山の横川《よかわ》で感得したと言われる。山の向こうから阿弥陀仏がやってくるというイメージは、いかにも山が多い日本の風土に合致している。恵心僧都は奈良県の二上山（にじょうさん ふたかみやま）の麓にある当麻《たいま》の出身である。恵心僧都が「山越しの阿弥陀像」を感得したとき、西方極楽浄土から娑婆《しゃば》世界にやって来る阿弥陀仏を幻視しつつ、また、故郷の当麻の地から西方の二上山の彼方に沈み行く夕日を幻視したとも捉えることができる。

後に当麻寺が建立され、藤原南家《なんけ》の郎女《いらつめ》、中将姫《ちゅうじょうひめ》がここにこもり、「当麻曼荼羅《まんだら》」を織ったとされる。『死者の書』では、中将姫は当麻寺のすぐ北方にある二上山に現出する阿弥陀仏に憧れて当麻寺に身を寄せたが、二上山には天智天皇の皇子である大津皇子《おおつのみこ》の墓があり、その怨霊《おんりょう》が宿る場でもあったという設定である（拙著『日本人の死生観を読む』朝日新聞出版、二〇一二年、参照）。

日想観と四天王寺東門

「当麻曼荼羅」は極楽浄土にいます阿弥陀仏を描いた浄土変相図《へんそうず》（浄土曼荼羅）で、周囲には『観無量寿経《かんむりょうじゅきょう》』で説かれる一六の観法が描かれている。一六の観法の第一が「日想観《にっそうかん》」である。『観無量寿経』の現代語訳から引こう。

韋提希《いだいけ》よ、そしてそなたと同じように阿弥陀如来の明るい世界を願う者よ。（中略）／さあ、まわりをキョロキョロ眺めずに、落ち着いて私たちの心の故郷、西の方向に向かうがよい。そのためには今どうすればよいのだろうか。だれでも生まれた時から眼の見えない人でないかぎり、西方に沈み行く夕陽を心に思い浮かべることができるであろう。その夕陽を心に描き、差別なくだれもが家路に急ぐ西の方向に正しく向かい座るがよい。はっきりとその姿が見えるまで心を集中し、余計なことを考えないようにしなさい。陽が沈もうとして、空から鼓《つづみ》を下げたような姿を、しっかりと捉えて、眼を閉じて特別な修行を積む時も、眼を開いて日常の仕事に取り組む時も、その姿がありありと見えるまで続けるがよい。／これを日想観の修行と名づけ、第一の精神統一の方法と呼ぼう。（高松信英『現代語訳 観無量寿経・阿弥陀経――浄土への誘い』〔新装版〕、法藏館、二〇〇〇年）

当麻曼荼羅のこの日想観を表した部分は、阿闍世《あじゃせ》に殺害されたマガダ国王頻婆娑羅《びんばしゃら》の妃、韋提希が水の彼方に太陽を拝する図柄になっている。これが山越しの阿弥陀像に変容したのは、日本の地理的条件によるところもある。しかしそれはまた、日本の各地で彼岸中日に行われた太陽を拝する民俗信仰とも関わりがあると折口は述べている。まずは、折口の育ちの地であり、大阪湾からさらに瀬戸内海を望む大阪四天王寺の光景が描かれる。

四天王寺西門は、昔から謂《い》われている、極楽東門に向っているところで、彼岸の夕、西の方海遠く入る日を拝む人の群集《くんじゅ》したこと、凡《およ》七百年ほどの歴史を経て、今も尚《なお》若干の人々は、淡路の島は愚か、海の波すら見えぬ、煤《すす》ふる西の宮に向って、くるめき入る日を見送りに出る。（「山越しの阿弥陀像の画因」二二一ページ）

「日想観往生」から「社日参り」まで

かつての篤信者には、「日想観往生」を目指す者もあった。

熊野では、これと同じ事を、普陀落渡海《ふだらくとかい》と言うた。観音の浄土に往生する意味であって、淼々《びょうびょう》たる海彼を漕《こ》ぎきって到り著《つ》く、と信じていたのがあわれである。一族と別れて、南海に身を潜めた平維盛《これもり》が最期も、此渡海の道であったという。（同前）

平維盛（一一五九―八四）は平重盛《しげもり》の長男で、光源氏にたとえられる美男で、祖父、清盛のもとで権勢を振るったが、源氏との戦いで敗北を重ね、那智の沖で普陀落渡海をとげたとされる。

日想観もやはり、其と同じ、必《かならず》極楽東門に達するものと信じて、謂わば法悦からした入水《じゅすい》死《し》である。そこまで信仰においつめられたと言うよりも寧《むしろ》、自ら霊《たま》のよるべをつきとめて、そこに立ち到ったのだと言う外はない。／そう言うことが出来るほど、彼岸の中日は、まるで何かを思いつめ、何かに誘《おび》かれたようになって、大空の日を追うて歩いた人たちがあったものである。（同前、二二二―二二三ページ）

折口はここで柳田國男の『歳時習俗語彙』からいくつかの例を引く。日本全国各地で彼岸に太陽を拝む、太陽の動きを追うなどの信仰行事が残っていた。丹波中郡（現在の京丹後市）には

「社日参《しやにち》り」というものがあり、朝早く東方のお宮やお寺やお地蔵様などにお参りして日の出を迎え、順に南を廻って西の方に行き、日の入りを送って還《かえ》って来る。これを「日《ひ》の伴《とも》」という。宮津《みやづ》辺りでは「日天様《につてんさま》の御伴《おとも》」といい、紀伊の那智郡ではただ「おとも」とよんでいるという。こうした行事の中心は女性だ。女が中心の春の行事に「山ごもり」「野遊び」があり、一カ所にこもるという要素があるのが古い形だったのだろう、と折口は推測している。『死者の書』では、中将姫が何かに取り憑《つ》かれたように当麻寺に向かい、こもるのだが、それはこうした古代以来の村々の信仰を引き継ぐものとして構想されたことが示唆されている。

金子みすゞと「燈籠ながし」

折口は日本人の心に根づいた浄土信仰が、西に沈みゆく日を拝しそこに西方の魂のふるさとを思い描く信仰とつながるものと見なしている。これを夕日への愛着と見なすと、現代日本人の心性にもさほど遠くはないものであることが感じられるだろう。浄土真宗の信仰地域で生まれ育ち、死と悲しみをたたえた詩（童謡歌詞）で彗星のように現れ去って忘れられ、一九八〇年代に再発見され、愛好者が増えてきている金子みすゞ（一九〇三―三〇）の作品を見てみよう。

最初に詩を投稿したのは一九二三年で、西条八十に高く評価され、多くの作品を投稿したが、夫との不和がもとで三〇年、娘を遺して二六歳で自らいのちを絶った。よく知られている作品「大漁」の詩は「朝やけ」から始まる。

朝やけ小やけだ　大漁だ
大ばいわしの　大漁だ。
はまは祭りの　ようだけど
海のなかでは　何万の
いわしのとむらい　するだろう。

光が十分に届かぬ海中は、地下とともに死の領域を表すことがある。アンデルセンの「人魚姫」を思い起こしてもよい。スサノオや稲氷命《いなひのみこと》が「妣が国」とよんだのは、地下でもあり海中、あるいは海の彼方の死者の世界でもあった。
「燈籠《とうろう》ながし」は次のようなものだ。

昨夜《ゆうべ》流した　燈籠は、
ゆれて流れて　どこへ行た。
西へ、西へと　かぎりなく、
海とお空の　さかいまで。
ああ、きょうの、
西のおそらの　あかいこと。

金子みすゞの生まれた山口県長門市仙崎は日本海に面する漁村である。家は書店を営んでいて、満二〇歳になる頃、本店のある下関に移った。この地域は浄土真宗の信仰の篤《あつ》い地域で、仙崎では毎日のように沈む夕日が見られただろう。そこで、燈籠流しが行われるのはお盆だろうか。死者の魂がいのちの源へと帰っていく、そのことを祈るためにともし火を海に流すのだ。「昨夜」流したともし火は闇に消え、もちろん今は見えない。そして「きょう」の夕方、まっかな夕焼けが現れ、再び闇へと沈んでいく。死者の魂が西方極楽浄土へと、あるいは「妣が国」へと流れ着き、遺された者に夕焼けとなってそのことを知らせに来た、かつて人々はそのように感じたのかもしれない。

金子みすゞがその詩作品を産み出したのは大正の終わりから昭和初期で、折口信夫が「魂のふるさと」について語っていた時期のことである。ところが、その作品が多くの人々の心を揺さぶるようになったのは平成から令和にかけての時代である。そして、現代の新たなスピリチュアリティを代表する詩人として取り上げられる存在にもなっている（窪寺俊之『金子みすゞの苦悩とスピリチュアリティ』関西学院大学出版会、二〇二一年）。金子みすゞは深い悲しみをたたえつつ魂のふるさとを歌う日本の死生観の水脈を、孤独に苦しむ多くの現代人の心に伝えた稀有な詩人と言えるだろう。

五、永遠回帰願望と原初の孤独

童謡と夕日

西方極楽浄土に流れていく灯を描く金子みすゞの「燈籠ながし」は、童謡の歌詞として創作されたものである。金子みすゞが「西のおそらの　あかいこと」と詠《うた》った数年前、三木露風は「赤とんぼ」（一九二一年）を作詞している。

夕焼、小焼の　あかとんぼ
負《お》われて見たのは　いつの日か。
山の畑の　桑の実を
小籠《こかご》に摘《つ》んだは　まぼろしか。
十五で姐《ねえ》やは　嫁に行《ゆ》き
お里のたよりも　絶えはてた。
夕やけ小やけの　赤とんぼ
とまっているよ　竿《さお》の先。（与田準一編『日本童謡集』岩波文庫、一九五七年、以下同）

童謡には「夕焼け」を、また「夕日」や「日暮れ」を題材にしたものが多い。私の家の近所では、午後五時になると、毎日、「夕焼小焼で　日が暮れて　山のお寺の　鐘がなる　お手々つないで　皆かえろ　烏《からす》と一緒に　帰りましょう」のメロディーが流れてくるが、この「夕焼小焼」（一九一九年）の歌詞は中村雨紅《うこう》によるものだ。葛原《くずはら》しげる作詞「夕日」（一九二一年）は「ぎんぎんぎらぎら夕日が沈む　ぎんぎんぎらぎら日が沈む」とある。これらはたぶん「母のいる家に帰る」情景と関わりがある。また、失われた故郷を懐かしむ望郷の心情にも関わりがある。ここには喪失と悲嘆のテーマが潜んでいる、そう感じる人も多いだろう。

童謡の作詞家でもっとも人気があるのは野口雨情だが、その歌詞は喪失の悲しみをテーマにしたものが多い。「あの町この町」（一九二四年）は覚えて知っている人が多いと思う。「あの町この町　日が暮れる　日が暮れる。今きたこの道、かえりゃんせ　かえりゃんせ。お家が　だんだん、遠くなる　遠くなる。今きたこの道、かえりゃんせ　かえりゃんせ」。

「蜀黍畑《もろこしばたけ》」（一九二〇年）というのはあまり知られていない歌詞かもしれない。「お背戸《せど》の親なしはね釣瓶《つるべ》　海山千里に　風が吹く　蜀黍畑も　日が暮れた　鶏さがしに　往《ゆ》かないか」という歌詞だ。これには、雨情自身の解説があって、「蜀黍畑はさわ〳〵と野分《のわけ》が吹いて、日も早や暮れようとしておるのに、鶏はまだ帰って来ない、お背戸（家の裏口――島薗注）の井戸端のはね釣瓶よ、お前も親なしの一人ぼっちで、さぞ、さびしいだろう、私と一緒に鶏をさがしに行かないかという、気持を歌ったのであります」（野口雨情『童謡と童心芸術』同文館、一九二五年、一二九ページ）というものだ。

「椰子の実」と海の彼方の詩情

夕日と海の彼方ということでは、島崎藤村（一八七二―一九四三）の「椰子《やし》の実《み》」（一九〇一年）があり、大中寅二《おおなかとらじ》が曲を付けたのは一九三六年である。童謡ではなく唱歌に分類される。

名も知らぬ遠き島より　流れ寄る椰子の実一つ
故郷《ふるさと》の岸を離れて　汝《なれ》はそも波に幾月

旧《もと》の樹は生《お》ひや茂れる　枝はなほ影をやなせる
われもまた渚《なぎさ》を枕　孤身《ひとりみ》の浮寝《うきね》の旅ぞ

実をとりて胸にあつれば　新《あらた》なり流離《りゅうり》の憂《うれひ》
海の日の沈むを見れば　激《たぎ》り落つ異郷の涙

思ひやる八重の汐々《しおじお》　いづれの日にか国に帰らん（『島崎藤村詩集』角川文庫、一九九九年）

ここでも望郷の念が海に沈む日と重ね合わされている。この新体詩について、藤村の後輩だった柳田國男が、晩年の一九五九年に刊行した『故郷七十年』（「故郷七十年拾遺」『定本　柳田國男集別巻第三』筑摩書房、一九七一年）で語っている。二一歳の頃の柳田が体調が悪く渥美半島の伊良《い ら》湖崎《こ ざき》で一カ月静養していたとき、海岸を散歩していると、南の島々から流れ着いた椰子の実に出合う。暴風の後などにとくに多い。それが「実に嬉しかつた」という。東京に帰った柳田は、近所に住む藤村にそのことを話した。「そしたら『君、その話を僕に呉れ給へよ、誰にも云はずに呉れ給へ』といふことになつた」という。

藤村はこの柳田の話にインスピレーションを得たということだろう。「椰子の実」という詩がまとまる背景に、藤村と柳田の双方が伊良湖崎の椰子の実に「海の彼方の魂のふるさと」を連想したという事実があった。すでに記したが（第1章二「先史時代に遡る『魂のふるさと』」）、折口信夫が紀伊半島の大王崎で「遥かな波路の果に、わが魂のふるさとのある様な気がしてならなかつた」と感じたのは一九一〇年頃のことだった。藤村、柳田、折口の体験と詩的イマジネーションはどこかで通じ合っている。しばらくすると、この「魂のふるさと」への思いは童謡のなかの夕日と「帰るべき場所」の形象に宿るものとなっていった。

「魂のふるさと」の信仰

明治維新からアジア太平洋戦争に至る時期に、「魂のふるさと」を喚起する詩的音楽的表現が人々の心を捉えたことを見てきた。だが、これは詩歌を作る文人や文人志望の若者たちだけのことではない。この時代の日本に「魂のふるさと」に深い信仰を寄せる宗教運動が広く展開していたことを思い出したい。近代日本の精神史の底流の一つをなすものと言える。

たとえば天理教である。今も奈良県天理市を訪れると、そこここに「ようこそおかえり」の標語が掲げられている。天理教の本部神殿がある場所は人類のふるさとであり、その聖地への参詣は「おぢばがえり」とよばれる。「おぢば」とは「人間生命の根源の地であるがゆえに、すべての人間の故郷である」（天理大学附属おやさと研究所編『天理教事典』第三版、天理大学出版部、二〇一八年）とされる。一八三八年（天保九）、この地で教祖、中山みきに「元の神・実の神」が宿り、人類救済の道が始まった。この神は、「月日」とか「親神」などともよばれ、唯一神であるとともに、両性の二神としても、宇宙・身体の諸機能を司る十柱の神としても表象される。

やがて、一八七五年（明治八）、中山家があったこの地は親神が泥海から大地・生物・人類を生み出していったすべての根源の場所であり、人類創造の元の地であることが明かされる。天理教でもっとも重要な儀礼である「かぐらづとめ」は、毎月、二六日に本部神殿で行われる。月日親神による人類創造の神話的場面が仮面をかぶった演者らを交え、再現されるのである。神話的な「原初の時」が世界の中心において具現される。それがまた人類のいのちの源への永遠回帰ともなる（『原初の時』と『永遠回帰』については、ミルチャ・エリアーデ著、掘一郎訳『永遠回帰の神話』未來社、一九六三年／原著は一九四九年、参照）。

天理教に限らず、「大元の親神」や「親神」の呼称は黒住教《くろずみきょう》や金光教《こんこうきょう》にも、さらには富士講にも見られる。

富士講と世直しと犠牲死

習合神道系の新宗教の聖地は多かれ少なかれ、このような「魂のふるさと」の表象や両性の親なる神の表象とともに展開していった。天理教は昭和初期には五〇〇万人を超える信者がいると呼号していたが、少し後に会員数八〇〇万人を数えたとされる政治団体、昭和神聖会は、大本《おおもと》（大本教）がその中核をなしていた。その大本は京都府の綾部を神都とし、そこに神話的な原初の場所を見出していた。こうして視野を広げていくと、山岳宗教であれ、新宗教の本部所在地であれ、日本に数々ある集団参拝の聖地は、その多くで「魂のふるさと」の表象を伴っていた。

わかりやすい例として、江戸時代の富士講を見てみよう。富士講は山岳信仰集団だが、それ以前に山岳信仰の主要な勢力であった修験道とは異なり、僧侶や修験者という聖職者が主体ではなく、町人や農民などが寄り集まって信仰集団をつくり、信仰活動を行うものだ。富士講の初期の指導者として知られるのは長谷川角行《かくぎょう》（一五四一―一六四六）だが、信仰対象は仙元《せんげん》大菩薩で、「もとのちちはは」ともよばれるようになる。

一八世紀の後半になると、江戸の富士講に食行身禄《じきぎょうみろく》（一六七一―一七三三）という人物が現れる。身禄は伊勢の商人で本名は伊藤伊兵衛、江戸に出てきて油売りなどをしていた。やがて、富士講を熱心に行うようになり、インスピレーションを受けて独自の教えを説くようになった。最後には富士山で入定《にゅうじょう》している。富士山の烏帽子岩《えぼしいわ》（現在の八合目）で瞑想をし、言葉を唱えながら死んでいき、そのようにして世を救うことを目指したのであり、世直しを祈ってなされる犠牲死の行だった。それはまた、「魂のふるさと」「いのちの源」へと帰っていく行とも理解できるだろう。補陀落渡海《ふだらくとかい》や日想観《にっそうかん》の心情とも通じるものである。

「魂のふるさと」憧憬の背後に潜む孤独

前節「魂のふるさとへの憧憬」から、浄土信仰や夕日の懐かしさの表象に注目し、近現代日本の文化や民衆宗教にも「魂のふるさと」への憧憬が継承されてきていることを見ている。だが、折口信夫の「妣が国へ・常世へ」という主題は、集合的な連帯と共感の表象だけに力点が置かれたものではなかった。放逐されたスサノオや旅するマレビトへの共感という像も組み込まれていた。「妣が国へ・常世へ」がすでに述べていたように、「魂のふるさと」への憧れは、死による断絶に向き合う底知れぬ暗さをも伴うことが多かった。

マレビトの像が孤独な旅人や芸能者や詩人の像をも含むものであることは、すでにこの章の三「折口信夫のマレビト」でもふれた。「国文学の発生」という題のもとにマレビトについての構想を練り続けていた頃の短歌に、折口（釈迢空）の多くの作品の中でももっともよく知られているものの一つがある。歌集『海やまのあひだ』（一九二五年）に収められたもので、一九二四年に作られている。

葛の花　踏みしだかれて、色あたらし。この山道を行きし人あり折口の短歌作品には「かそけさ」という言葉が多く用いられている。一例をあげる。

人も　馬も　道ゆきつかれ死にゝけり。旅寝かさなるほどのかそけさ

残酷さとも隣り合わせの過酷な孤独が歌われているが、これも『海やまのあひだ』に収録されている。死と隣り合わせのこの過酷な孤独な魂のあり方は、一九三九年に発表された小説『死者の書』に通い合っている。これについてはすでに拙著、『日本人の死生観を読む』でもふれたが、ここで『死者の書』の一部を引いておこう。死後、二上山の麓の地下に埋められ、意識を取り戻した大津皇子の悲痛な叫びである。

おお寒い。おれを、どうしろと仰るのだ。尊いおっかさま。おれが悪かったと言うのなら、あやまります。着物を下さい。着物を――。おれのからだは、地べたに凍りついてしまいます。（折口信夫『死者の書』角川ソフィア文庫、二〇一七年）

折口信夫（釈迢空）の描くスサノオ

このような孤独な魂の叫びは、現代詩の作品では、ヤマトタケルやスサノオの神話的モチーフを用いて何度か形象化されている。一九四七年一一月に発表された「すさのを」（『折口信夫全集第廿三巻』中央公論社、一九六七年、三一二―三一四ページ）という作品を見よう。

わたつみのけだものは、
人の如　脚に立ち

ひたすらに　もの欲りて
　人の如　泣きおらぶ。

我が耳や　我が声聞かず
たゞに聞く　けだもの、声―
さびしさは　わたのけだもの
　もの欲《ホ》りて泣き哮《タケ》ぶらし―。

かき濁る泥海に
　潜《カヅ》きつゝ　我が来れば、
　　鼻も目も　泥凝《ヒヂコ》りて
　　芥つくわが髪や―。
（中略）

この詩で描かれる「すさのを」は、海にいて二足で立つ「けだもの」と自覚しているが、欲求が満たされず、人のように泣きわめく。それはさびしさの表れだ。泥海に潜りながら動いていく「すさのを」は髪も目も鼻も泥だらけで、聞こえるのは潮騒ばかり、光は辛うじて感じられるが、やがて目も見えなくなってしまうだろう。続いて、「すさのを」は、高天原《たかまがはら》の「我が姉」、つまりアマテラス（天照大神）に訴える。
高天《タカアメ》の　我が姉よ―。
今助《ス》けに来よ。わがいろ姉《ネ》―。
わが咽喉は　火と燃えたり
たゞ欲りす。乳汁《チシル》のしづく

わが御《ミ》姉　我を助けて
かき出でよ。汝《ナ》が胸乳《ムナヂ》
あはれはれ　死ぬばかり
いと恋し。汝が生肌《イキ》

死と贖罪と「魂のふるさと」

記紀の記述では、母イザナミを恋い慕って「妣が国」へ行きたいと泣き喚いたスサノオだが、この折口の作品では、姉のアマテラスを恋い慕い、にもかかわらず放逐されたものと捉えられている。それも「乳汁《チシル》のしづく」「胸乳《ムナヂ》」「生肌《イキ》」といったエロティックな表象が続出する。姉と弟の性愛的な関係、つまりは近親相姦《きんしんそうかん》的な欲望が表現されるとともに、「泣き哮ぶけだもの」として「さびしさ」の極みにある自己が省みられている。

「妣が国」への回帰が母との一体化を意味するとすれば、フロイト説を参照するまでもなく、近親相姦の欲求とも捉えうる。そしてそれは厳しい禁忌の対象ともなり、父殺し、すなわち原初の犠牲ともつながっている。スサノオの犯した罪が原初的な「天つ罪」と捉えられたことを思い起こしてもよいだろう。

この作品に先立って、同年五月に「天つ恋――すさのを断章」という作品も発表されている。この詩の前半は、「何にかく　心さわだつ」、つまり「どうしてこのように心が騒ぐのだろう」と始まり、恋びとに対する慕わしい思いとともに、苛立ちや畏れの情が語られる。そして、「静かなる思ひの湧くは―、／さわやけき　真清水の如」との二行を経て、犠牲となる少女の殺害へと転調する。「あはれ　我　人をほふりぬ―／むしろ　我　恋を戮《ツク》しぬ―。／恋びとは憎しといえど、／わが酬《ムク》い　君をころしき。」とある（同前、三二五―三二七ページ）。

そして、最後のスタンザで高天原の恋（天つ恋）が悲劇に終わったことが贖《あがな》いとなって、子孫たち（我が裔《スヱ》の千五百子孫《チイホウマゴ》）にこの世の恋（国つ恋）が栄えることを言祝《ことほ》ぎ結ばれる。謎めいた詩作品だが、「魂のふるさと」である高天原から放逐されたスサノオが、罪を背負い死を抱え込むことによって、子々孫々へと連なるいのちの循環をもたらす。そのような宗教的ビジョンが示されていると捉えることができるだろう。死の断絶の彼方に「魂のふるさと」があるというビジョンである。

六、罪を贖うスサノオと出口王仁三郎、太宰治

スサノオの後裔、出口王仁三郎

帰っていくべき「魂のふるさと」への憧れを表出した国文学者で民俗学者の折口信夫は、またふるさとを放逐され寒々とした孤独に苦しみ、呻《うめ》き声を響かせる詩人・歌人・作家でもあった。戦中に『死者の書』で死者の呻きを造形した折口は、戦後にはけもののように「泣きおらぶ」スサノオを詩作品に描き出したが、それは自画像のようでもある。

ここで、自らをスサノオになぞらえたもう一人の人物が思い起こされる。それは学者や文学者ではなく、近代日本を代表するといってもよい新宗教の創始者の片割れである。「開祖」出口《でぐち》なおとともに大本教を創始した「聖師」出口王仁三郎《おにさぶろう》（一八七一―一九四八）、その人だ。王仁三郎（上田喜三郎）が出口なおと出会ったのは一八九八年だ。京都府の亀岡に近い故郷、穴太《あなお》を追われるように去り、霊界探求と放浪の旅に出て、綾部で世の立替え立直しを予言する女性教祖、出口なおと出会う（川村邦光『出口なお・王仁三郎』ミネルヴァ書房、二〇一七年）。

なおと王仁三郎はそれぞれ、この人物こそ自分が幻視する大きな変革を現実にもたらすのに不

可欠な人物だと直感し、王仁三郎はこの信仰集団に入り込むことになる。ところが、なおに従う地元の有力信者たちにとっては、王仁三郎は招かざる異物と感じられていた。また、出口なおも神の意思に従うようにと、王仁三郎に厳しくあたることが多かった。ふるさと穴太を放逐された王仁三郎は、やがて「神都」とよばれるようになる綾部でも、居場所を脅かされる状態が続いた。

罪の贖い主の自覚

一九〇三年の段階で、王仁三郎はなおと自らの宗教上の関係を、「変性男子《へんじょうなんし》」と「変性女子《にょし》」、「厳《いず》の御魂《みたま》」と「瑞《みず》の御魂」、「艮《うしとら》の金神《こんじん》」と「坤《ひつじさる》の金神」、そしてアマテラスとスサノオの関係として捉えていた（拙著『思想の身体　悪の巻』春秋社、二〇〇六年）。「変性男子」というのは仏教の用語を異なる意味で用いたもので、出口なおが女性であるにもかかわらず魂は男性であり父の役割であることを指す。父性的な厳格な悔い改めの教えを説くので「厳の御魂」である。以下の文章ではそのなおを「若姫岐美《わかひめぎみ》の命《みこと》」とよんでいるが、別のところではアマテラスになぞらえている。

艮の金神変性男子の身魂《みたま》若姫岐美の命は出口の守《かみ》と顕現《あらは》れ給ひて、世界の父の御役目を遊ばすのである。／坤《ひつじさる》の金神変性女子の身魂は、世界の母役を遊ばして御出るのであるから、男子女子《なんしにょし》の身魂の心を悟りて、心を磨くが日本の神国の人民の責務《つとめ》である。（「筆のしづ九《く》」〔旧暦〕明治三十六年七月、『大本資料集成』第一巻、五〇七ページ）

そして、スサノオの役割は人々の罪をわが身に引き受け、苦難を背負う「罪の贖《あがな》い」である。主神アマテラスに見限られるようにしてその懐から放逐され、世の苦難に身を沈めていく。そのようにして、みずから犠牲となって世を救うのがスサノオの役割であり、王仁三郎自身の役割だという。

他方、王仁三郎は男性であるにもかかわらず魂は女性であり、母の役割なので、「変性女子」であり、「瑞の御魂」である。「艮の金神」こそ出口なおにとっての根源的な神格だが、その厳しさを補うはずの神格として王仁三郎は自らを「坤の金神」と捉えた。

スサノオに同一化する王仁三郎

しかし、「瑞の御魂」にしろ「坤の金神」にしろ、具体的なイメージは乏しい。王仁三郎の宗教的アイデンティティの表現としてはスサノオの像こそが、豊かな素材を提供している。

（百十一）速素戔嗚命《はやすさのをのみこと》は憐み深き荒神《あらかみ》にましまし、世界の人々に代りて、天地の罪の贖を為し給へり。世の人誤りて、速素戔嗚命を罪人と思ふは畏れ多き限りなり。世の中の人々の罪《つみ》科《とが》を免れしめんが為めに、その御身《おんみ》をば天地に犠牲《いけにえ》となし給ひしなり。後《のち》天津神の御宥《みゆる》しを得て、月の国へのぼり、月読命《つくよみのみこと》と成り給ひて、昔も今も変ることなく世界を守り給ふ。（「たまの礎」〔旧暦〕明治三十六年十月一日、同前、五五一ページ）

ここで描かれているスサノオ像は、「憐み深き荒神」、「天地の罪の贖」、「世の中の人々の罪科を免れしめんが為め」、「御身をば天地に犠牲となし給ひ」というように、キリスト教におけるイエス・キリスト、また浄土教における阿弥陀仏、広くは大乗仏教における菩薩の像を思わせるものである。実際、この時期、王仁三郎はキリスト教の思想を学んでおり、後の時期には自らを観音菩薩や弥勒菩薩になぞらえもした。

スサノオの再現としての王仁三郎という像は、一九〇三年段階で明確に形象された。そして、その後も『霊界物語』（一九二一―三四年）の基軸となり、第二次大本事件（一九三五年）で壊滅的な打撃を受けたのちも保持されていく（出口和明『スサノオと出口王仁三郎』八幡書店、二〇一二年）。弾圧を受け、入獄を繰り返した王仁三郎の生涯が、信徒らには「罪の贖い」の人生と受け止められもした。そして、このように苦難を我が身に受け止めることによって、本来のいのちの源である「魂のふるさと」がその懐かしい豊かさを保持することもできたのだ。

泣き喚くスサノオと太宰治

もう一人、近代日本のスサノオにたとえられる人物がいる。それは作家の太宰治だ。津軽生まれの太宰治（一九〇九―四八）は、何度か故郷の思い出、また望郷の思いを作品にしている。「思ひ出」（一九三三年）、「帰去来」（四二年）、「故郷」（四三年）、『津軽』（四四年）などだ。

太宰は繰り返される自殺未遂や薬物依存で実家に顔向けできないような不義理を重ね、いわば故郷を追い出され、故郷から疎んじられたものとして一生を終えた。それは当時の日本人が共有すると感じられていた故郷（妣が国）の像からの放逐でもあった。太宰の作品は、いのちの源、魂のふるさとから放逐され、寂しさに耐えて生きていかざるをえないことに由来する祈りを形象化しようとしたと見ることができる。「母（妣）の国」へ帰りたいと泣き喚く古事記のスサノオの像が重なってくる所以《ゆえん》だ。

　太宰とスサノオの類縁性を印象深く描いたのは、太宰と同じく津軽の出身である作家の長部《おさべ》日出雄（一九三四―二〇一八）である。『神話世界の太宰治』（平凡社、一九八二年）で、長部は「わが国の神話世界におけるスサノヲの運命と、太宰の作品世界で主人公が辿った道との、これも単なる偶然とはおもえない、奇妙なほどの相似」（同書、一四ページ）について語っている。スサノオといえば「記紀神話の随一の乱暴者で、暴力を象徴する巨神」というイメージが支配的だが、視点をずらせば「たいへんな甘えん坊の駄々っ子」と見ることもできる。

「鬚が胸元まで届く年になっても自分に与えられた領国の統治もせずに『啼《な》きいさち』、その涕《てい》泣《きゅう》の激しさは、青山を枯山となし河海を悉《ことごと》く乾上がらせるほど」だったと『古事記』は伝えるが、本居宣長は『古事記伝』で、「啼きいさち」というのは「足摩《あしず》りして泣く、小児の忿《いか》り泣く時にこのさまあり」という先人の説を引いて賛意を示している（同前）。

　またスサノヲがどうしても行きたいと泣訴していた「妣の国」の妣は死んだ母のことであり「根の国」は黄泉国のことであるというのだから、姿かたちは成人していても死んだ母親から離れることのできない未熟な若者が、さまざまな反抗を父親に対して試みたあげく、死にたい、死にたい……と地団駄踏んで号泣している有様と見えないこともない。木が枯れ河も海も乾上がったかれの国には、五月の蠅のように悪神が涌《わ》き出して騒ぎたて、ありとあらゆる禍事が起こった。／「それならば、おまえに与えたこの国にいてはならぬ。勝手に好きなところへ行け」と、記紀の記述にささやかな想像をくわえて書けば父はそういって、子を放逐した。（同前、一四―一五ページ）

「帰りたいが受け入れられない」故郷

では、津軽を放逐された、近代日本の駄々っ子文士、太宰の場合はどうか。弘前高校時代、すでに左翼運動になびく一方、自殺未遂事件も起こし、家族を困らせている。東大入学後しばらくして、青森で馴染んでいた芸妓が押しかけて、長兄に分家除籍の約束をさせられる。芸妓との縁談が決まりそうなところで、銀座のカフェの女給との心中事件を起こし、自分だけ生き残った。その後も繰り返される、破滅的行動は故郷の名家の跡取りである長兄にとっては、よほど始末の悪いものだった。スサノオがアマテラスの神聖な祭りの場である大嘗《おおにえ》の御殿に糞を撒き散らしたり、アマテラスの服織屋《はとりや》に皮を剝いだ馬を尻の方から突っ込んで服織女《はとりめ》が死んでしまったり、とんでもないことを起こしたのに類比される。取り返しのつかない愚行を重ねたはぐれ者だった。

近代日本のスサノオたちは、高天原のアマテラス（あるいは父のイザナギ）にあたる故郷の権威の源泉にすなおに従うことができない。それは駄々っ子のわがままとも見えるものだが、本人にとってはそこに世のあるべき姿が目指されているのであり、世直しの心情が潜んでいる（鎌田東二『世直しの思想』春秋社、二〇一六年）。だが、それは人々に理解されず、抑えつけられてしまう。それへの抗議の意思があるが、抑える側に依存して生きているのも確かで、その権威を尊んでいないわけでもない。権威の源泉であるアマテラス的存在は、出口王仁三郎の場合、一方に天皇、他方に出口なおであり、太宰治の場合、東京帝大を含む社会体制であり、津軽の名家である津島家であり、なかでも長兄である。

「帰りたいが受け入れられない」故郷、太宰はその故郷への憧憬を何度か描いている。実家はとても豊かな名望家だったが、長兄などとは異なり太宰は実の父母に親しみがなく、経済的に恵まれてはいたものの寂しい思いをもって育った。だが、数え年、三歳から八歳まで家事手伝いの越野たけという女性がいた。当初一四歳だったこの人が太宰に本を読むことを教えてくれた。一九四四年の『津軽』という作品は津軽各地に取材旅行をし、津軽を紹介するという形を借りて、越野たけに託して「魂のふるさと」への祈りを形象化した作品と言える。

痛みすさんだ心が安らぐ場所

『津軽』には、つつましい生活を送り、義理がたく人情も篤くともに親しみあって生きることを大事にしている津軽の人々が描かれている。津軽特有の「要領の悪さ」などという愛情あふれる表現もある（『太宰治全集　第七巻』筑摩書房、一九六七年、一二八ページ／初刊、小山書店、一九四四年）。

ユーモアたっぷりに記されている「Sさん」の「熱狂的な接待振り」については今は略さざるをえないが、「私は決して誇張法を用ゐて描写してゐるのではない。この疾風怒濤《しっぷうどとう》の如き接待は、津軽人の愛情の表現なのである」（同前、五三ページ）とまとめられている。

こうした故郷の人々の心情によって癒されながらも、「私」の心の奥には激しく疼《うず》くものがある。「許されていない」という思いに苦しめられている。この胸の痛みもそこここに描かれている。「私は兄から、あの事件に就いてまだ許されてゐるとは思はない。一生、だめかも知れない。ひびのはひつた茶碗は、どう仕様も無い。どうしたつて、もとのとほりにはならない。津軽人は特に、心のひびを忘れない種族である（同前、一二〇ページ）」。

最後に越野たけに出会う場面がある。住所を頼りに尋ねていくと留守だったが、運動会の会場でたけに会うことができた。驚いたに違いないがさりげなく、「さ、はひつて運動会を」と小屋に案内し、「ここさお坐りになりせえ」と傍に座らせ、「たけはそれきり何も言はず、きちんと正坐してそのモンペの丸い膝にちやんと両手を置き、子供たちの走るのを熱心に見てゐる」。「私」はそこで深い心の平和を経験する。「私には何の不満もない。まるで、もう、安心してしまつてゐる。足を投げ出して、ぼんやり運動会を見て、胸中に一つも思ふ事が無かつた」（同前、一五一ページ）。わが子を無条件に受け入れる「母」の懐での安らぎである。「魂のふるさと」「いのちの源」をしばらくではあるとしても体験することができる、読者にそう思い起こさせるような結びである。

お迎え火をたいたり、お墓参りをするとき、死後の世界が身近にあるように感じることもある。そんな「魂のふるさと」だが、現実に死後に人がそこに安らぐことができると感じるのは容易でない。それがたいていの現代人だろう。そんな現代人が、折口信夫の「妣が国へ・常世へ」という文章や、島崎藤村の「椰子の実」や、金子みすゞの「燈籠ながし」に心を動かされる。そこで懐かしく蘇る感覚は、沖縄の民俗文化にも、お盆の行事や季節の祭りにもそれに相通じるものがあり、私たちの身体や精神の奥深いところに今も潜んでいる。

それが強いリアリティーをもって浮上する時がある。それはむしろ、絶望に陥ったり、心の痛みや悲しみに胸がふさがれたように感じる時だったりする。スピリチュアルペインとよばれるような苦難に向き合ってこそ、届かない彼岸的なものを具象化することが恵みのように訪れる。宗教者や芸術家がそのような「魂のふるさと」の現前を伝えてくれる。そのような意味で、「魂のふるさと」は今も私たち自身の死生観の手がかりであり続けている。スサノオは現代人に「魂のふるさと」を伝える媒介者の象徴でもある。

第2章　無常を嘆き、受け入れる

一、弱さを嘆き、いのちのはかなさを知る

パンデミックと大地震の時代の流行歌

パンデミックと大地震、豪雨等に襲われ多くの人命が失われるとともに、生活が脅かされ希望が見えなくなると感じる人々が増大した。失職したり、事業が継続できなくなったり、医療や介護や保育の場でストレスが倍増したり、被災地の第一次産業のように長期にわたって見通しが立たなくなったりした。人のいのちのはかなさを嘆き、人間の無力さを思い知らされるような状況が繰り返しやってくる。一三世紀の初頭に鴨長明の『方丈記』が描き出したように、世の無常を痛感する日々が続いた。日本の死生観の深層にあるものが、新たにぬうっと頭をもたげてきたように感じる。

二〇一〇年代に入って、東日本大震災から新型コロナ感染症へとおよそ一〇年の間、日本は災

厄に見舞われる経験が続いている。それはまた、故郷喪失が強く実感され、望郷の念がよみがえったように感じる時期だった。唱歌「故郷《ふるさと》」は時代遅れの歌になったと感じていたが、新たに好んで歌われる歌になった。いのちの脆《もろ》さ・はかなさを思い知るとともに、「喪《うしな》われたふるさと」への思いが湧き起こるように感じる人が多かったようだ。二〇一二年三月一二日、私は二本松市の仮設住宅で浪江町《なみえまち》からの避難民の方々から、根本昌幸作詞、原田直之作曲、唄・沢田貞夫と記されている「ふるさと浪江」という歌を教えていただいた。

一、ふるさと離れ　遠くへきたよ／ふるさとはいい　けれど帰れない
帰りたいなあ　わがふるさとへ／みどり豊かな　あの町へ
ああ夢にみるよ　ふるさと浪江

この後、二番、三番と泉田川《いずみだがわ》、丈六《じょうろく》、請戸《うけど》の浜、高瀬の渓谷、不動滝など浪江町のいくつかの地名と四季折々の光景が描き出されていく。そしてまた、「ああ夢にみるよふるさと浪江」が繰り返される。慰問の私たちも被災者の方々とともに歌うのだが、なかには涙ぐむ人もおられたのを今も憶えている。

浪江の多くの人々は、震災・津波と原発事故から一〇年余りを経た今もその地に帰ることができない。望郷の念は今も消えない方々が多いだろう。しかし、ともにその思いを分かち合う機会も減っていかざるをえないと思われる。

暗い歌謡曲「船頭小唄」の流行

ここで思い起こしてみたいのは、およそ一〇〇年前のことである。大正期、順番は逆でパンデミックから大地震へと推移していった時期があった。第一次世界大戦の終了を早めたとも言われるスペイン風邪の大流行は一九一八年から二〇年にかけてで、速水融《はやみあきら》によると、死者は世界全体で二〇〇〇万から四五〇〇万、日本では内地だけでも四五〜四八万人になるという（『日本を襲ったスペイン・インフルエンザ』藤原書店、二〇〇六年）。その三年後、一九二三年に関東大震災が発生し、一九〇万人が被災し一〇万人以上のいのちが失われたとされる。

この時期に歌謡曲と童謡が歌われ、大流行した。スペイン風邪の後に大流行した歌謡曲が野口雨情（一八八二―一九四五）作詞、中山晋平（一八八七―一九五二）作曲の「船頭小唄」である。思わぬ災害や疫病で、多くのいのちが失われた時期、いのちのはかなさと故郷喪失を嘆きつつ受け入れようとする歌が広まったと言える。無常をはかなむ心情がうかがわれる歌である。

一

おれは河原の枯れすすき
同じお前も枯れすすき
どうせ二人はこの世では
花の咲かない枯れすすき

二

死ぬも生きるもねーお前
水の流れに何に変《かは》ろ
おれもお前も利根川の
船の船頭で暮らさうよ

三

枯れた真菰《まこも》に照らしてる
潮来《いたこ》出島《でじま》のお月さん
わたしやこれから利根川の
船の船頭で暮らすのよ

四

なぜに冷たい吹く風が
枯れたすすきの二人ゆゑ
熱い涙の出たときは
汲んでお呉れよお月さん

五

どうせ二人はこの世では

花の咲かない枯れすすき
水を枕に利根川の
船の船頭で暮らさうよ

（『定本　野口雨情　第一巻』未來社、一九八五年、一三〇—一三一ページ）

「船頭小唄」の背後の喪失経験

「船頭小唄」を作詞した一九一九年の秋、野口雨情（本名、英吉）は三七歳だった。茨城県の北端に近い磯原に生まれ、親の代には廻船業から運送業に転じ、比較的豊かだったが、村長であった父が事業に行き詰まり、没落していく家を引き継ぐことになった（野口不二子『野口雨情伝』講談社、二〇一二年／金子未佳『野口雨情』勉誠出版、二〇一三年／大嶽浩良・中野英男『若き日の野口雨情』下野新聞社、二〇一六年）。

早稲田大学の前身、東京専門学校高等予科で文学を学び、詩人となることを目指した時期もあったが、故郷に帰り、栃木県の資産家の高塩家に生まれたヒロと結婚（一九〇四年）、ともに家の財政の処理に努めた。しかし、家政を持ち直すことができずに、妻の実家からの借財は増えるばかりだった。一九一五年にはヒロと離婚し、いわき湯本の芸妓置屋に逃げ込み、三歳年上の女将の明村まちと同棲する。二人の子ども、雅夫と見晴子はあちこちに預けられ、一時は湯本に引き取ったものの、結局、磯原の家ごとヒロに任せることになる。明村まちとの縁も切って、単身、水戸に出て二〇歳年下のつると再婚したのが一九一八年、三六歳のときである。

この年、深く愛した家族と別れ、ほとんど無一物で水戸に移り、地方の児童文芸誌『茨城少年』の編集に携わって生計を立て、再び詩や童謡の創作に心を向けるようになる。このような境遇にあった野口雨情を想像すると、「船頭小唄」の歌詞の哀調の感受に役立つかもしれない。この歌詞には貧しい家計の改善に希望をもてない暗さとともに、支えの乏しい夫婦の慎ましい愛情が描かれている。夫婦二人だけのことが描かれ、子どもや他の家族が見えないことから、背後に大きな喪失があると感じ取る人もいるだろう。

大ヒットした「船頭小唄」

実際の雨情は、妻、子ども、さらにはともに生きてきた場を喪うとともに、逃げて頼った別の女性を傷つけ、故郷と由緒ある野口家を離れ、社会人としての誇りを失い、文学への希望を見失った末に、水戸で「枯れすすき」のような幸せを見出そうとしていたのだった。

「船頭小唄」の作曲は、学校教師だった中山晋平のもとを雨情が自ら訪れて依頼した。楽譜として出版されたのは一九二一年の三月、レコードとなったのはその一年半後だ。ところが、レコードとなる前から街角の演歌師（艶歌師）によって広められ、二二年の秋以降は次々とレコードが発売され、大流行となった（永嶺重敏『歌う大衆と関東大震災』青弓社、二〇一九年）。

そして、一九二三年一月には映画「船頭小唄」の上映が京都と東京で始まり、次いで全国で上映されていく。船問屋の娘と若い船頭が結ばれるのだが、その娘には許嫁《いいなずけ》の男性がいた。その許嫁の男が芸妓と親しくなったために、許嫁の男性と芸妓が結ばれるのも助けつつ、二人が結ばれるというものだ。男女の主人公はまともだが、芸妓と結ばれる男性はいわば「夜の街」になびいていったわけで、むしろこの男性に野口雨情の境遇と通じ合うものがある。女性の主人公を演じた栗島すみ子はスター女優となり、ブロマイドが人気を博すようになる。

ところが、同年九月一日関東大震災が発生すると、この「船頭小唄」が批判のやり玉に挙げられる事態となった。甚大な苦難をもたらしたこの災害は、日本人への何らかの警告として受け止めるべきだという論が立ち上がってくる。いわゆる天譴論《てんけん》だ。そして、その文脈で「船頭小唄」に非があるとする言説がなされるようになる。

大災害を招き寄せた「船頭小唄」?

天譴論の口火を切ったのは、早くも震災の一〇日あまり後に掲載された渋沢栄一の論であった。「中外商業新報」九月一二日号には以下のような談話が掲載されている。

今回しんさいの為に我が文化の中心たる帝都の全滅した事は実に遺憾の極みである、不肖の如き微力ながら此帝都の建設に対して多少は努力したので恰《あたか》も愛児を失ひたる感がある、今日斯《か》くの如き事を述ぶるは誠に如何とも思ふが、近時我が国に於ける風潮は余りに弛緩廃頽《しかんはいたい》して居つた、即ち政治上に於ては只《ただ》利己的権利の獲得にのみ汲々とし、経済上に於ては只自己の利益を図る以外何物もなく、更に社交上の悪化に至つては全く道徳の観念を没却し、軽《けい》佻浮薄《ちょうふはく》の極に達して居つた、右の如き状態は実に天の看過を許さゞる事ではないか、（以下略）。

(https://eiichi.shibusawa.or.jp/denkishiryo/digital/main/index.php?cmd=read&page=DK480135k_text)

当時、八三歳になる日本経済界の重鎮の相次ぐ発言の趣旨を、永嶺重敏は「震災は政治・経済の堕落や『風教の頽廃』に対する天からの警鐘としての天譴であり、これを機に覚醒して東京再建に努力せよということである」と要約している（『歌う大衆と関東大震災』、八四ページ）。

この「風教の頽廃」に関わって、「船頭小唄」が取り上げられることになる。一九三九年に『渋沢栄一伝』を刊行する幸田露伴は、「東京日日新聞」の一〇月四日夕刊に掲載された文章で、以下のように述べていた（『歌う大衆と関東大震災』、八六ページ）。

このたびの大震大火、男女多く死する前には、／「おれも河原の枯れ芒《すすき》、おなじおまへも枯れ芒、どうせ二人がこの世では、花の咲かないかれすゝき」／といふ謡が行はれて、童幼これをとなへ、特に江東には多く唄はれ、或ひはその曲を口笛などに吹くものもあつた。その歌詞曲譜、ともに卑弱哀傷、人をして厭悪《えんお》の感をいだかしめた。これは活動写真の挿曲から行はれたので、原意は必ずしもこのたびの惨事を予言したものでも何でもないが、大震大火が起こつて、本所や小梅、至るところ河原の枯れ芒となつた人の多いに及んで、唄ふものはパッタリとなくなつたが、回顧するといやな感じがする。

群衆の中の孤独と連帯

幸田露伴は「唄ふものはパツタリとなくなつた」と述べているが、永嶺によると、確かに年末までは歌いにくかったようだが、それでも映画上映はまったく途絶えてはおらず、一九二四年に入ると再び人気を回復しているという。

「船頭小唄」の哀調と小さな愛の絆を尊ぼうとする心情は、パンデミックから大震災へと相次ぐ災厄に見舞われ、多くを喪ったと感じている人々の心に染み入るものがあった。野口雨情はそのような当時の庶民の心情をくみ上げるような詩句を生み出す素養があった。無常を嘆きつつ孤独を憂え、いのちのはかなさを謳《うた》うことで、ともに心の安らぎを得ようとする日本文化の系譜を引くものと言える。渋沢栄一や幸田露伴の「風教の頽廃」を憂える評言は、そのことを直観していたものと捉えることもできるだろう。

「船頭小唄」に対する幸田露伴とは対照的な捉え方を紹介しておこう。野口雨情の弟子である古茂田信男によるものだ（『七つの子』大月書店、一九九二年、一二七ページ）。古茂田は、「『枯れすすき』は、辛い悲しい運命に耐えながらも肩を寄せあい、慰めあって生きていこうという、常に弱者の立場におかれる民衆の連帯感というようなものを情操しています」といい、社会学者の見田宗介の『近代日本の心情の歴史』（講談社学術文庫、一九七八年／初刊、講談社、一九六七年）の第八章「孤独の歴史」を参照している。そこでは、「船頭小唄」などいくつかの歌謡曲を引いて、こう論じられている。

> 集団の中にいて、周囲の人と親しげに話もしながら、結局自分のほんとうの人生は別にあり、ほんとうの気持ちは語りえないという孤独、現代社会の群集の中の孤独がそこにある。／このような「孤独」がたがいに呼びあうときに、人と人とがそれぞれの孤独において結びつく。孤独そのものが連帯の唯一の契機であるという逆説がそこにうまれる。（『近代日本の心情の歴史』、一六二ページ）

古茂田によると、雨情は「私はその詩法においても、華麗な、そして粋なものよりも、寧《むし》ろ朴《ぼく》訥《とつ》な純心を尊んでいる。そして華やかな生活者よりも貧しい憐れな生活者の慰めにと心がけている。また、私自身も貧しい生活者であるからである」（『七つの子』、一二七ページ）と述べたという。

別れと望郷の童謡

実はこの時期、野口雨情の生活環境は大きく展開し、「枯れすすき」の境遇を脱するような方向へと展開しつつあった。著名な民謡詩人・童謡作詞家となり、経済的にも状況が好転していくことになる。ちょうど東京では、鈴木三重吉《みえきち》によって『赤い鳥』が創刊され（一九一八年七月）、北原白秋、三木露風、西条八十などの童謡運動が展開する舞台が整っていた。ほぼ一年半後（一九一九年一一月）に、童謡雑誌『金の船』（後に『金の星』と改題）が創刊されると、雨情は上京し、毎号童謡詩を掲載するとともに、投稿される童謡の撰者・編集者として知られるようになり、生活も安定していく。一九一九年一二月には、『文章世界』に掲載された「下総のお吉」が「新民謡」として大きな反響を得てもいた。「船頭小唄」も「新民謡」として発表されたものだった。
この時期に発表された雨情の童謡詩は中山晋平や本居長世の曲がついて、長く人々に唄われるものとなっていく。「十五夜お月さん」「蜀黍畑《もろこしばたけ》」（一九二〇）、「赤い靴」「青い眼の人形」「七つの子」（一九二一）、「シャボン玉」（一九二二）などだ。

十五夜お月さん
十五夜お月さん　ご機嫌さん
婆やは　お暇《いとま》とりました
十五夜お月さん　妹は
田舎へ貰《も》られて　ゆきました
十五夜お月さん　母《かか》さんに
も一度　わたしは　逢いたいな（『定本　野口雨情　第三巻』未來社、一九八六年、二五ページ）

この歌の主題は喪失の悲嘆だが、これらの作品ができる前の一〇年ほどの野口雨情の家族の歴史を思い起こすとよく理解できる気がする。故郷磯原には、仲良くともに暮らしているはずの先妻ヒロ、長男雅夫（一二歳）、長女見晴子（五歳）の三人がいる。他方、三八歳の雨情は故郷を遠く離れ、後妻のつる、また、つるとの間に生まれた香穂子（一歳）とともに、東京の西巣鴨に暮らすようになっていた。

二、無常——野口雨情の童謡と一茶の『おらが春』

野口雨情の童謡と喪失感

鈴木三重吉らが『赤い鳥』を立ち上げ、童話・童謡の運動が始まったのが一九一八年、野口雨情が「新民謡」というジャンルの「船頭小唄」を作詞したのが一九一九年、雨情の童謡詩「十五夜お月さん」は一九二〇年の作品だ。スペイン風邪の流行期と重なってこれらの作品は作られた。多くの若者や子どものいのちが失われたのだが、「枯れすすき」に自らをなぞらえ、「母《かか》さんにも一度わたしは逢いたいな」とうたう歌詞に、もろくも失われる「ふるさと」を遠望する心情を読み取ることもできるだろう。

ちなみに折口信夫《おりくちしのぶ》が「妣《はは》が国へ・常世《とこよ》へ」を発表したのも一九二〇年のことである。望郷の念とその背後にある喪失感と脆さ・はかなさの感覚は折口と雨情に共通のものだろう。雨情は一九二一年には、「赤い靴」「青い眼の人形」、そして二二年には「重い車」という童謡も作詞している。「赤い靴」はよく知られ愛唱されたものだ（同前、七九—八〇ページ）。

赤い靴　はいてた　女の子

異人さんに　つれられて　行っちゃった
横浜の　埠頭《はとば》から　船に乗って
異人さんに　つれられて　行っちゃった
今では　青い目に　なっちゃって
異人さんのお国に　いるんだろう
赤い靴　見るたび　考える
異人さんに逢うたび　考える

脆く・はかないいのちをいとおしむ

「赤い靴」は喪失感は伴っていてもそれほど暗さは伴わない。暗さという点では、「重い車」が際立っている（同前、六五―六六ページ）。

牛の顔を　見ていたれば　涙がこぼれた
重い車を　曳かせられて　泣いているんだよ
可哀想で　可哀想で　しょうがない
牛の足を　見ていたれば　足が痩せていた
重い車を　曳かせられて　痩せているんだよ
可哀想で　可哀想で　しょうがない

重い車を　曳きながら　じーっと後《あと》を見た
仔牛に　逢いたくて　後を見るんだよ
可哀想で　可哀想で　しょうがない

故郷の事業で経済的に行き詰まり、石川啄木の友人としてともに北海道で働いていたことがある雨情の一面が現れている。だが、引き裂かれた親子というテーマは雨情独自のものだろう。同じく一九二二年に作詞された「しゃぼん玉」は、今もよく歌われている（与田準一編『日本童謡集』岩波書店、一九五七年、九七ページ）。

しゃぼん玉、とんだ。　屋根までとんだ。
屋根までとんで、　こわれて消えた。
しゃぼん玉、消えた。飛《と》ばずに消えた。
うまれてすぐに、こわれて消えた。
風、風、吹くな。しゃぼん玉、とばそ。

この童謡の「うまれてすぐに、こわれて消えた」という歌詞は、死んだ子どものことを思うものだという伝承がある。伝記的事実に照らし合わせると、雨情は最初の妻、ヒロとの間の長女・みどりを一九〇八年に生後間もなく喪い、二番目の妻・つるとの次女・恒子、長男・九万男を二四年、三一年に喪っている。

これらは作詞の時期とは符合しない。だが、スペイン風邪だけでなく夭折《ようせつ》が多かった時代、子どものいのちの脆さ・はかなさが念頭にあったというのは確かだろう。雨情の弟子の古茂田信男は、人々がこれを亡児への鎮魂歌と解したのは、まんざら故ないことではないとしている（『七つの子』、五二ページ）。

しゃぼん玉と露のようないのち

「しゃぼん玉」から連想されるのは、子どものいのちの脆さ・はかなさへの嘆きだが、これを詠《うた》う日本の詩歌作品は少なくない。野口雨情は江戸時代の俳人、小林一茶に強い関心をもっていたことがうかがわれる。一九二五年に刊行された評論集、『童謡と童心芸術』（同文館）には、「一茶とアンリー・ルッソオ」という一文が収録されていることからもわかる。

その小林一茶（一七六三―一八二七）が五七歳のとき（一八一九年）、生後一年余りの長女さとが疱瘡《ほうそう》で亡くなる。その経緯を軸に、この年の正月から歳末までのことを記した日記体句文集が『おらが春』である（『一茶　父の終焉日記・おらが春　他一篇』岩波文庫、一九九二年）。そこには俳人一茶による短歌も引かれている。

子を思ふ闇やかはゆい〳〵と
声を烏の鳴《なき》あかすらん　一茶（同前、一七五ページ）

これは、捕らえられた幼鳥の近くまで夜毎にやってきて、その夜じゅう鳴き明かす親鳥の哀れさを歌にしたのだという。この短歌はどこか、野口雨情の「重い車」と似通っている。そして、

「さと女卅五日　墓」と題された一連の句の一つは、雨情の「しゃぼん玉」と照らしあうように感じられる。

露の玉つまんで見たるわらは哉　一茶（同前、一八〇ページ）

葉の上に降りている露を子どもがつまんで遊んでいる。その露の脆さ・はかなさは子どものいのちのそれを思わせるものでもある。三十五日にさとの墓参りをしたときの句として五句あげられているが、そのうちのもう一つは、酷い秋風を恨むかのような次のものだ。

秋風やむしりたがりし赤い花　一茶（同前）

喪われた子どものいのちの尊さ

自らの悲しみに響き合わせるように、他の俳人や歌人の作品が並べあげられている（同前、一六九―一七〇ページ）。

愛子をうしなひて
春の夢気の違はぬがうらめしい　来山《らいざん》

子におくれたるころ
似た顔もあらば出て見ん一踊《ひとおどり》　落梧《らくご》

子をうしなひて
蜻蛉《とんぼつ》釣りけふはどこ迄行た事か　千代女

しばらく後に、「さと女笑顔《えがお》して夢に見えけるまゝに」として五句あげられているが、最初の句は以下のものだ。

頬べたにあてなどしたる真瓜《まくわ》哉　一茶（同前、一八四ページ）

まくわうりを頬っぺたにあてその冷たさを喜んでいる姿が夢に出てきたのか。『おらが春』の冒頭には、「こぞ（去年——島薗注）の五月生れたる娘に一人前の雑煮《ぞうに》膳《ぜん》を居《す》ゑて」として、以下の句が掲げられている（同前、一一五ページ）。

這《は》へ笑へ二つになるぞけさからは　一茶

そして中ほどには、生まれてから元気に育つさとの無邪気なさまを長々と描き、手放しで喜んでいる一茶自身の子煩悩ぶりを印象づける叙述になっている。

たとえば、風車《かざぐるま》をほしがってむずかるのですぐにわたすと、そのうちむしゃむしゃとしゃぶって捨て、今度はそこらにある茶碗をわってしまう。次は障子のうす紙をめりめりむしり、「上手上手」とほめると本当かと思ってきゃらきゃらと笑い、ひたむしりにむしる。「心のうち一点の塵《ちり》もなく、名月のきら〳〵しく清く見ゆれば、迹《あと》なき（あとを継げるような名優もいないほどの）俳優《わざおぎ》見るやうに、なか〳〵心の皺《しわ》を伸しぬ」（同前、一五九ページ）。

露の世ながらさりながら

まだまだ続く、このような至福の子育ての世界は「寝耳に水」のような感染症の来襲によって崩壊する（同前、一六七―一六八ページ）。

楽しみ極《きわま》りて愁《うれ》ひ起るは、うき世のならひなれど、いまだたのしびも半《なかば》ならざる千代の小松の、二葉ばかりの笑ひ盛りなる緑り子を、寝耳に水のおし来るごとき、あら〳〵しき痘《いも》の神に見込《みこま》れつつ、（中略）神は送り出したれど、益《ます》々よわりて、きのふよりけふは頼みすくなく、終《つい》に六月廿一日の蕣《あさがお》の花と共に、此世《このよ》をしぼみぬ。母は死顔《しにがお》にすがりて、よゝ〳〵と泣《な》くもむべなるかな。この期《ご》に及んでは、行《ゆく》水のふたゝび帰らず、散《ちる》花の梢《こずえ》にもどらぬくいごとなど、あきらめ顔しても、思ひ切《きり》がたきは、恩愛《おんない》のきづな也けり。

露の世は露の世ながらさりながら　一茶

この「露の世」の語はいのちの脆さ・はかなさを表しており、『おらが春』の基軸をなす語だが、そもそも『おらが春』の全体が、子を喪うという経験によって身に刻まれるいのちの脆さ・はかなさの覚知とそれ故の嘆き・悲しみを描き出そうとしたものと言える。

それは仏道では「無常」という語で表されるものだが、一茶は『おらが春』の冒頭から「無常」の語を持ち出し、それに距離を取る構えを見せている。冒頭では、浄土への往生を信じる仏門の人々が無常を説くのに対して、「おのれらは、俗塵《ぞくじん》に埋《うず》もれて世渡る境界《きょうがい》」とし、来世を思うのでもなく、この世の繁栄に執着するのでもない、「あなた任せ」の立場を示唆している。「から風の吹けばとぶ屑家《くずや》は、くづ家のあるべきやうに、門松《かどまつ》立てず煤《すす》はかず、雪の山路《やまぢ》の曲《まが》り形《な》りに、ことしの春もあなた任せになんむかへける」（同前、一一四―一一五ページ）と。「門松立てず」というのは、親鸞《しんらん》の教えを受け、ご利益《りやく》を願うような迷信には従わないということだ。「煤はかず」というのは煤はらいや掃除もしっかりしないということで正月を祝う心情が乏しいということだろう。「あるべきやう」「曲り形り」というのは、脆く頼りない家や雪路のような死生をそのまま肯定する姿勢をあらわにするものだ。

仏道の無常と「恩愛《おんない》のきずな」

すぐに紹介されるのは、一茶の菩提寺である柏原の本願寺派明専寺《みようせんじ》の鷹丸《たかまる》という一一歳の少年が、橋を踏み外して溺死するという逸話である。夜になって遺体が寺に運び込まれる。「ち丶母は今やおそしとかけ寄りて、一目《ひとめ》見るより、よ丶〱と、人目も恥《はじ》ず大声に泣《なき》ころびぬ」。そして、この両親の思いを語る一節が続き、「無常」の語とさとの死の場面を描く際に用いられる「恩愛のきづな」の語が隣り合って用いられる。

日ごろ人に無常をす丶むる境界《きようがい》も、其《その》身に成りては、さすが恩愛のきづなに心のむすび目ほどけぬはことわり也《なり》けり。旦《あした》には笑ひはやして門出《かどで》したるを、夕《ゆうべ》には物いはぬ屍《かばね》と成りてもどる。目もあてら（れ）ぬありさまにぞありける。（同前、一二〇ページ）

悲しみに胸がふさがれ、「心のむすび目ほどけぬ」さまに共鳴している。そして、それは「無常」の教えに納得して、ひたすら念仏を唱えて阿弥陀仏の慈悲にすがって後世の安寧をお任せするというのとは異なる。このような浄土門の仏道とはいささかずれ、他方、本願寺の親鸞の教えとは合致しているようにも見える死生観が、「さりながら」や「あなた任せ」という言葉に託されている。

『おらが春』の末尾は、浄土真宗の教義にじかに触れながら、一茶自身の死生観を語っている。「他力信心〳〵と、一向《いっこう》に他力にちからを入《いれ》て頼み込み候《そうろう》輩《やから》は、つひに他力縄に縛《しば》れて、自力《じりき》地獄の炎の中へぼたんとおち入《いり》候」とある（同前、一九一―一九二ページ）。「あなた任せ」は「他力」に頼るということだが、「他力」を信じれば助かるなどと信じて、悟りきったような表情を見せるのは、実は「自力」依存であって、真の「あなた任せ」ではないということのようだ。これが信心であるとすれば、素直というより、ねじれて複雑骨折した心を踏まえた信心のように感じるが、それは浄土真宗の信心の枠からは、ずれていないのかもしれない。

あなた任せの年の暮

問《とい》ていはく、いか様《よう》に心得たらんには、御流儀に叶《かな》ひ侍《はべ》りなん。答《こたえ》ていはく、別に小むつかしき子細《しさい》は不存《ぞんぜず》候。たゞ自力他力、何のかのいふ芥《アクタ》もくたを、さらりとちくらが沖へ流して、さて後生《ごしょう》の一大事は、其《その》身を如来《にょらい》の御前に投《なげ》出して、地獄なりとも極楽《ごくらく》なりとも、あなた様の御はからひ次第あそばされくださりませと、御頼み申《もうす》ばかり也。（中略）是即《これすなわち》、当流の安《あん》心《じん》とは申也。穴《あな》かしこ。

　ともかくもあなた任せのとしの暮

文政二年十二月廿九日　五十七齢　一茶

（同前、一九二―一九三ページ）

この一節は、本願寺八世（八代）の蓮如上人《れんによしょうにん》の「御文章《ごぶんしょう》」（「御文《おふみ》」）の文体にならったもので、パロディーと言えるようなものだ。「御流儀」というのは、本願寺の流儀、すなわち親鸞聖人を正しく継承している浄土真宗の教えということになる。「自力他力」の「他力」とは阿弥陀仏の力にすべてを任せる「他力」であり、救われるために「自力」で信仰行為をすることを否定するもので、浄土真宗の教えの根幹に関わるものだ。ところが、この「御文章もどき」では、「自力他力」の違いを「何のかのいふ芥もくた」と言い放ち、「さらりとちくらが沖へ流して」と捨て去ることを勧めている。

また、阿弥陀仏の他力による極楽往生を信じることこそ本願寺本来の教えのはずだが、「地獄なりとも極楽なりとも、あなた様の御はからひ次第」と極楽往生を信じることまでもどうでもよいこととしているかのようだ。これは「あなた任せ」の信心がそこまで徹底していると言えるのかもしれない。浄土真宗には江戸時代から「己心《こしん》の弥陀」、すなわち心の中にこそ阿弥陀仏や西方極楽浄土がある、それを信じるのが真の信心だとして、外界に西方極楽浄土が実在するのを否定する、あるいは意に介さないような潮流もあった（大桑斉『寺檀の思想』教育社歴史新書、一九七九年）。

無常を知ることと「心安さ」

以下は、一茶の句から信心や悟りに通じるような心境が読み取れる句を拾ったものだ（宗左近『小林一茶』集英社新書、二〇〇〇年、など）。

何もないが心安さよ涼しさよ
涼風はあなた任せぞ墓の松
蝶とぶや此世《このよ》に望みないやうに
日が長い長いとむだな此世哉《このよかな》
永〔き〕日に身もだへするぞもつたいな
永き日や嬉し涙がほろ〱と

これらの句は、「何もない」「望みない」「むだな此世」というように、「此世」への執着の放棄という心のベクトルを含んでいる。いのちの脆さ・はかなさを思い知ったことが、そのような心のベクトルを堅固なものにしている。これは「無常」を知ることと言ってもよいだろう。だが、それは「無常を超えたもの」、たとえば浄土や仏の実在を強固に信じ、その次元に近づいていくための歩みを進めていくという方向への歩みを促すものとはなっていない。

「心安さ」「あなた任せ」などの心のあり方を自覚しつつ、それを表現することへと向かっている。それでも「もつたいな」「嬉し涙」というように感謝の心が湧き上がってくるようである。仏道に背くというわけではないが、正統な信心のあり方には少し距離をとった「安心」の姿勢と言えるのではないだろうか。

このような正統な信心との距離の取り方が、野口雨情をはじめとする近代の詩人や俳人には親しみ深く感じられたようにも思われる。だが、このような正統信仰と文芸表現との微妙な関わりのあり方は近代になってはじめて明確になったというわけでもない。そこで次節では、近代以前の無常観の検討を始めたい。

三、無常を描き出す宗教文書と文芸

無常を描く『方丈記』

日本人の無常観といえば、まず思い起こされるのは『方丈記』や『平家物語』の冒頭部だろう。二〇一一年三月一一日の東日本大震災後によく読まれたのは『方丈記』だった。福島県三春町在住の臨済宗の僧侶で作家の玄侑宗久《げんゆうそうきゅう》が著した『無常という力――「方丈記」に学ぶ心の在り方』（新潮社、二〇一一年）は、そうした人心の動向をよくくみあげた書物だった。

私自身も二〇一一年中に何度か、福島、宮城、岩手三県の被災地を訪れる度、東北地方の深い緑や美しい海岸線に感銘を受けつつ、陸に上がってしまった船や建物の残骸、膨大な瓦礫《がれき》、そしてすべてが流されてしまった居住地域の情景に接し、「無常」という言葉が脳裏に浮かぶことが少なくなかった。そうした経験を経て『方丈記』を読むと、時間の隔たりを超えて心に響くものがある。そこにはさまざまな災害に翻弄される人々の様子が描かれている。人々の苦難を語るその叙述は、千年近い時代の違いを感じさせぬほど如実に感じられるものだった。

晩年に出家し、京都南東の伏見の日野山に一丈四方の廬《いおり》を建てて余生を送った鴨長明（一一五五—一二一六）が、『方丈記』に記された文章をまとめたのは一二一二年のことと言われる（市古貞次校注『新訂方丈記』岩波文庫、一九八九年、による。これは大福光寺所蔵本を底本とするものだが、補注に異本の叙述が収録されている。現代語訳は、歴史と文学の会編『新視点・徹底追跡　方丈記と鴨長明』勉誠出版、二〇一二年、所収の三野恵訳を用いる）。その冒頭部は以下のとおりである。

ゆく河の流れは絶えずして、しかももとの水にあらず。よどみに浮ぶうたかたは、かつ消えかつ結びて、久しくとゞまりたるためしなし。世中《よのなか》にある人と栖《すみか》と、又かくのごとし。（『新訂　方丈記』、九ページ）

川の流れに浮かぶ泡のように次々と水も入れかわり、泡も浮かんでは消え、また浮かんでは消えしている。人が住んでいる家も次々と壊れたり焼けたりして建てかわり、そこに住む人々も同じようにあり続けるものはない。

所《ところ》もかはらず、人も多かれど、古《いにしへ》見し人は二三十人が中に、わづかに一人《ひとり》二人《ふたり》なり。朝《あした》に死に、夕《ゆふべ》に生《うま》るゝならひ、たゞ水の泡にぞ似たりける。（同前、九—一〇ページ）

人通りの多い場所には昔も今も人は多いが、生き続けている人はごくわずかだ。それはちょうど朝早く開くが短い間にしぼんでしまう朝顔と、そこに結んではすぐに消えてゆく露のようなもので、「無常」を示すのを争っているかのようではないか。

苦しみ悲しむ人々について

そして、長明はつむじ風、火事、遷都、地震、飢饉、疫病などの経験を思い起こしながら、運命に翻弄される人間たちの様子と、それを見つつ生き残り無常を自覚せざるをえない自己の感慨を描き出していく。

飢饉について述べるところから現代語訳で引こう。

大変哀れなこともあった。離れがたい妻や夫を持った者は、その思いの深い者の方がきまって先に死ぬ。なぜなら、我が身は次にして、その人をいたわしく思うため、たまたま得られた食べ物も、その人に譲ってしまうからである。だから、親子であれば、かならず親が先に逝く。また、母の命が尽きたことを知らぬ乳飲み子が、母の乳を吸って離れないこともあった。（三野訳、三六ページ）

複数の異本（一条兼良《かねら》本、嵯峨本）には、地震のとき、六、七歳の子どもが遊んでいた古屋が倒れてつぶされて死んでしまったことが述べられている。

其中に或武者、ひとり子の六七ばかりに侍りしが、ついぢのおほひの下にこ家をつくりて、はかなげなるあとなし事をしてあそび侍《はべり》しが、俄《にわか》にくづれうめられて、あとかたなくひらにうちひさがれて、二の目など一寸《いっすん》ばかりづゝ、うちいだされたるを、父母かゝへて、こゑをおしまずかなしみあひて侍しこそ、哀にかなしく見侍りしか。子のかなしみにはたけき物も恥をわすれけりとおぼえて、いとをしくことわりかなとぞ見侍りし。(『新訂 方丈記』、五四ページ)

「ついぢ」というのは、土塀の上に屋根(おおい)を葺《ふ》いたものだ。地震で倒れた屋根付きの土塀が重くのしかかって、子どもは平たくつぶされて目が飛び出てしまっている。それを両親が抱えて人前もはばからず大声で泣いていたという。近年の災害や事故のことも念頭に浮かび、子どものいのちの脆さ・はかなさを思い知らされる逸話である。

個人的な悲嘆と集合的な悲嘆の共有

前節「無常――野口雨情の童謡と一茶の『おらが春』」で取り上げた『おらが春』の、わが子を失った親の悲嘆の叙述が思い起こされる。江戸時代後期の小林一茶は長女さとを失った自己の悲しみを「露の世は露の世ながらさりながら」と嘆くとともに、その前に子を失った村の親たちの嘆きをも描いていた。「露の玉つまんで見たるわらは哉」も切ない句だった。大正期以降に悲しい童謡が愛唱された野口雨情は、子どもとの別れの経験を胸に秘めながら、喪失と望郷のうたを多く作詞し、「こわれて消えた」しゃぼん玉をうたっていた。もろくはかないいのちの表現にこだわりをもった詩人と言える。

小林一茶や野口雨情が、個人的な悲嘆の情をもとに、いのちのはかなさを描き出したのに対して、鴨長明の場合は世の中に次々起こる苦難を思い起こしつつ、「世の無常」を描き出している。自ら仏道を歩み、人々に教えを説く立場からの表現で、個人的な悲嘆とは即座につながらない。芸術表現と宗教文書という形をとった表現の微妙なずれがある。

だが、地震や津波、飢饉や疫病などのときには、個人的な経験と集合的な経験が重なり合う。「無常」が人々の共有感情となり、共感と支え合いが自然に高まる。しかし、ときが過ぎるとその危機感や高揚感は遠のいていき、いのちの脆さ・はかなさの実感と「無常」の自覚は過去のものとなりがちだ。『方丈記』はそのことを次のように記している。

地震のあった直後は、人はみな、この世のむなしさ、はかなさを述べて、少しは欲に濁った心も薄らぐのかと見えたが、月日が重なり、年を経たあとは、そのことを言葉に出して言い出す人さえない。（三野訳、三八ページ）

東日本大震災の直後から数年の間を思い起こし、十数年を経た今を比べるとこの感慨はもっともと感じられる。だからこそ「無常を思え」「いのちのはかなさを忘れるな」という教えも説かれ続けてきた。

「白骨の御文（御文章）」

近親等の追悼の行事の際、浄土真宗の僧侶は「白骨の御文（御文章）」とよばれるものを読み上げるのを常とする。今も真宗の檀家の人々は、親鸞（一一七三―一二六二）の子孫で本願寺八世宗主《そうしゅ》（浄土真宗本願寺派）・八代門首《もんしゅ》（真宗大谷派）の蓮如（一四一五―九九）の印象的な書簡形式の教えの言葉が読み上げられるのを、一度ならず耳にしているはずである。ここでは、笠原一男校注『蓮如文集』（岩波文庫、一九八五年、二三七―二三九ページ）によって述べていく。

冒頭で「夫《それ》、人間の浮生《ふしょう》なる相《そう》をつらく〱観ずるに、おほよそはかなきものは、この世の始中終《しちゅうじゅう》まぼろしのごとくなる一期《いちご》なり」、といのちのはかなさを「まぼろし」にたとえている。そして、「人間で万歳まで生きたという人の話は聞いたことがない。一生はみるまにすぎてゆく。今まで百年をゆうゆう超えて元気に生きているという人がいただろうか」、と続けていく。

我やさき、人やさき、けふともしらず、あすともしらず、おくれさきだつ人は、もとのしづく、すゑの露よりもしげしといへり。されば、朝《あした》には紅顔ありて、夕《ゆうべ》には白骨となれる身なり。

「露」のようにもろくはかないいのちというたとえは『おらが春』にも一度ならず用いられていた。朝と夕べを対照する表現も、『おらが春』には「旦《あした》には笑ひはやして門出《かどで》したるを、夕《ゆうべ》には物いはぬ屍《かばね》と成りてもどる」とあった。「白骨の御文（御文章）」を通して、真宗寺院が多い地域の人々にはとくになじみ深いものだった。

すでに無常の風きたりぬれば、すなはちふたつのまなこたちまちにとぢ、ひとつのいきながくたえぬれば、紅顔むなしく変じて、桃李《とうり》のよそほひをうしなひぬるときは、六親眷属《ろくしんけんぞく》あつまりて、なげきかなしめども、更にその甲斐あるべからず。

この記述も『おらが春』の記述を思い起こさせる。そこでは息を引き取った生後一年余りのさとを前に「母は死顔《しにがお》にすがりて、よゝ〳〵と泣《なく》もむべなるかな」と記されていた。人々は悲しみに暮れつつ、何とか思い切ろうと「行水《ゆく》のふたゝび帰らず」とか「散花《ちる》の梢にもどらぬくいごとなど」とあきらめの言葉を思い起こしたりする。だが、思い切ろうとしても「思ひ切《きり》がたきは、恩愛《おんない》のきづな也けり」と記されていた。

「白骨」の表象と「後生の一大事」

遺された者たちが嘆き悲しむ様子が描かれ、「白骨の御文（御文章）」は「その甲斐あるべからず」と述べる。そして「白骨」という衝撃的な表象にふれて、結びに向かっていく。

さてしもあるべき事ならねばとて、野外におくりて、夜半《よわ》のけぶりとなしはてぬれば、ただ白骨のみぞのこれり。あはれといふも中〳〵おろかなり。されば、人間のはかなき事は、老少不定《ふじょう》のさかひなれば、たれの人も、はやく後生《ごしょう》の一大事を心にかけて、阿弥陀仏をふかくたのみまゐらせて、念仏まうすべきものなり。あなかしこ〳〵。

このように「白骨の御文（御文章）」は、最後に眼目の「後生の一大事」に言い及ぶ。次に生まれる「後生」に西方極楽浄土に往生すべく、阿弥陀仏を信じてすがり念仏する、これこそが

「無常」を悟ることから導き出されるべき究極の教えなのだ。

『おらが春』はそのかわりに、「御文（御文章）」の文体にならった「御文（御文章）もどき」ともいうべき一文を示していた。そこでは「自力他力」という核心的な教えさえも超えて、「後生の一大事」さえ「あなた様の御はからひ次第」とし、「ともかくもあなた任せのとしの暮」の句を記していた。信心の道へ人々を導く意図は感じ取りにくい結びである。

だが、そもそも「白骨」の表象で「無常」を悟り仏に思いを寄せ、極楽浄土往生の信心に導かれるというのは、当然の表象の連鎖だったかどうか。日本では「無常」というと、仏教の教えとする捉え方が一般的だが、いのちの脆さ・はかなさを「無常」として自覚的に表現する文化は仏教以外にも広く存在する。

『和漢朗詠集』の「無常」の部

藤原道長の同時代人で、関白太政大臣、藤原頼忠《よりただ》の長男だった藤原公任《きんとう》（九六六―一〇四一）が撰述した『和漢朗詠集』（成立は一〇一七年から二一年と推定されている）を見てみよう。ここには、当時文芸に親しむ者にはよく知られていた、中国と日本の詩歌、つまり漢詩文五八七首、和歌二一六首が収録されており、一一五の部立ての末尾から一つ前に「無常」の部があり、九首が収められている。

そこに収められている詩歌を見てみよう（菅野禮行校注・訳『〈新編日本古典文学全集19〉和漢朗詠

集』小学館、一九九九年)。九首の内には、現代日本人にも聞き覚えがあったり、すぐに親しめるようなものも含まれている。

　年年歳歳《ねんねんさいさい》花《はな》相《あひ》似《に》たり
　歳歳年年人同《ひとおな》じからず　宋之問《そうしもん》

菅野《すがの》禮行《ひろゆき》の現代語訳をも引こう。「毎年毎年、花は同じように美しく咲く。しかし、人間は毎年同じ姿を保っているというわけではない。去年元気だった人が今年亡くなったりもしているから」。宋之問は則天武《そくてんぶ》后《こう》に仕えた唐代の詩人で、倫理的にはけなされることが多い人物だが、この詩句は長く伝えられてきた。

「無常」をめぐる表象と和漢の文芸

次のものは、平安朝の学者・書家として知られる大江朝綱《おおえのあさつな》（八八六―九五七）の漢詩の一節である。

　生《しやう》ある者は必ず滅《めつ》す　釈尊未《しやくそんいま》だ栴檀《せんだん》の煙《けぶり》を免《まぬか》れず
　楽しみ尽きて哀《かな》しみ来《き》たる　天人《てんにん》猶《な》ほ五衰《ごすい》の日に逢《あ》へり

「生者必滅」は『平家物語』を思い起こさせるが、事実、この漢詩は『平家物語』巻七「一門都落」に略して引かれている。また、「楽尽哀来」は『おらが春』の「楽しみ極りて愁ひ起るは、うき世のならひ」の一節を思い起こさせる。釈尊も栴檀の薪で火葬に付されざるをえなかったし、天界に住む者も五種の衰相が現れてやがて死んでゆくとあり、仏教の教えに通じるが、無常を嘆く詠嘆が基調であり、悟りへの道を示すものではない。

九首のなかには、「白骨の御文（御文章）」に関わりが深い詩歌二首も含まれている。一首は僧正遍昭《へんじょう》（八一六―八九〇）の『新古今和歌集』「哀傷」に収められた和歌だ。

すゑの露《つゆ》もとのしづくや世の中のおくれさき立つためしなるらむ

葉の先に降りる露と葉の元に着く水滴のどちらが先になくなるかわからない。そのようにはかなくも死んでいく人のいのちを悼む歌である。もう一首は、摂政・太政大臣、藤原伊尹《これまさ／これただ》の三男の藤原義孝《よしたか》（九五四―九七四）の漢詩の一節で、短命だった作者の面影を宿すようにも感じられるものだ。

朝《あした》に紅顔《こうがん》有《あ》つて世路《せいろ》に誇れども
暮《ゆふべ》に白骨《はくこつ》と為《な》つて郊原《かうげん》に朽ちぬ　　義孝少将

こうしてみると、「白骨の御文（御文章）」の「無常」についての表現は、中国の文芸の影響を受けつつ日本独自のスタイルを整えていった平安時代にすでに確立していた様式を多く引き継いでいることが見えてくる。

親鸞が説いた浄土真宗の教えを、農民女性にも伝わるようにかみ砕いて説いた蓮如の「御文（御文章）」だが、そこで用いられている表現は、中国の文芸の影響を受けた平安時代の文芸から多くを引き継いだものだったことがわかる。蓮如研究者であるとともにフランス文学研究者でもある大谷暢順《ちょうじゅん》もこのことを示し、「右のごとく、和漢文学の古く長い伝承が、白骨の御文の中に生かされているのを見るのです」（『蓮如〔御文〕読本』講談社学術文庫、二〇〇一年、一七九ページ／初刊、河出書房新社、一九九一年）と述べている。

必ずしも信心に導く前提として「無常」が語られていたわけではなかった。

四、無常観――芭蕉と李白

『野ざらし紀行』と白骨の表象

子どもの死に見舞われた親の哀切な心を表現した小林一茶の『おらが春』、災害の記憶をたどりつつ無常の自覚を語るなかで子どもの死にふれた鴨長明の『方丈記』をたどり、蓮如の『御文《おふみ》（御文章《ごぶんしょう》）』に記された「白骨」の表象について述べてきた。

ここで思い起こされる文芸作品に松尾芭蕉（一六四四―九四）の『野ざらし紀行』がある。一六八四年から八五年にかけて、江戸深川から中部、近畿地方への旅の過程で創作された句に短い文章が付されたもので、刊行は俳人の死後のことである。深川の芭蕉庵を旅立つ冒頭を中村俊《しゅん》定《じょう》校注『芭蕉紀行文集　付嵯峨日記』（岩波文庫、一九七一年）によって引く。

千里に旅立《たびだち》て、路粮《みちかて》をつゝまず、三更月下《さんかうげつか》無何《むか》に入《いる》と云《いひ》けむ。（同書、一一ページ）

この冒頭部は『荘子』「逍遥遊編」と南宋（一一二七―一二七九）の禅僧、松坡《ずんば》宗憩《そうけい》が編んだとされる『江湖風月集』（禅僧の詩偈《しげ》を集めた書物）を踏まえていて、少し難しい。「無何に入」というのは、「無何有《むがう》の郷《さと》」という言葉を思い起こさせる。「無何有《むがう》」を辞典で見ると「自然のままで何も作為がないこと。また、そのような状態や境地」（『日本国語大辞典』小学館、一九八一年）とある。「無何有の郷」とは、「自然のままで、なんらの人為もない楽土」（『広辞苑　第六版』、岩波書店、二〇〇八年）を意味する。

むかしの人の杖にすがりて、貞享《じやうきやう》甲子《きのえね》秋八月江上の破屋をいづる程《ほど》、風の声そゞろ寒気《さむげ》也。

（『芭蕉紀行文集』、一一ページ）

「むかしの人の杖にすがりて」というのは、引用したような古人の知恵を頼ってということ、「江上の破屋」とは隅田川のほとり、深川の芭蕉庵を指す。道家や禅仏教に連なるような境地を、死を覚悟した旅を通して体得し、それを文芸で表現しようという意思を示した書き出しである。そして、次の一句がある。

野ざらしを心に風のしむ身哉

雲英《きら》末雄・佐藤勝明の『芭蕉全句集　現代語訳付き』（角川ソフィア文庫、二〇一〇年）では、「野たれ死んで白骨になることも覚悟をして旅立とうとするものの、折からの秋風が心にも深くしみるわが身であることだ」と現代語に訳している。ここにあるように、「野ざらし」には「風雨にさらされること」という意味とともに、「風雨にさらされて白骨化した人間の骨」という意味があり、「白骨」との連想は自然である。

個人的な経験だが、タイの寺院で白骨がぶらさがっていたこと、台湾の熱心なチベット密教信徒が髑髏《しゃれこうべ》を大切にしていたこと、メキシコで死者の日（一一月一日～二日）からクリスマス（一二月九日～一月一六日）にかけての時期、髑髏をかたどった砂糖菓子をご馳走になったことを思い起こす。

死にもせぬ旅路の果て

『野ざらし紀行』では、「野ざらし」の語はもう一度、大垣での句の前書きに登場する。「大垣に泊りける夜は、木因《ぼくいん》が家をあるじとす。武蔵野を出《いづ》る時、野ざらしを心におもひて旅立ければ」として、次の句が置かれている。

しにもせぬ旅寝の果《はて》よ秋の暮

『芭蕉全句集　現代語訳付き』の現代語訳は、「死にもせず旅寝を重ね、秋の終わりにここまでたどり着いたことだ」というものだ。木因とは親しい間柄で、木因とともに過ごした時間は大事なものだったようだ。当初、芭蕉はこの句をもって『野ざらし紀行』を閉じるつもりだったという。

旅に出ることは死を強く意識し、その緊張感を糧としつつ生きることである。「野ざらし」すなわち「白骨」「しゃれこうべ」となる自己を思い描きながら旅をすることによってこそ、究極の詩的表現にも至るだろう。芭蕉にあっては詩歌文芸の道こそが無常の自覚を究め、「無何有」の境地にもたとえられるような境地に近づくことだった。次々に子どもを得ては喪っていった泥臭い一茶の苦悩や悲嘆の表現とはだいぶ距離がある。

だが、その芭蕉の『野ざらし紀行』も子どものいのちの危機に触れている。富士川のほとりで捨子《すてご》に出会う場面である。「富士川のほとりを行《ゆく》に、三つ計《ばかり》なる捨子の哀気《あはれげ》に泣有《なくあり》」。そして、子を捨てた親の心を思い、無常を嘆く言葉が続く。「この川の早瀬にかけてうき世の波をしのぐにたえず。露計《ばかり》の命待《まつ》まと、捨置《すておき》けむ」。このままでは子どものいのちはいつまでもつことだろう。そう思いながら、「袂《たもと》より喰物《くひもの》なげてとをるに」として、次の句がある。

猿を聞人《きくひと》捨子に秋の風いかに

『芭蕉全句集　現代語訳付き』からこの句の現代語訳を引く。「猿の声に断腸の思いを詠んできた人々よ、捨子に秋風が吹きつけるこの現実を、何とするのか」。句の後書きは以下のとおりだ。

いかにぞや、汝ちゝに悪《にく》まれたるか、母にうとまれたるか。ちゝは汝を悪《にくむ》にあらじ、母は汝をうとむにあらじ。唯《ただ》これ天にして、汝が性《さが》のつたなきをなけ。（同前、一二ページ）

最後の文は、「天の定めと思い、自分は運命にめぐまれなかったのだと泣くしかない」といった意味だが、泥臭い現実世界との距離感を感じさせ、突き放したような印象を受ける表現だ。『方丈記』にも子どもの悲劇の描写があったが、ここでも世捨て人にとって、世捨ての動機に連なるようなこの世の悲劇として記されているように感じる。蓮如から一茶に連なる「白骨」の系譜では、俗世の現実的な悲劇にまみれながらの信仰や境地が描かれているのとは対照的である。

月日は百代の過客

松尾芭蕉の紀行文では、旅を通して風雅（『笈《おい》の小文《こぶみ》』）の道を究め、作品に結実させることが目指されている。死と無常を強く意識した句作の旅においてこそ、究極の境地への歩みを進めようとする。こうして『野ざらし紀行』（一六八四―八五年の旅）、『笈の小文』（一六八七―八八年の旅）、『おくのほそ道』（一六八九年の旅）などの紀行文が創作されていく。そこに仏教的な無常の観念が影響しているのは確かであり、仏教的無常観を反映した日本の文芸の伝統が踏まえられている。だが、それと並んで、中国の文芸の古典がしばしば参照されていることも思い起こしたい。『おくのほそ道』の冒頭を引こう。

月日は百代《はくたい》の過客《くわかく》にして、行《ゆき》かふ年も又旅人也。舟の上に生涯をうかべ馬の口とらえて老をむかふる物は、日々旅にして、旅を栖《すみか》とす。古人も多く旅に死せるあり。予《よ》もいづれの年よりか、片雲の風にさそはれて、漂泊の思ひやまず、海浜にさすらへ（中略）春立《たて》る霞の空に、白川の関こえんと、そゞろ神の物につきて心をくるはせ、道祖神《だうそじん》のまねきにあひて取《とる》もの手につかず（以下略）。（『芭蕉　おくのほそ道』岩波文庫、一九七九年、九ページ）

『おくのほそ道』のこの冒頭部は難しい。「人生は死を意識した旅のようなものだ」というだけではなく、さらに壮大な時空のことにも言い及んでいるようだ。潁原《えばら》退蔵・尾形仂《つとむ》訳注『新版おくのほそ道』（角川ソフィア文庫、二〇〇三年）の現代語訳を参照してみよう。

大空を運行する月や日は永遠にとどまることのない旅を続ける旅客であり、この人生を刻む、来ては去り去っては来る年もまた同じく旅人である。船頭となって舟の上に一生を浮かべ、馬子《まご》として馬のくつわを取りながら年老いてゆく者は、毎日毎日の生活がいわば旅であって、無所住の旅をば自分の常住の生活としている。李白《りはく》・杜甫《とほ》・西行《さいぎょう》・宗祇《そうぎ》など風雅の道の先人たちも、多く旅の途上に死んでいるのだ。自分もいつのころからか、あのちぎれ雲を吹きただよわせる風の動きに誘われて、あてどない旅にさすらい出たい気持ちがしきりに動いてやまず、遠い陸地の果ての海のほとりをさまよい歩き（中略）春も立ち返った初春の霞の空に向かうと、今度は白河の関を越えてはるかな陸奥《みちのく》の旅に出ようと、得体の知れぬ詩の神が花や鳥などの景物に取りついて自分の心をもの狂おしく駆り立て、道祖神が旅へと招いているような気がして、そわそわと何も手につかず（以下略）。

「自分もいつのころからか」というあたりから先は、芭蕉自身の心境を語っていて、比較的理解しやすいが、その前の部分が難しい。宇宙全体が旅であるとか、人生そのものが旅であるというような抽象的な「旅の哲学」が書かれているように感じる。とくに「月日は百代の過客にして、行かふ年も又旅人也」が難しい。

李白「天地は万物の逆旅」

この冒頭部は唐の詩人、李白（七〇一―七六二）を踏まえている。そこで、下敷きにされている李白の「春夜宴従弟桃花園序」（「春の夜に従弟《いとこ》の桃花園で宴《うたげ》を楽しむ。その序文」）を参照してみよう（松浦友久編訳『李白詩選』岩波文庫、一九九七年、三三五―三三七ページ）。

夫《そ》れ／天地は　万物の逆旅《げきりよ》なり／光陰は　百代《ひやくだい》の過客《かかく》なり
而《しか》して／浮生は夢の若《ごと》し／歓を為すこと幾何《いくばく》ぞ
古人　燭を秉《と》りて夜遊ぶ／良《まこと》に以有《ゆえある》なり
況《いわ》んや／陽春　我を召すに　烟景《えんけい》を以ってし
大塊《たいかい》　我に仮すに　文章を以ってするをや
桃花の芳園《ほうえん》に会して／天倫の楽事を序す

（以下略）

松浦友久による現代語訳は以下のとおりだ。

そもそも、
広大な天地とは、万物を迎え入れる旅館のようなもの。
流れゆく光陰とは、永遠に絶えることなき旅人のようなもの。
そして、

定めなき人の生命《いのち》は、夢のごとく、
歓び楽しむ歳月は、どれほどもない。
昔の人々が、灯し火を手にとって夜も遊び楽しんだのは、
まことに、理由《わけ》の有ることなのだ。
ましてや今、
うららかな春の季節は、かすみ立つ美しい景色で私に呼びかけ、
大いなる大地は、すぐれた文章を書くべき資質を私に与えてくれている。
桃花の芳《かぐ》わしく咲くこの庭園に集い、
骨肉どうしが相い語る本当の楽しみを述べ記そう。

（以下略）

唐代の漂泊の詩人として名高い李白だが、高齢になっても漂泊の旅を繰り返し、孤独を嘆く歌を歌い続けて世を去っている。漢詩に表現された悲痛の情感が人々の共感をよぶものも少なくない。「秋浦《しゅうほ》の歌」第十首には、「山々の白鷺の姿、／谷々の白猿の声、／君よ、秋浦へ来てはいけない、／猿の声が旅の心をうちくだく」とある（高島俊男『李白と杜甫』講談社学術文庫、一九九七年、一二一ページ／初刊、評論社、一九七二年）。『野ざらし紀行』に出ていた「猿を聞く」からこの漢詩を思い起こすのは自然だろう。

栄光と漂泊の詩人の無常観

他方、「春の夜に従弟の桃花園で宴を楽しむ。その序文」はもっと明るい。「定めなき人の生命は、夢のごとく」と無常をはかなんではいるが、「桃花の芳《かぐ》わしく咲くこの庭園に集い、／骨肉どうしが相い語る本当の楽しみを述べ記そう」とこの世の歓楽を肯定している。この両面性は仏教というより、道教に近いようにも思われる。若い頃の李白は道教教団に近づいたこともあった。

この世を肯定し、かなうならば政治的に大業をなしとげる、その上で隠遁して自然とともに余生を送る。高島俊男『李白と杜甫』は、これが李白の理想だったという（同書、六三ページ）。

願わくは主君をたすけ、　　願一佐明主
功業が成ったらもとの林中にかえろう。　　功成還旧林
〈司馬の王嵩に留別する〉

功業が成ったら服をはたいておさらばし、　　功成払衣去
仙島のあたりでぶらぶらくらすのだ。　　揺曳滄洲傍
〈玉真公主の別館の長雨。衛尉寺長官の張に贈る〉

現世を肯定し成功を願う気持ちと厭世《えんせい》的隠遁《いんとん》の心情の取り合わせの割合が、李白においては前者によっていることが多かった。芭蕉の世界は「さび」という言葉に示されているように、もう

一つ禁欲的である。道教的なものと仏教的なものの影響をそこに重ね合わせることができるかもしれない。芭蕉では仏教的な禁欲や修行のニュアンスが濃いが、李白に反映している道教的なものには原初的な生の肯定がある。

李白は政治的な成功に高い価値を置いた上で、無常を嘆き漂泊の生を表現することを好んだ。高島俊男は、李白における「栄光」「名声」の重要性を強調し、次のように述べている。

李白は、富や地位に対する欲望はきわめて薄弱な男である。彼が求めてやまなかったのは、栄光であり、名声であった。／だから、はじめから隠者になって、誰にも知られず山林に生涯を終えるなどは、もとより論外である。それではなんのために生れてきたのかわからない。まずは大功業を立てて天下の人々からやんやともてはやされなくてはならない。これが第一段階である。だが李白にとってさらに大切なのはそのあとである。栄光の座にのぼっていつまでもぐずぐずしているのは、見苦しいし、それに物騒である。李白の詩には、栄光の座につきながらそれに恋々としたためにぶざまな終りかたをし、もしくは非業《ひごう》の最期をとげた歴史上の人物（それは枚挙にいとまがない）を責め、あざける作や、栄光の頂点で未練なく身を引いてゆくえをくらました人物（このほうはさして多くない）を讃美する作がたくさんある。（同前、六四―六五ページ）

にもかかわらず、李白が栄光に恵まれた期間は短く、その後の落魄《らくはく》の時期の作品によってこそ、世の讃嘆を集めることになる。そして、芭蕉はそのような漂泊の詩人である李白の後を追い、漢字文化圏の隠者文学の伝統に新たな一歩を記そうとしたのだった。

この伝統の全体を見渡す力など筆者にはもとより欠けているが、それが仏教の無常観という枠と大いに重なり合いつつも、それをはみ出す領域も大きいことに注意したい。いつ襲うかもしれぬ死に思いを寄せ、その背景の下にこの世の生を見直す。これは、宗教と文芸・芸能の伝統に深く関わっている。その日本的な展開の特徴を確かめるには、死を思い、無常を嘆き、人生の旅のはかなさを思う人類文化の広がりにも目を配る必要がある。

五、死と空しさの自覚からの導き

無常を超える信仰

「白骨」はしゃれこうべであり、「死を思え」(メメント・モリ)という方向を指し示す表象でもある。仏教的には「無常」を悟り、はかないこの世のものを超えた次元へと思いをいたすことが求められる。「無常」を自覚した者は、たとえばひたすら念仏を唱え、極楽浄土に思いをこらす生き方に導かれる。「いろは歌」はまさにそのような教えにふさわしい内容をもっている。国語学者の小松英雄による『いろはうた』の現代語表記を引く(講談社学術文庫、二〇〇九年/初刊、中公新書、一九七九年、二四―二五ページ）。

色は匂へど　散りぬるを　我が世誰ぞ　常ならむ
有為の奥山　今日越えて　浅き夢見じ　酔ひもせず

「色は匂へど散りぬるを」というのは桜を思わせるが、すぐに散ってしまう花のようにいのちははかないものだと自覚せよという教えだ。「我が世誰ぞ常ならむ」というのは、まさに「無常」を指している。次に「有為《うい》」とあるが、これは「さまざまな原因や条件（因縁《いんねん》）によって作り出された一切の現象」をいう（中村元ほか編『岩波仏教辞典　第二版』岩波書店、二〇〇二年）。私たちはこの世のはかない諸現象の「奥山」に閉じ込められており、それこそが現実だと思い込みがちだ。今こそ、その「夢」に「酔って」いるような生き方から目覚め、涅槃《ねはん》に通じる彼方《かなた》の次元へと思いをこらすべきときだ、ということになる。

この歌は長く弘法大師空海の作とされていたが、現在は実はもっと後代に作られたものと考えられている。一二世紀前半に空海の教えを尊び新義真言宗へと展開させた覚鑁《かくばん》（一一四三年没）は、『密厳諸秘釈《みつごんしょひしゃく》』でこのいろは歌は、『涅槃経』にある「無常偈《げ》」の意訳であるとした。「無常偈」とは「諸行無常《しょぎょうむじょう》、是生滅法《ぜしょうめっぽう》、生滅滅已《しょうめつめつい》、寂滅為楽《じゃくめついらく》」というもので、「生滅」（生死）、すなわち輪廻転生《りんねてんしょう》を繰り返すこの世の生死の循環を超えて、「寂滅」すなわち「涅槃」へと解脱《げだつ》することを求めた簡潔な「偈」（韻文）である。

無常を嘆く心情の詩的表現

では、無常を嘆く心情から、必ずこの世を超越してひたすら涅槃へと歩むことが求められるかというとそうでもない。浄土真宗の蓮如による「白骨の御文（御文章）」に織り込まれた表現は、無常を嘆く漢文学から多くを借りているが、それらは必ずしも「死の向こう側」を目指すものとは言えない。『おくのほそ道』の冒頭に掲げられた李白に遡る「月日は百代《はくたい》の過客《くわかく》にして、行かふ年も又旅人也」という詩句も、無常の彼方を目指すというよりは無常を嘆きつつ、それによって生の認識を深め、慰めとともに新たな意欲を得るといった趣のものだった。

実はこのような詩境は珍しいものではない。少し話がとぶが、一一、一二世紀のペルシャの学者であり詩人であったオマル・ハイヤーム（一〇四八—一一三一）の『ルバイヤート』を見てみよう。

一八五九年にイギリスの無名の詩人、エドワード・フィッツジェラルドが英語に編訳して二五〇部を出版して以来、世界に愛好者が広がり、現在もよく読まれているものだ。「ルバイヤート」というのは「四行詩」の意味だが、今やオマル・ハイヤームと切り離せない語となっている。小川亮作の訳書『ルバイヤート』（岩波文庫、一九四九年）によると、一九世紀末から二〇世紀の初めにまずは英米を風靡《ふうび》し、その熱は欧州大陸諸国にも及び、ロンドンや米国では「オマル・ハイヤーム・クラブ」が設立され、パリでも酒場の看板に作者の名が掲げられるほどだったという。

私も地中海南岸のアレクサンドリアのシーフード・レストラン「オマル・ハイヤーム」を懐かしく思い出す。

ペルシャ語の原典から新たに訳出されたこの岩波文庫版では、一四三首が選び出され、「最近のイランにおける新しい配列の仕方に従って」、「解き得ぬ謎」「生きのなやみ」「太初《はじめ》のさだめ」「万物流転《ばんぶつるてん》」「無常の車」「ままよ、どうあろうと」「むなしさよ」「一瞬《ひととき》をいかせ」の八部に分けて配列されている（「まえがき」、六―七ページ）。まず、「万物流転」から二篇を引く。

若き日の絵巻は早も閉じてしまった、
命の春はいつのまにか暮れてしまった。
青春という命の季節は、いつ来て
いつ去るともなしに、過ぎてしまった。

同心の友はみな別れて去った、
死の枕べにつぎつぎ倒れていった。
命の宴《うたげ》に酒盛りをしていたが、
ひと足さきに酔魔のとりことなった。

無常と空しさ

「命の春」「命の季節」「命の宴」というように、生の歓びをいとおしみ、それが過ぎ行き今は喪われてしまったことを嘆いている。次に「無常の車」より二篇を引く。

君も、われも、やがて身と魂が分れよう。
塚の上には一基《もと》ずつの瓦が立とう。
そしてまたわれらの骨が朽ちたころ、
その土で新しい塚の瓦が焼かれよう。

朝風に薔薇《ばら》の蕾《つぼみ》はほころび、
鶯《うぐいす》も花の色香に酔い心地。
お前もしばしその下蔭で憩えよ。
そら、花は土から咲いて土に散る。

これらは避けられない死を意識し、生命の歓びは「酔い」にたとえられ、やがては死がやってくることに目を向けるのだが、そこから何かこの世を超えたものへの信仰や覚悟が生まれるというわけではない。「土に還る」ことをそのままに受け入れよと説いているようだ。「むなしさよ」からも二篇を引こう。

九重の空のひろがりは虚無だ！
地の上の形もすべて虚無だ！
たのしもうよ、生滅の宿にいる身だ、
ああ、一瞬のこの命とて虚無だ！

時の中で何を見ようと、何を聞こうと、
また何を言おうと、みんな無駄なこと。
野に出でて地平のきわみを駈《か》けめぐろうと、
家にいて想いにふけろうと無駄なこと。

「虚無」とか「無駄」という言葉が繰り返されている。「正しいことをしよう」「意味あることをしよう」という意識にしばられることを否定しているようだ。

オマル・ハイヤームと信仰

だが、これは信仰の否定にならないだろうか。「一瞬をいかせ」から二篇を引く。

迷いの門から正信まではただの一瞬《ひととき》、
懐疑の中から悟りに入るまでもただの一瞬。
かくも尊い一瞬をたのしくしよう、

命の実効《しるし》はわずかにこの一瞬。
あわれ、人の世の旅隊《キャラヴァン》は過ぎて行くよ。
この一瞬《ひとときく》をわがものとしてたのしもうよ。
あしたのことなんか何を心配するのか？　酒姫《サーキイ》よ！
さあ、早く酒盃を持て、今宵《こよい》も過ぎて行くよ！

享楽主義なのか、神秘主義なのか、日々の現実の肯定なのか、きわどいところを詩句が駆け抜けていくようだ。この「酒」を「花」に置き換えてみるとどう響くか。桜を歌う日本の詩歌の響きに通じていないだろうか。この科学者にして詩人であった人物は、唯物論者として批判されることも多かったようだが、仏教の文献からは相通じるものを見出すことが難しくないかもしれない。

しかし、オマル・ハイヤームの世界はイスラームの神秘主義、スーフィズムとは距離があるようだ。作家の陳舜臣はこう述べている（『ルバイヤート』集英社、二〇〇四年）。

神秘主義者スーフィーは熱烈な宗教家で、信仰のなかに歓喜の極地を見出している。そしてついには音楽――正統派イスラム教には禁制であったもの――にあわせて踊り狂う托鉢僧の姿となっている。／オマルの詩には、この信仰の歓喜がない。一貫して無常の世に対する悲哀のみが色濃くあらわれている。われわれが彼をスーフィーの徒と同列に置くことに躊躇す

るのは当然ではなかろうか。（同前、一四七―一四八ページ）

人々の共鳴を呼ぶ死生観表現

だが、この詩が表現するものが「宗教」かどうかということにこだわらなくてもよいだろう。むしろ「無常」をめぐって芸術作品が表現する死生観があり、それが多くの人々の心をとらえ、悲しみの容れ物となったり、慰めを呼び覚ます媒介となったり、苦しみの多い生活のなかで生きる力の支えとなったりすることがあった――このことに注目したい。その意味で芸術作品にはスピリチュアルな働きをもたらす力が潜んでいることが少なくない。『おくのほそ道』や李白の作品と同様、『ルバイヤート』もそのような文芸作品として愛好されてきた。

陳舜臣は以下のように述べている。「ルバイヤートは私の青春とともにあった。昭和十七年、大阪外語インド語の二年生からペルシャ語の講義があり、太平洋戦争はすでにはじまっていて、外国から教材を購入することはできなくなっていた」。そこでガリ版刷りでテキストを作り、フィッツジェラルドの訳は頼りにならないので、自分で訳してみることにした。「戦時中の仕事なので、とくに忘れられない。死生観について、日常のことなので、いつも考えていた。同級生たちは大部分がすでに戦地へ行っていた」「そのころ私は、もし幸いにして命があれば、将来このような仕事を、ずっとつづけようと思っていた」（同前、五―七ページ）。

ここにあげられている「昭和十七年」は小林秀雄の「無常という事」が発表された年である。

戦時中、多くの若者がまもなく自らに訪れるかもしれない死をどう受け止めるか、苦悩しつつ思いをめぐらしていた。小林秀雄は日本の伝統に遡りながら、無常を受け止めるすべを探ろうとしたのだった。仏教やキリスト教に向かう若者も少なくなかった。だが、このように何教とも言えないような、無常を思う世界の古典に拠り所を求める若者も相当数いたようだ。多元化する死生観探究の時代はまだ数十年先のことだが、戦時中にもその先駆はけっしてまれではなかったと思う。

「コヘレトの言葉」の「空しさ」

『ルバイヤート』が「虚無」や「無駄」について語るのを見たが、「空しさ（ヘブライ語の「ヘベル」）」についてであれば、旧約聖書のなかにも目立った例がある。『コヘレトの言葉』である。冒頭に「ダビデの子、エルサレムの王、コヘレトの言葉」とあり、あたかも王が語ったかのように見えるが、これはフィクションとされている。「著者はむしろ、専制君主に支配されている無力な人間として理解されるべきである」（山内清海『「コヘレト」を読む』聖母文庫、二〇一三年、一六ページ）という。

「コヘレト」は「集める者」を意味し、集会をつかさどる人、説教者ということにもなるので、この書はかつては「伝道の書」と訳されていた（小友聡《おともさとし》『コヘレトの言葉を読もう』日本キリスト教団出版局、二〇一九年、一一、一九ページ）。

『聖書協会共同訳聖書』（二〇一八年）によって見ていこう。「コヘレトは言う。／空の空《くう》／空の空、一切は空である」と始まる。「空」は「空しい」「空しさ」とも訳されてきた語で、最後まで繰り返し出てくる。


　太陽の下《もと》、なされるあらゆる労苦は／人に何の益をもたらすのか。

　一代が過ぎ、また一代が興る。／地はとこしえに変わらない。

　日は昇り、日は沈む。／元の所に急ぎゆき、再び昇る。

　南へ向かい、北を巡り／巡り巡って風は吹く。／風は巡り続けて、また帰りゆく。

　すべての川は海に注ぐが／海は満ちることがない。／どの川も行くべき所へ向かい／絶えることなく流れゆく。（1・3―7）

自然現象は意味のない繰り返しのようだ。何も変わらないなかに人は生きており、そこに労苦がある。それが「空の空」、「空しい」とされている。「無常」というとき、過ぎ去ること、失われていくことが嘆かれているが、ここでは同じことの繰り返しが「空」とされている。それが人間の意欲を萎えさせる。


　すべてのことが人を疲れさせる。／語り尽くすことはできず／目は見ても飽き足らず／耳は聞いても満たされない。

　すでにあったことはこれからもあり／すでに行われたことはこれからも行われる。／太陽の下、新しいことは何一つない。

見よ、これこそは新しい、と言われることも／はるか昔、すでにあったことである。
昔の人々が思い起こされることはない。／後の世の人々も／さらに後の世の人々によって／
思い起こされることはない。（1・8―11）

疑いと信仰の間

人間が行うすべてのことは過ぎ去れば無に帰す。忘れられてゆき、どこにも残らない。このように全面的に空しさが説かれているが、また、理にかなわないことが起こることの空しさにも言及されている。『コヘレトの言葉』8章には、「今は、人が人を支配し、災いを招く時代である」（8・9）、「百度も悪を重ねながら／生き長らえる罪人《つみびと》がいる」（8・12）といった神の全能を疑わせるような事態もあげられている。

地上に起こる空なることがある。／悪しき者にふさわしい報いを正しき者が受け／正しき者にふさわしい報いを悪しき者が受ける。／私は、これも空であると言おう。（8・14）

では、この「コヘレトの言葉」は『ルバイヤート』と同じように、神の実在を疑うものなのだろうか。そうではない。実は、今引いた一節の少し前には、「しかし、私は知っている／神を畏れる人々には／神を畏れるからこそ幸せがあると」（8・12）、「悪しき者には／神を畏れることがないゆえに幸せはない」（8・13）と述べられている。矛盾するようだが、「報い」とよばれているものと「幸せ」とよばれているものは次元が違うと考えれば、つじつまが合うようにも思う。

しかし、死後に報われるというのでもない。9章には「あなたが行くことになる陰府《よみ》には／業《わざ》も道理も知識も知恵もない」（9・10）ともある。

それでも、人間には何も理解できないのだと、悟れと説き、「若き日に、あなたの造り主を心に刻め」（12・1）と説く。疑いに陥るぎりぎりのところで信仰を選び、日々の生を大切にせよと説いているようにも受け取れる。小友聡の解釈では、「神の定めた時はとうていつかみ取ることはできません。だからこそ、今この時が大切なのです。コヘレトが死を直視するのは、それによって逆説的に生の意義が現出するからです」（『コヘレトの言葉を読もう』、一二六ページ）。こうした前向きの捉え方もあるが、矛盾したものが共存する難解なテキストとの捉え方もあるようだ。

六、無常を嘆き、受け入れる

救済の約束からずれる無常観

死による無への転落の恐れや絶望、はかなさや空しさの痛切な自覚、あるいは二度と会うことができない永遠の死別の悲嘆——これらは古来、人々の心を塞いできた。これらに対して、そこからの救済の約束という救済論的な方向に向かうのが、必ずしも唯一の道というわけではない。

来世での永遠のいのちを約束する宗教、あるいは全知全能の神の支配を信じる宗教優位の体制の下でも、「無常を超える」のではなく、無常を嘆きつつそれを受け止める心情を表現する文芸領域があった。

前節「死と空しさの自覚からの導き」は、イスラームの信仰が広く共有されていたと思われる中世のペルシャにおいても、ユダヤ一神教の確立期であった古代イスラエルにおいても、救済への道を説くというよりは、無常と空しさを嘆きつつ、その嘆きを詩的に表現しつつ受け止めようとする作品があること、それらが宗教や文化を超えて多くの人々の心を捉えてきたことについて述べた。

オマル・ハイヤームの『ルバイヤート』と旧約聖書の一部ともなっている「コヘレトの言葉」を並べて、空しさと無常の嘆きの詩的表現文章と類別するのはあまりにおおざっぱかもしれない。だが、死生観の比較という観点からは一定の手がかりにはなるだろう。本章の四「無常感——芭蕉と李白」で言及した、芭蕉の『おくのほそ道』『笈の小文』『野ざらし紀行』や、芭蕉が強く意識していた李白などの中国の文芸の伝統にもそのような表現が見られた。浄土真宗の蓮如の「白骨の御文（御文章）」もそうした文芸の伝統の影響を受けていた。

世の中は空しきものと知る時し

日本におけるそうした文芸的無常観の系譜をさらに遡っていくと『万葉集』にまでたどりつく。

そこに大伴旅人《おおとものたびと》（六六五―七三一）がいる。まずは『万葉集』巻五・七九三の和歌を引こう。

世の中は空しきものと知る時しいよよますます悲しかりけり

これ以降、多田一臣訳注『万葉集全解』（筑摩書房、全7巻、二〇〇九―二〇一〇年）の現代語訳の力を借りたい。「世の中が空しいものであると知ったその時こそ、いよいよますます悲しさが実感されたことだ」としている。この歌には漢文の題詞がついているが、その現代語訳は以下のとおりだ（『万葉集全解 2』、二〇〇九年、一九二ページ）。

大宰帥《だざいのそち》大伴（旅人）卿《まへつきみ》が凶事の知らせに答えた歌一首

災禍が重なり、凶事の知らせがしきりと集まってくる。ずっと心も崩れる悲しみを抱き、一人断腸の涙を流している。ただ、お二人の大いなる助けによって、傾きかけた命をやっと繋いでいるだけのありさまである〔筆が言葉を尽くさないのは、古今の人が嘆いたところである〕。

この歌の背景としては、大伴旅人が妻とともに平城京から大宰府へと赴任し、そこでしばらくして妻と死別したという事実がある。それとは異なる災害だろうか事故だろうか、いくつかの凶事がきっかけとなって作られた歌のようだが、妻の死への悲しみを念頭においての作歌だと評されている。そもそも旅人が和歌の創作を始めたのは六〇歳を過ぎた晩年のことであり、大宰府への赴任と妻の死を経験した頃からのことである。主題として愛する女性を思う悲しみ、はるかな都を思う望郷の歌が多い。

愛《うつく》しき人の巻きてし敷栲《しきたへ》の我が手枕《たまくら》をまく人あらめや（巻三・四三八）

題詞等を含めた現代語訳は以下のとおりである。（『万葉集全解　1』、二〇〇九年、三四九ページ）

神亀《じんき》五年（七二八）、大宰帥大伴（旅人）卿が亡き人を恋い偲んだ歌三首

いとしい人が巻いて寝た私の手枕を、枕にして寝る人はまたとあろうか。ありはしない。

右の一首は、死別して数十日を経て作った歌である。

亡妻を思う歌と自らの老いと死を思う歌

続く二首の紹介は省く。次に、大宰府からの旅の途次の作とされる五首の一首目と四首目を現代語訳とともに示す（同前、三五五―三五七ページ）。

我妹子《わぎもこ》が見し鞆《とも》の浦のむろの木は常世《とこよ》にあれど見し人そなき（巻三・四四六）

（わが妻が見た鞆の浦のむろの木は不変のままだが、それを見た妻はもういない。）

妹《いも》と来し敏馬《みぬめ》の崎を帰るさに独りし見れば涙《なみた》ぐましも（巻三・四四九）

（往きには妻と一緒に来た敏馬の崎を帰り道にただ一人で見ると、涙がにじんでくることだ。）

続いて収録されている「故郷《ふるさと》の家に還《かへ》り入りて、すなはち作れる歌三首」は三首とも引く（同前、三五七―三五九ページ）。

人もなき空しき家は草枕旅にまさりて苦しかりけり（巻三・四五一）

（妻もいないがらんとした家は、草を枕の旅にもまして苦しい思いがすることだ。）

妹として二人作りし我が山斎《しま》は木高《こだか》く繁くなりにけるかも（巻三・四五二）

（妻とともに二人で手入れして作ったわが家の庭園は、木々も高く鬱蒼《うつそう》と生い茂ってしまったことだ。）

我妹子が植ゑし梅の木見るごとに心咽《む》せつつ涙し流る（巻三・四五三）

（わが妻が植えた梅の木を見るたびに、心も咽せかえり涙が流れることだ。）

以上は「亡妻哀傷歌」とよばれる一群の作だが、自己自身の老いと死を意識した喪失の歌もあり、先に引いた李白らの境地に近いように感じるものだ。漢詩を作り慣れた歌人ならではのもののように思われる。

我が盛りいたくくたちぬ雲に飛ぶ薬食《は》むともまた変若《を》ちめやも（巻五・八四七）

（わが命の盛りもすっかり衰えてしまった。雲の上まで飛び行くほどの仙薬を服したとしても、若さが戻ってくることなどどうしてあろう。）（『万葉集全解　2』、二三九ページ）

大伴旅人と山上憶良

高齢で大宰府に赴任した大伴旅人は、さらに高齢で筑前国守の地位に就いていた山上憶良《やまのうえのおくら》（六六〇頃—七三三頃）と歌のやりとりをした。宗教学者の谷口茂は、高木市之助『大伴旅人・山上憶良』（筑摩書房、一九七二年）などを踏まえ、この両者のやりとりがそれぞれの作歌にどのような影響を及ぼしたかが重要だと述べている。

なぜなら、この二人の人物をおのおの独自の詩的境地へ覚醒させ、大詩人の形成へと衝き動かして行った根本要因が、両者の対照的な資質だったからである。外発的にしか詩作してこなかった政治家旅人を叙情詩人へ変身させたのは憶良への思想的かつ文学的対抗心だったし、宮廷歌人的な状態に低迷していた憶良を哲学詩人へ飛躍させたのは旅人の刺激にほかならなかった。（谷口茂『外来思想と日本人』玉川大学出版部、一九九五年、二四ページ）

谷口は儒教や仏教を踏まえた哲学的教養を披瀝する憶良の作歌への対抗心が、旅人の詩境を高めたのではないかと述べる。憶良のよく知られている「子らを思ふ歌一首」（巻五・八〇三）の反歌「銀《しろかね》も金《くがね》も玉も何せむに勝れる宝子に及《し》かめやも」に先立つ長歌の「序」の現代語訳は次のようなものだ。

釈迦如来が尊いお口にお説きになったことには、「私が等しく衆生を思うことは、わが子羅《ら》睺《ら》羅《ら》を思うのと同じだ」と。また、「子を愛するのにまさる愛はない」と。至尊の大聖者ですら、やはり子を愛する心をもっておられる。ましてや世間の凡人の誰が子を愛さずにいられるだろうか。（『万葉集全解　2』、二〇四ページ）

続く「世間《よのなか》の住《とど》まり難きを哀しびたる歌一首」は、「世間《よのなか》の　すべなきものは　年月《としつき》は　流るるごとし」（巻五・八〇四）と始まるが、現代語訳では以下のようになる。

世の中のすべないことは、年月は流れるように去り、次々に後から追いかけて来る苦しみは、あれこれと姿を変えて責め寄せて来ることだ。（中略）娘子たちが寝ておいでの部屋の板戸を押し開き、手探りで寄って行っては、美しい玉のような白い腕をさし交わして共寝をした夜とてどれほどもないものを、握り杖を腰にあてがい、こちらに行けば人に嫌がられ、あちらに行けば人に憎まれ、年老いた男とはこうした定めでしかないらしい。たまきはる命は惜しくはあるが、老いの苦しみは何ともしようがない。（同前、二〇八―二〇九ページ）

反歌は「常磐《ときは》なすかくしもがもと思へども世のことなれば留《とど》みかねつも」（巻五・八〇五）とあり、現代語訳は「堅固な岩のようにこのまま変わらずにあってほしいと思うが、この世の中のことなので、若さを留めておくことはできないことだ」とある（同前、二〇九―二一〇ページ）。この歌は仏教色はさほど明瞭ではないが、「無常」を主題としたものと言える。そして、明るい過去を懐かしむ感の大きい大伴旅人の歌に対して、暗い現実を直視して人々を諫《いさ》めるような響きが耳に残る。

讃酒歌一三首と隠者の文学

「大宰帥大伴卿の酒を讃《ほ》むる歌十三首」（讃酒歌一三首）は、こうしたしかつめらしい仏教的な教えの響きに対する対抗の意思を含んだものと捉えることもできる。讃酒歌一三首（巻三・三三八―三五〇）から数首を引く（『万葉集全解　1』、二八四―二八九ページ）。

酒の名を聖《ひじり》と負《おほ》せし古《いにしへ》の大き聖の言《こと》のよろしさ（巻三・三三九）

古の七《なな》の賢《さか》しき人たちも欲《ほ》りせしものは酒にしあるらし（巻三・三四〇）
賢《さか》しみともの言ふよりは酒飲みて酔《ゑ》ひ泣きするしまさりたるらし（巻三・三四一）
なかなかに人とあらずは酒壺になりにてしかも酒に染《し》みなむ（巻三・三四三）
あな醜く賢しらをすと酒飲まぬ人をよく見れば猿にかも似る（巻三・三四四）
価《あたひ》なき宝といふとも一坏《ひとつき》の濁《にご》れる酒にあにまさめやも（巻三・三四五）
この世にし楽しくあらば来《こ》む世には虫にも鳥にも我はなりなむ（巻三・三四八）
生ける者つひにも死ぬるものにあればこの世なる間《ま》は楽しくをあらな（巻三・三四九）
黙《もだ》をりて賢しらするは酒飲みて酔ひ泣きするになほ及《し》かずけり（巻三・三五〇）

三三九の歌の「古の大き聖」というのは、『魏志』徐邈《じょばく》伝に出てくる徐邈らのことを指す。「徐邈が禁酒令を犯して酒を飲み、訊問を受けて『聖人に中《あた》れり』と陳弁した。時の人士は、清酒を『聖人』、濁酒を『賢人』と称した」（同前、二八四ページ）。三四〇の歌の「七の賢しき人たち」は「竹林の七賢」を指す。『広辞苑　第六版』（岩波書店、二〇〇八年）は「竹林の七賢」を「中国の魏・晋の交替期に、世塵を避けて竹林に会し清談を事としたといわれる七人の文人（以下、人名略）」としている。多田一臣の注では、さらに「隠者の行動は、現実からの高踏的な逃避ではない。当時の政治状況への抵抗が根底にある。旅人の共感もそこに置かれる」（『万葉集全解　1』、二八五ページ）と説かれている。旧有力氏族の代表的存在である大伴氏だが、藤原不比等《ふひと》一門の急速な権力掌握によってその地位が大きく後退していった状況を踏まえた説明だ。

憶良・旅人の苦難・悲嘆の受け止め

谷口は「この一連の作品群で最も目立つ特徴は、仏教批判であろう。題名そのものが五戒の一つの不飲酒戒《ふおんじゅかい》に狙いを定めている」（『外来思想と日本人』、九四ページ）としている。三四三の歌は、「明らかに輪廻転生説の諷刺である」。三四五の歌の「価なき宝」は、「仏説が無上の価値をもつことの比喩であるが、それとても一杯の濁り酒のもたらす霊験には及ばないのだ」（同前、九五ページ）。

三四八歌は、たとえ来世は畜生道に堕ちようとも現世の悦楽を選ぶという、ふてぶてしいばかりの自己主張である。三四九歌は、生者必滅の理《ことわり》は認めても、来世など無視していることの宣言にほかならない。来世があってもなくても構わない、生きているうちが花。あるかないか分かりもしない来世のために、あることが確かなこの人生が妙な影響を受けてはならないのだ。（同前）

続いて、谷口は「ところで『賢しら』として槍玉にあげられているのは、いったい誰なのだろうか」と問うている。三四五の歌の「価なき宝」は仏典の「無価宝珠」を踏まえているが、かつて憶良から示された「子らを思ふ歌」の反歌の、「子を最勝とする考えに対する皮肉であることに、疑いの余地はないだろう」（同前）という。

この両者の関係について、日本の詩歌の歴史に造詣が深い批評家で詩人でもある大岡信は、

「世の中は空しきものと知る時しいよよますます悲しかりけり」の歌を引いて、以下のように述べている。

彼はさらに、亡妻への綿々たる追慕の思いを、太宰府にあっても、京へ帰る途上にも、さらに帰京後も、くり返し歌っていて、憶良がご親切にも「愛河《あいが》の波浪はすでに滅《き》え、苦海の煩悩もまた結ぼほるといふことなし　従来《むかしより》この穢土《ゑど》を厭離《えんり》す　本願をもちて生を彼の浄刹《じやうさつ》に託《よ》せむ」と詠んでくれたような心境は、薬にしたくも持ちえなかったのだった。

そして、「私が万葉歌人の中で、作風からして最も好ましく思うのは旅人である」としている（『古典を読む　万葉集』岩波現代文庫、二〇〇七年、二四五―二四六ページ／初刊、岩波書店、一九八五年）。

他方、「旅人と何かと対比される山上憶良のように、庶民への関心が高かったようには見えない。旅人は根からの貴族であったのだろう」（中嶋真也・解説「人間旅人の魅力」『〈コレクション日本歌人選〉大伴旅人』笠間書院、二〇一二年、一〇一ページ）という評価もある。

現代に甦る太古の文芸

無常観は仏教の説く教えと結びついて日本人の心にしみ込んだという理解は誤りではないが、それと並んで李白や大伴旅人や芭蕉が代表するような無常観の系譜もあった。そして、それは「コヘレトの言葉」や『ルバイヤート』とも響き合うものであった。だが、それはさらに人類文化の古層にまで遡ることができるのではないか。たとえば、『ギルガメシュ叙事詩』というものがある。

ギルガメシュは紀元前三千年紀のシュメルの王で死後に神格化され、紀元前二千年紀にギルガメシュを主人公とする叙事詩が広められ、さまざまな言語で記録された。楔形《くさびがた》文字で粘土板に記されたギルガメシュ叙事詩が近代西洋で「発見」されたのは一八七二年だが、それが現代語に翻訳されて多くの読者に愛読されるようになるのは二〇世紀の後半のことである（月本昭男訳『ギルガメシュ叙事詩』岩波書店、一九九六年）。ここでは、一九九二年にカナダで刊行されたルドミラ・ゼーマンによる三冊本の絵本（松野正子訳、岩波書店）によって紹介する。

太陽神に遣わされたウルクの王、ギルガメシュは自らの力を誇り、人々の意思に反して高い城壁を築く。太陽神は傲《おご》るギルガメシュをいさめるべく、森の英雄、エンキドゥを創造し対抗させる。戦いとなった二人は互角で勝負がつかなかったが、自らの足元の城壁が崩れたために不利になったギルガメシュをエンキドゥは助ける。これを機に両者は固い友情で結ばれる。「ギルガメシュは、もう、ひとりぼっちではありませんでした。友だちができたのです。」（『ギルガメシュ王ものがたり』一九九三年）

再び平和になったウルクだが、怪物フンババや女神イシュタルの攻撃により危機に陥る。ギルガメシュとエンキドゥはそれをはね返す。しかし、イシュタルはエンキドゥをひどい病気にかからせ、ついに死に至らせてしまう。かけがえのない友を失ったギルガメシュは嘆く。「死が、エンキドゥを我からうばいさった。いつの日か、死は、我を人びとからうばうだろう。死こそ、ほろぼすべきもの。死にうちかつ方法を見つけなければならぬ！」。ギルガメシュは永遠の命を得る秘密を求めて旅に出る（『ギルガメシュ王のたたかい』一九九四年）。

ここに、きみのもとめた永遠の命がある

永遠の命を求め、その秘訣を知るはずのウトナピシュティムを探して、ギルガメシュのつらく困難な旅が続く。ようやくウトナピシュティムに出会い、大洪水を生き延びた彼の経験を聞く。その話を聞き続けるようウトナピシュティムに求められるが、それができずギルガメシュは眠ってしまう。永遠《とわ》の命はあきらめなくてはならなかった。だが、なお海底に若返りの草があると聞いてさらに旅を続ける。しかし、その若返りの草も女神イシュタルに呑《の》み込まれてしまう。ところが、そのとき、ギルガメシュをよぶエンキドゥの声が聞こえる。あの世からやって来たエンキドゥはギルガメシュをウルクへと連れて行く。かつて自らが構築した大いなる城壁と都だ。自らが生涯に成しとげたことを思い返し、「ギルガメシュのむねは、誇りとしあわせでいっぱいになりました」。

「ギルガメシュよ。ここに、きみのもとめた永遠の命がある。」エンキドゥはいいました。「きみがきずいたウルクの都、きみがしめした勇気、きみがしてきたさまざまの良いこと。きみは、人びとの心のなかに、永遠に生きつづけるだろう。」（『ギルガメシュ王さいごの旅』一九九五年）

この物語では主人公がかけがえのない友を失い、この世の向こうにある永遠の命を求めて長い旅を経験する。だが、結局、主人公はこの世の向こう側に永遠の命があるという思想から離れる。行き着いたところは、失われたものの尊さとともに、死者との深い絆、そしてなおこの世で生き続けるものへの信頼だった。無常とはかなさを痛切に自覚してこその長い旅であったが、答えはあなたの足元にあるというものである。ギルガメシュにとっての「偉大な都」は、誰でもが心のうちにもっている「小さな愛の証」の比喩かもしれない。ここにギルガメシュの物語が現代人の心に訴える所以《ゆえん》があるのだろう。

第3章　悲嘆の文学の系譜

一、永遠のいのちの約束とそれ以前・以後

無常を超えて永遠のいのちに至る

第2章では、死を通して無常を知るというモチーフの精神史について考えてきた。ここで、無常をめぐるここまでの議論を整理し、今後の叙述の方向づけをしておきたい。

人は死から逃れることはできない。人のいのちは限りがある。自らの死を強く意識したり、親子きょうだいや親しい人の死に出合い、人のいのちのはかなさ、空しさを痛感する。そして、この世の富や名声や楽しさ、他者からの評価を得ることや自らの欲望を満たすことにとらわれていた自らの人生を省みる。これでよかったのか。異なる何かが見えてくる、あるいは異なる何かに目を向けるべきではないか。

おのれの日々の生活を省みれば、なぜこれほどにものごとに執着しているのだろう。いずれは

無に帰すものではないか。人は死すべきものだということを直視すれば、何が価値あるものかをあらためて考えざるをえない。これが「無常」を意識するということのわかりやすい始まりだ。

そこからこの世のはかないものを超えた無限のものに向かうとする生き方がある。永遠のもの、不死のもの、絶対者、超越者、この世の生死の彼方《かなた》の次元を信じ、それを軸とした生へと転換するということだ。信仰によって「天国に召される」とか「涅槃《ねはん》に至る」とするキリスト教やイスラームや仏教は、そのような意味で無常を超えていくことを目指す。「永遠のいのち」「大いなるいのち」、あるいは「いのちを超えた絶対的なもの」へと至る道がある。それを信じて新たな生き方へと転ずる。これが伝統的救済宗教の道である。

「いろはうた」では、「我が世誰ぞ常ならむ」と無常を悟って、「有為《うゐ》の奥山今日越えて」とこの世の価値あるものの次元（有為）を超えた「彼方」を思うべきことが、説かれている。諸行無常を説く仏教の理念の本道に沿った教えである。堅固なものは「形而上《けいじじょう》」の領域にあるのであって、「形而下《か》」の現実世界を超えた「形而上」の次元に目を向けることこそ、人間本来のあり方であり、社会を成り立たせる根幹でもある。「死を想い（メメント・モリ）」無常を知ることの必然の帰結はここにある。

このような思考の道筋は、今も世界各地に根付いており、多くの人々の間で分けもたれている。キリスト教やイスラームでは、「死を想い」「無常を知る」ことは、天国に召され、永遠のいのちを得るための第一歩である。信仰の道に従うことを促す思念である。仏教のなかでも浄土教では、死の彼方に西方極楽浄土があり、阿弥陀仏の慈悲と誓願を信じることにより浄土における永遠のいのちへの参与が可能になることを信じる。

このように、無常の彼方に次元の異なる領域があり、そこでこそ、この世の有限性を超えた永遠のいのち、あるいは永遠の安らぎに至るという信仰こそ、伝統的な宗教の教えであり、近代以前の世界では多くの人がそう信じることができた、といちおう捉えてよいだろう。

宗教文献ではない無常観表現の伝統

だが、「無常を知る」ことを促す文化の歴史を見てみると、必ずしも救済宗教の道が圧倒的に優勢だったとも言えないことが見えてくる。本書は宗教と文芸の間、近代と近代以前の間を行き来しながらそのことを見てきている。芭蕉や一茶は死を強く意識する俳句文集や俳諧紀行文を残し、死を意識して生きる生き方を表現し、人々の共感をよび今日でもファンが多い。そこでは救いが目指されているわけではないが、はかない生を支える想念がよびさまされている。たとえば、「露の世は露の世ながらさりながら」（一茶）というように。それは、二〇世紀の野口雨情や金子みすゞの「童謡詞」にも通じるものである。野口雨情の「しゃぼん玉」は近代の親子の離別による悲嘆を表現する、新たな「露」だったようにも思えるのだ。

一二世紀から一三世紀に移行する時期に災害や疫病の苦難を思いつつ鴨長明が記した『方丈記』や、一五世紀に蓮如《れんにょ》が本願寺の門徒のために書いた「白骨《はっこつ》の御文《おふみ》（御文章《ごぶんしょう》）」を見ると、人のいのちのはかなさが切々と語られている。「我やさき、人やさき、けふともしらず、あすともしらず」が人間の生の真相であり、「朝《あした》には紅顔ありて、夕《ゆうべ》には白骨と」なることをしっかりと自覚し、仏道に心を向けるべきだと説かれる。

だが、これらの宗教文献とも言える古典に見られる表現は、また東アジアの文芸の歴史にも根差したものだった。しゃれこうべ（白骨）を意味する「野ざらし」にちなんだ紀行文（『野ざらし紀行』）の後に書かれた、芭蕉の『おくのほそ道』の冒頭の「月日は百代《はくたい》の過客《かかく》」は唐代の詩人で道教に親しみをもっていた李白の表現を借りているし、蓮如の「白骨の御文」も実は漢詩の伝統に多くを負っている。

近づく死を意識し、亡妻を思う表現は、すでに『万葉集』の大伴旅人《おおとものたびと》の歌に見られる。「世の中は空しきものと知る時しいよよますます悲しかりけり」「愛《うつく》しき人の巻きてし敷栲《しきたへ》の我が手枕《たまくら》をまく人あらめや」と無常を嘆くのだが、仏道に向かうわけではない。仏教を引き合いに出す山上憶良《やまのうえのおくら》に対し、旅人は仏教を揶揄《やゆ》するかのように「この世にし楽しくあらば来《こ》む世には虫にも鳥にも我はなりなむ」と歌っていた。中国の隠者文学の系譜に通じるものだが、これもまた無常を強く自覚した少し異なる生き方を表現し、共鳴を求め、それなりに人々に愛好されたものであった。

文芸的な無常観は東アジアに限らない

では、これは宗教と文芸との特殊東アジア的な関係ということになるのだろうか。確かに仏教と儒教や道教が拮抗《きっこう》するような古代中国の伝統は独自のものだろう。仏教が華やかであった唐の時代に創作された数々の漢詩が長く愛好されてきた歴史、そして早くから和歌や物語などの文芸が殷賑《いんしん》を極めた日本の王朝文化の歴史を振り返る必要がある。だが、これはけっして東アジア世界だけのことではない。筆者の知識は乏しいが、キリスト教の聖典とされている旧約聖書のなかにさえ、「一切は空《くう》である」と説く「コヘレトの言葉」のように、正統的宗教性とはだいぶ異なり、「空しさ」の自覚とともに生きることを説く文書があった。この文書も「教えを説く文書」であるかもしれない。だが、古代ユダヤの嘆きの文学作品として受け止めることもできるだろう。

イスラーム圏については筆者の知識はさらに乏しいが、一一世紀から一二世紀にかけた時期の学者で詩人でもあったオマル・ハイヤームの『ルバイヤート』は、空しさやはかなさを歌った詩人として現代世界に多くの愛好者を見出すことになった。「同心の友はみな別れて去った」「花は土から咲いて土に散る」というように死を強く意識し、この世の価値を積むことの無意味さを語る詩句が連ねられているが、来世の救済を説くイスラームの教えとは相当に異なる死生観と言わざるをえないだろう。

興味深いことに、「コヘレトの言葉」も『ルバイヤート』も、ひたすら前を向いて価値増殖に努める資本主義のただなかに生きる、現代人の心を強く惹《ひ》きつけることがあるようだ。ある種の文芸的な死生観が、救済宗教に距離を感じている現代人の心の支えとなる傾向も見られる。

太古の死生観が現代人の心を惹きつける

それはまた、救済宗教が優勢であった時代に、救済宗教以前からあった原初的な死生観を引き継ぐような性格ももっているのではないか。1章の最初に取り上げた折口信夫《おりくちしのぶ》は、そうした直観にそって日本の宗教と文芸と民俗文化の歴史を振り返った学者詩人だった。

折口信夫が「国文学の発生」を説いたのは、神話から文芸へという視座によるものだった。ところが、紀元前三千年紀から現代によみがえり、現代人の心をとらえる「叙事詩」がある。楔形《くさびがた》文字により粘土板に刻まれた作品が解読され、絵本にもなっている『ギルガメシュ叙事詩』である。

文字で記された人類最古の物語作品とも言える『ギルガメシュ叙事詩』は、怪物フンババや女神イシュタルと闘うギルガメシュ王と親友エンキドゥの物語だ。エンキドゥの死は王国の建設と宿敵との戦いにすべてを捧げてきたギルガメシュ王に、まったく新たな人生の課題を課すことになる。死にどう向き合うのか。「不死」こそが答えではないか。不死に至るための知恵をもつウトナピシュティムに出会うための旅に出るが、その試練に耐えることができず、絶望に落ちようとする。その時、死んだ親友エンキドゥが現れ、永遠のいのちではない、死に向き合う生き方を教える。それは、エンキドゥをはじめ、多くの人々とともに生きてきた自らの人生を振り返り、そのすべてを再肯定することであった。

救済宗教が生まれ、世界各地に広がっていくのは紀元前一千年紀である。二〇世紀の哲学者、カール・ヤスパースはこれを「軸の時代」（Achsenzeit, axial age）とよんだ（『〈ヤスパース選集Ⅸ〉歴史の起源と目標』重田英世訳、理想社、一九六四年／原著は一九四九年）。人類の諸文明において、超越界が明確化し、形而上の次元に向き合う人間という観念が有力な指導理念として、人類社会を覆っていくようになる時代だ。紀元前一千年紀、ブッダ、老子や孔子、ユダヤの預言者、ギリシアの哲学者などがこの時代に属する。これをもって、有限な人間と無限なるもの、死すべき人間と不死の実在の二元的世界観が人類社会に広く及んでいくことになる。『ギルガメシュ叙事詩』はそれに先立つ時代の、神話と文芸の間にあるような作品である。折口信夫が「万葉びと」や沖縄の文化に見たものと相通じる何かがここにある。

日本人の死生観や無常観の特徴を問う

以上、第2章を振り返りながら、無常を受け止める人類文化の歴史について、宗教と文芸の関わりという観点から大きな見取り図を素描してみた。このようなおおまかな枠組みを示したのは、無常観や死生観の広がりのおおよそをつかんで、現代に生きる私たちの心をつかむ無常観や死生観の人類精神史上の位置を理解したいからだった。だがそれとともに、これから考えていく日本における無常観と死生観の歴史を理解するための補助線を引こうとするものでもあった。

無常観・死生観をめぐる「人類精神史」などというのはいかにも大雑把だが、人はしばしば意識せずにそのような位置づけをしているものなので、ここではあえて明示的にそのような問題意識を示すこととした。しかし、日本における無常観や死生観の歴史ということであれば、これまでもさまざまに論じられてきていて、その蓄積を踏まえて考えを進めることができる。

日本人は無常感の表出を好む。雄弁に無常を語る。和歌を見れば無常感の表現があふれている。典型的には桜であり紅葉である。はかなく散る美しいものに人のいのちの短さの感慨を託す。この世を生きるいのちのはかなさを「露」や「夢」や「かげろう」にたとえる。そして詠嘆する。こうした無常の受け止め方は日本で顕著に見られるものだが、それは頽落《たいらく》した無常観ではないか。そう捉えたのは、唐木順三（一九〇四―八〇）の『無常』（筑摩叢書、一九六五年）である。この本で論じられていることの核心が述べられている一節をまず引こう。

無常を語る場合、きはだつて雄弁になり、それを書く場合、特に美文調になるといふ傾向がきはめて顕著であるといふことが、日本人のひとつの特色といつてよいだらう。無常が死とのつながりをもつて考へられるとき、それは人生における異常なことである。異常なことの表現が美文調や雄弁となることは異常のことではない。恋愛もまた一種の異常体験だから、それが古来の詩歌、物語の題材ともなり、また人に表現せずにはゐられないほどの衝撃を与へたのでもあらう。（同書、二〇四ページ）

死を前にして、無常が嘆かれ、深い悲嘆や喪失感が表現される。詩的表現とすれば自然なことである。唐木は無常の文芸的表現が豊かになされてきたことを、自然なこととして受け入れているかに見える。

日本人は無常を情緒的に捉えがちだという論

ところが唐木は、そうだとしても、やはり日本人は無常を情緒的に雄弁に、また美文調で表現しすぎる傾向があると論じていく。

死や恋愛を表現することにおいて通常とは違ふ一種の昂奮を伴ふことも、従つて日本人だけではないであらう。旧約聖書の「雅歌」、中国の『詩経』等にも探せばそれを証するいくたの類例を拾ひうるであらう。さういふことを頭において考へても、日本人が無常を語る場合、きはだつて雄弁、美文調になるといふ特色は、依然として顕著であると私は思つてゐる。
（同前、二〇四ページ）

唐木順三は京都帝国大学哲学科で西田幾多郎や田辺元《はじめ》に学び、筑摩書房の設立者の一人であるとともに、明治大学教授を務め、独自の立場から日本の思想史を素材とした著作を多数、刊行している。歴史的かなづかいを用いていることからも分かるように、近代化によって進む超越的な次元の喪失を憂えるという点で保守的な考え方に近い一面をもっていた。筆者は二〇歳前後に、『新版 現代史への試み』（筑摩書房、一九六三年）という書物を読んで大いに啓発されたものだ。

現代人の「型の喪失」を問い、生活基盤から遊離した教養主義の限界を問うたものだ。近代日本の知識人を取り上げ、有用性や合理性に頼ろうとする近代人が、その結果、生きる意味を見失ってしまうような事態に陥ることを論じており、自らを顧みてうなずくところがあった。

また、筆者が文庫版に解説を執筆した唐木順三の『「科学者の社会的責任」についての覚え書』(筑摩書房)は一九八〇年に初版が刊行され、二〇一二年に文庫本として新たに編集し直されて刊行されたものだが、原子力利用の危うさを、手段であるはずの科学技術が自己目的化してしまうことから捉えようとしたもので、先駆的で今も啓発的な原発批判の書である。福島原発災害後にこの問題を考えるとき、大いに参考になった。

日本人は無常の哲学的・世界観的理解が浅い

その唐木は、日本人は無常を美文調で情緒的に捉えるため、無常の本来的な哲学的意義を捉え損ねがちで、「無常観」を見失い「無常感」に流れがちだという。「いろはうた」は無常の根本義を表すもののはずだが、それを国語の音韻の記憶に利用したのもいかにも安易だという。

別な方面から考へれば、諸行無常を、世界観や哲学として受取らずに、情緒的に、人生経験的に、せいぜい人生智として受取り、それをそれとして感じてきたといふことにもならう。祇園精舎の鐘の音に、諸行無常の響を感じ取るといつたやうな受取り方である。それだけにまた国民一般の間に、ひろくこの無常感が、無常感覚としてしみ透つてゐたといふことにもならう。言ってしまへば、日本人は無常を、無常世界観、無常観として考へる以前に、無常感としてまづ共感し、その共感を、仏教の語彙をかりて表現するといふさういふ傾向が著しい。(『無常』、二〇五ページ)

この論の前提は、「諸行無常」は哲学的・形而上学的意義をもった仏教的世界観だということである。『岩波仏教辞典　第二版』(中村元ほか編、岩波書店、二〇〇二年)は「諸行無常」について次のように述べている。

〈諸行〉とは、すべての作られたもの、あらゆる現象の意。仏教では、われわれの認識するあらゆるものは、直接的・間接的なさまざまな原因(因縁)が働くことによって、現在、たまたまそのように作り出され、現象しているに過ぎないと考える。ところが、いかなる一瞬といえども、直前の一瞬とまったく同じ原因の働くことはありえないから、それらの現象も同一ではありえず、時の推移とともに、移り変わってゆかざるをえない。この理法を述べたものが〈諸行無常〉である。

この仏教理論による「諸行無常」の意味は、「祇園精舎の鐘の声、諸行無常の響きあり」(『平家物語』)の意味するところとは大きくずれている。後者からは、死別の悲嘆やいのちのはかなさ、空しさが連想されるが、前者はより抽象的な哲理を表している。唐木はその前者こそ、つまり形而上学的な意義をもつ無常こそが無常の本義だと捉えるのだ。

二、王朝文芸の「はかなし」と死生観

唐木順三が捉える日本人の無常感

仏教の教えとしては峻厳《しゅんげん》な道理を説くはずの「無常」だが、日本の精神史では文芸表現が豊かにあり、人々も口ずさむことができるものが多い。『平家物語』の冒頭部、「祇園精舎の鐘の声、諸行無常の響あり。娑羅《しゃら》双樹《そうじゅ》の花の色、盛者必衰《じょうしゃひっすい》の理《ことわり》をあらはす。おごれる人も久しからず、ただ春の夜の夢のごとし」もそうだし、『方丈記』の冒頭部、「ゆく河の流れは絶えずして、しかももとの水にあらず。よどみに浮ぶうたかたは、かつ消えかつ結びて、久しくとゞまりたるためしなし。世中《よのなか》にある人と栖《すみか》と、又かくのごとし」も同様だ。

唐木順三はこれを「人生無常、世間無常を、語つて雄弁、書いて美文調」といい、さらに他の例を引いていく（『無常』、二二〇ページ）。解脱上人貞慶《げだつしょうにんじょうけい》（一一五五—一二一三）の『愚迷発心《ぐめいほっしん》集《しゅう》』には、「一生過ぎ易し、万事《ばんじ》実なきこと朝露に異ならず、夕電に相同じ。灯滅して再び見えざる如く、魂去りて、人重ねて来ることなし」とある。また、日蓮が死の二年前、五九歳のとき、夫に先立たれた上野殿母御前に宛てた消息文もあげられている。

二人の男子《をのこご》にこそ荷はれぬと、たのもしく思ひ候ひつるに、今年九月五日、月を雲にかくされ、花を風に吹かせて、夢か、夢ならざるか、あはれ久しき夢かなと、なげきをり候へば、うつつに似て、すでに四十九日、はせすぎぬ。実ならばいかがせん。さける花はちらずして、つぼめる花のかれたる、老いたる母はとどまりて、若き子は去りぬ。なさけなかりける無常かな、無常かな。(『無常』、二二一ページ)

唐木はさらにだいぶ時代が下るが、蓮如(一四一五―九九)の「白骨の御文」をも引いている。第2章で紹介したが、「すでに無常の風きたりぬれば、すなはちふたつのまなこたちまちにとぢ、ひとつのいきながくたえぬれば、紅顔むなしく変じて、桃李《とうり》のよそほひをうしなひぬるときは、六親眷属《ろくしんけんぞく》あつまりて、なげきかなしめども、更にその甲斐あるべからず」とあった。日蓮の消息文も蓮如の「御文」もそもそも書簡体であり、相手の情緒を汲《く》み取って書かれたものだ。情緒的な表現であって当然かもしれない。だが、それが後々、聖典に準ずる地位を得て尊ばれてきたことは確かだ。

それを唐木は「雄弁、美文」、あるいは「詠嘆」「感傷」といっている。そして、「無常観」であるべきものが「無常感」に堕して流布したのだと捉える。すでに引用したように、「日本人は無常を、無常世界観、無常観として考へる以前に、無常感としてまづ共感し、その共感を、仏教の語彙をかりて表現するといふさういふ傾向が著しい」(『無常』、二〇五ページ)ということになる。

「無常」の理に親しむ前の「はかなし」

では、「無常」の理を学ぶ以前、「無常感として」まず共感」されるようになるものは、どのように表現されたのか。唐木は「はかなし」の語に注目して、平安時代の物語や日記文学を取り上げる。王朝の女流文学に「無常感」の先立つものの表現が豊かに見られ、それを代表する言葉が「はかなし」だとする。それに関わって、「ものはかなし」「あはれ」「もののあはれ」なども頻繁に用いられたと捉える。『かげろふの日記』の冒頭は、「かくありし時すぎて、世中《よのなか》にいとものはかなく、とにもかくにもつかで世にふる人ありけり」（今西祐一郎校注『蜻蛉日記』岩波文庫、一九九六年、一七ページ）とあり、『和泉式部日記』の冒頭は、「夢よりもはかなき世の中を嘆きわびつつ明かし暮らすほどに」（近藤みゆき訳注『和泉式部日記　現代語訳付き』角川ソフィア文庫、二〇〇三年、九ページ）とある。それぞれ九七四年頃、一〇〇四年頃の成立とされるものだ。

手元にある『広辞苑　第六版』（岩波書店、二〇〇八年）では、「はかない」の語義を六つに分けている。①これといった内容がない。とりとめがない。②しっかりしていなくて頼りにならない。手ごたえがない。③物事の度合などがわずかである。ちょっとしたことである。④あっけない。あっけなくむなしい。特に、人の死についていう。⑤粗略である。みじめである。⑥しっかりした思慮分別がない。あさはかである。

「はかなし」は女性的なものか

これらを検討した上で、唐木は次のように述べる。

私は「はかなし」をすぐれて女性的なものと考へる。「はかなし」が王朝女流文芸に非常に多く、必要以上に多く、また常套化されて使はれてゐるといふことも、それを示してゐる証拠だが、さらにいへば、「はかなし」が、女性心理、女性情緒的だと思ふのである。ではさういふ心理、情緒が、なぜ際立つてこの時代に出てきたか。（『無常』、三六ページ）

「女性心理」的とはどういうことか。唐木はこれを共同の事業に関わること、歴史的主体であることができない地位に置かれていた女性の境遇と関わることと見ている。「人間の力、意志の及びがたい四時の運行のなかにありながら、人間はそれに適応した行事を造り行ふこともあれば、その運行、行事に主体的意志を加へて、おのれを通さうと計ることもある」（同前、三七ページ）

唐木はこれを歴史の主体であろうとすることだとする。

王朝の時代における歴史の主体は男性であつた。これは然しとりたてていふほどのことではない。過去の歴史は大抵はさうであつた。王朝期の特色は、さういふ歴史主体の側《そば》にあつて、女性が、みづからを歴史主体からはづれたものとして、或ひは歴史にかかはらないものとして、自覚し、意識してきたといふ点にある。歴史のテンポとずれたところにゐるといふことを記述するにいたつた点が、この時代の女流文芸の特色、わけても『かげろふ』の特色であ

った。(同前、三七―三八ページ)

この叙述をどう受け止めるか、かんたんではない。平安時代の文学において、女性が大きな役割を果たしたことは確かである。物語、日記、随筆、和歌などのどこでも女性の活躍が著しい。確かにこれが日本の文芸の方向性に大きく関わった。だが、もちろん男性もそこに加わっている。男性も「はかなし」や「あはれ」の表現に大いに参与している。いや、「歴史主体からはづれたものとして……自覚し、意識」するということであれば、むしろ男性の方がその度合いは大きいのではないか。

権力体制との距離が育む文人

社会的に恵まれない、あるいは政治的に不遇の立場にある、あるいはそういう人々に共鳴し、文芸的な表現にその思いを託すということは世界史上に少なくない。陶淵明《とうえんめい》や杜甫《とほ》、李白《りはく》などの漢詩の世界、『ルバイヤート』や「コヘレトの言葉」もそのような文芸の領域に属するものだろう。さらに遡ると『楚辞』や『ギルガメシュ叙事詩』にまで至る。だが、それらにはむしろ男性的な響きを感じるのではないか。自らの政治的な不如意を強く意識するのは、過去の時代には男性が多かったからだ。

そこで、その視点から日本の平安時代、王朝期の文芸の特徴を捉えると、「歴史主体からはづれたものとして……自覚し、意識」するというよりも、むしろ男女の愛に代表されるような私的な感情の表現に満ちているというところに至るだろう。以下では、平安期の文芸表現を見ながら、そうした特徴についてさらに考えを深めていきたい。

「はかなし」は死の意識とも関わりが深い。本書は死生観について考えているので、「無常」や「はかなし」「あはれ」の関係に注目し、王朝文芸に触れる際も、死生観という切り口を重視することにしたい。「無常」はもちろんだが、「はかなし」や「あはれ」も死と喪失に関わる場合がある。また、死別や別離の悲しみはどう表現されているだろうか。死に関わる表現であれば、そこに宗教的なものとの重なり合いが現れてもよさそうである。さらに世を捨てる、出家する、執着を離れるといったことはどうだろうか。

落ちぶれる貴種の物語

まず、『伊勢物語』を見てみよう。この物語は和歌が主役で、その和歌にときに少し長めのものもある前書きや短い後書きを付けたような趣になっている「歌物語」で、一二五段の断片的な逸話が集められているものだが、在原業平《ありわらのなりひら》（八二五―八八〇）についての物語として読むという読み方をされてきた。在原業平は平城《へいぜい》天皇の第一皇子で不遇だった阿保《あぼ》親王の子で、高位の貴族であるはずだが、政治的には恵まれず、歌人として後世に名を残した存在だ（井上辰雄『在原業平』遊子館、二〇一〇年）。『伊勢物語』では落ちぶれて都を離れ、伊勢や須磨、関東や陸奥《みちのく》など地方で暮らす話が多い。

高貴な人物が都落ちなどして、地方で苦しむ物語を折口信夫は「貴種流離譚《きしゆりゆうりたん》」とよんで、日本の文芸や芸能の歴史と深く関わるものと捉えた（「叙事詩の発生」『折口信夫全集　第一巻　古代研究（国文学篇）』中公文庫、一九七五年、四四五ページ、など）。『伊勢物語』にふれて、「東国に流離した物語は、その歌物語のあまり断篇であり、歌も亦《また》、人之《これ》に馴《な》れて感ぜずなつてゐるが、此も亦、貴種流離譚の断続した絵模様を繋いで大成したやうなもので、東下りでない部分にも、おなじ物語の型に入る条々が多いのである」（「小説戯曲文学における物語要素」『折口信夫全集　第七巻　国文学篇1』中公文庫、一九七六年、二六一ページ）と述べている。『伊勢物語』や『源氏物語』には貴種流離譚の要素が含まれているとされる。実際、第九段には、「むかし、男ありけり。その男、身を要なきものに思ひなして、京にはあらじ、あづまの方に住むべき国求めにとて、行きけり」とある（石田穣二訳注『新版　伊勢物語　現代語訳付き』角川ソフィア文庫、一九七九年、二一ページ）。

だが、『伊勢物語』の「流離」にはあまり悲劇的な響きが伴っていない。というのは、大半の逸話と歌は男女の愛の関係をめぐるもので、個々の逸話と歌には悲しみや恨みを伴うとしても、各逸話はごく短いものが多く、次々と新たな愛の逸話が繰り出される。たとえば、第十五段は「昔、陸奥で、なんということもない人の妻に通ったのだが、不思議に、そんな境遇にいて当たり前の女でもないように見えたので、（男は熱をあげて、次のような歌を詠《よ》みおくった）」として次の和歌が引かれる。

しのぶ山忍びて通ふ道もがな人の心の奥も見るべく（人目を忍んであなたのもとに通う道が

あってほしいものです、あなたの奥ゆかしい心の程も見ることができるように）

続くコメントは、「女は、この男のことをこの上なくすばらしいと思ったけれども、（男としては）そんな田舎女の、ねじくれた野卑な心を見てしまっては、どうしようもないではないか」（同前、一七一ページ）とあって、よく理解できない興醒《きょうざ》めにつきあわされることになる。

色好みのはかなさ

このような逸話がいくつも出てくるので、登場する男女に共鳴するというところまではなかなかいかない。そして業平自身もそうだが、女性の登場人物も「色好み」と形容されることがある。登場人物の多くは色恋にひかれて向日《こうじつ》的である。宮廷に近い貴人だけでなく田舎人もそれに染まっていくように感じられて、明るくおおらかな世界が描かれているが、心の痛みの表現が弱いようにも感じる。このように男女の愛を繰り返し歌うのは、現代で言えば歌謡曲の世界であって、現世肯定的な生活感覚の側面が表に出ている。だが、それを繊細な感情のやりとりとし、雅びなこととして描き出しているところにこの時代の文芸としての特徴がある。

「はかなし」の語も何度か出てくる。第二十一段は男女の離別の悲しみに関わるもので、男女の歌のやりとりが続くが、その最後の二首をあげる。前が男、後が女の歌である。

忘るらむと思ふ心のうたがひにありしよりけにものぞかなしき（あなたが私を忘れるだろうと思う心の疑いのために、以前よりもいっそうもの悲しいことです）

中空《なかぞら》に立ちゐる雲のあともなく身のはかなくもなりにけるかな（空の中途はんぱな所で動きとどまる雲があとかたもなく消えてしまうように、私はよるべのない身の上になってしまったことです）（同前、一七七―一七八ページ）

唐木が「はかなし」の典型と見なすような心情の表現だが、厳しい悲嘆や断念に至るようなものとは感じられない。正面から死に向き合うといった姿勢を読み取ることはしにくいだろう。

ともあれ、『伊勢物語』には、いくつか心に響く悲嘆や断念の表現がないわけではない。「はかなし」という語は用いていないが、ある種の普遍性を帯びる喪失の表現が見られる。移りゆく男女関係から生じる「はかなさ」ではなく、「いのちのはかなさ」を思い起こさせる逸話だ。

心に響く悲嘆や断念の表現

第八十四段は、長岡京に住んでいた業平の母（桓武天皇の第八皇女、伊都《いと》内親王）とひとり子である業平との話である。宮仕えのある息子はなかなか母のもとを訪れることができない。「一つ子にさへありければ、いとかなしうし給ひけり」。この「かなしうする」というのは「いとしく思いかわいがる」という意味だ。ところが師走の時期に「とみのこととて」（至急のこととして）手紙がとどく。「おどろきて見れば、歌あり」（同前、八〇ページ）。

老いぬればさらぬ別れのありといへばいよいよ見まくほしき君かな（年老いたらどうしても避けることのできない死の別れがあるといいますので、――この年の瀬にそのことを思いま

すと――日頃にもましてお目にかかりたいあなたであることです）

これに対して業平が「いたうち泣きてよめる」返歌は以下のものだ。

世の中にさらぬ別れのなくもがな千代《ちよ》もと祈る人の子のため（世の中にどうしても避けることのできない死の別れはあってほしくないものです。千年も生きていらしてほしいと祈っている人の子にとって）（同前、二三二ページ）

悲しみが読者の心に響く段が他にもある。母との死別の段に先立つ第八十二段、第八十三段は業平が仕えた惟喬《これたか》親王（八四四―八九七）の不遇や出家についての逸話で、哀切である。惟喬親王は文徳天皇の第一皇子で皇位につく可能性もあったが、二九歳で病のため出家し隠棲《いんせい》した。その惟喬親王に業平はよく仕えたようだ。

第八十二段は水無瀬《みなせ》に鷹狩りに行ったとき、格別に趣のある桜に目を止め、馬を降りて皆で歌を作った。そのとき、業平が詠んだ歌は、

世の中にたえて桜のなかりせば春の心はのどけからまし（この世の中にまったく桜がなかったならば、春の人の心はのどかであろうに――実際は、桜があるばかりに咲くのを待ちかね散るのに気をもみ、少しも落着くことがない）（同前、二二八ページ）

別の人が詠んだ歌として以下のものも掲げられている。

散ればこそいとど桜はめでたけれ憂《う》き世になにか久しかるべき（散ることがあるからこそいっそう桜はすばらしいのです、そもそもこのつらい世の中にいったい何がいつまでも変わら

ずにありましょうか）（同前、二二八ページ）

第八十三段では、惟喬親王の出家の後に、比叡山の麓の庵室を訪れたときの話である。「つれづれといとものがなしくておはしましければ、やや久しくさぶらひて」、夕暮れに帰るということで、

忘れては夢かとぞ思ふ思ひきや雪踏みわけて君を見むとは（このつらい現実が現実であるということをふと忘れては、これは夢ではないかと思われることです。今まで一度でも思ったことでしょうか。まったく思いもかけなかったことです、こうして雪を踏み分けておたずねしてあなたさまにお目にかかろうとは）

と詠んで、泣く泣く京に帰ったのだった。（同前、二三一ページ）

悲しみを上回る男女関係の表現

最後の第百二十五段も短いが、死生観という点では趣が深いものである。「むかし、男、わづらひて、心地死ぬべくおぼえければ」とあって、最後の歌が置かれ、主人公、在原業平の死を暗示している。

つひに行く道とはかねて聞きしかど昨日今日とは思はざりしを（最後には誰もが行く道だとはかねがね聞いてはいたのだが、――それが自分の身におこるのが――まさか昨日今日のこととは思ってもみなかったのに）（同前、二六一―二六二ページ）

『伊勢物語』の死をめぐる表現には、ある種の深みに達しているものがある。だが、『伊勢物語』を全体として見ると、こうした表現は多くはない。「はかなし」や「あはれ」にあたるものの多くは、男女の愛における思いの高まりと不如意や恨み、また愛する異性を失った寂しさであったりする。他にもさまざまな場所の情景、都に遠い場所から都を思う気持ち、老いの感慨などさまざまあるが、圧倒的多数派は男女の愛をめぐる心情だ。

では、なぜ、それらが多いのか。これはそもそもこの時代の和歌の表現がそうだからだろう。宮廷周辺の社会での社交において和歌は重要な役割を果たしており、打ち込むことができる作歌という領域があり、それと不可分のものとして物語が作られていった。平安初期においては、その和歌において男女の愛の主題が多かった。それは女性が参加する文芸であり、ある種の生活感情と密接に関わる文芸ということでもある。

生活感情に近いということは、必ずしも女性的ということだけを意味しない。庶民生活に近いということも含まれている。実際、『伊勢物語』は地方の庶民の生活に交わりながら都を思うといった内容が多い。都鄙《とひ》の対照がしばしば描かれるが、身体的な生活への身近さということもそれと無縁ではないだろう。志が高くはないが、堅苦しくもない。雅びに近づくはずの和歌だが、卑近な愛と生活の実感から遠くないのだ。

三、母の悲嘆と作者の憤り、そして笑い

『土佐日記』と悲嘆の表出

『無常』の著者である唐木順三に導かれながら、日本の文芸における無常の自覚と悲嘆の表出の系譜をたどっている。「はかなし」や「あはれ」の音調が目立つ王朝文芸において、唐木は無常観にまで至らぬ無常感の表出が目立つという。それは悲嘆の表出の歴史とその宗教性という点で何を意味するのだろうか。前節「王朝文芸の『はかなし』と死生観」では、まず歌物語『伊勢物語』における無常や悲嘆の表現について考えてみた。『伊勢物語』では、痛切な悲嘆の表現が心を打つ箇所があるのは確かだが、雅びを競う歌合《うたあわせ》的な場で、色好みによる男女のやりとりを表現する向日的な和歌が優勢である。そのためか、喪失や悲しみの表現は主調音とは感じられない。確かに深さを欠いた無常感を表す「はかなし」の文芸の系譜に属するものということになるかもしれない。

「むかし、男ありけり。その男、身を要なきものに思ひなして、京にはあらじ、あづまの方に住むべき国求めにとて、行きけり」というように、流離する貴種と言える在原業平が主人公の『伊

勢物語』だが、誰が編纂《へんさん》したのかわからない。『古今和歌集』の編者の一人であり、その「仮名序」を書いた紀貫之《きのつらゆき》（八七二頃―九四五）が編んだのではないかという説があり、折口信夫などもその立場だ。その紀貫之はまた、晩年に『土佐日記』を著している。

『土佐日記』もまた悲嘆の表出が主題となるはずの「日記」であり、「歌物語」でもある。紀貫之は九三〇年から九三四年にかけて土佐の国司を務めた。その任地から京都へ帰る船旅が『土佐日記』の題材だ。一二月二一日に土佐の国府を発ち、二月一六日に京の自邸に到着するまでの日々が描かれている。といっても、冒頭に「男もすなる日記《にき》といふものを、女もしてみむとて、するなり」とあるように語り手は女性であり、紀貫之自身ではないことになっている。

土佐で女の子を失った悲しみ

船出してすぐ後のところで、女児との死別について以下のように述べられている。三谷榮一の現代語訳で引く（『土佐日記　付現代語訳』角川ソフィア文庫、一九六〇年／なお、萩谷朴『〈日本古典評釈・全注釈叢書〉土佐日記全注釈』角川書店、一九六七年、を参照している）。

このような（出発準備やら送別の宴やら）いろいろのことがある中に、京で生まれていた女の子が、この土佐の国で急に亡くなってしまいましたので、この頃の旅立ちのとりこみを見ましても、何にも口出し致しません。（せっかく楽しみの）京へ（いよいよ）帰るのに、女の子のいないことばかりが、ただもう悲しく恋しく思われます。居合せた人々も悲しさを耐

えきれません。（三谷訳注、五二ページ）

とあって、二つの和歌が引かれる。最初の歌は、都へ帰るという喜びで、華やいだ気持ちになる旅立ちのはずなのだが、土佐に滞在する間に死んでしまった女の子のことを思うと悲しみで胸が閉ざされるというものだ。

都へと思ふをものの悲しきはかへらぬ人のあればなりけり
あるものと忘れつつなほなき人をいづらと問ふぞ悲しかりける

この二つ目の歌については現代語訳を引く。「あの子がまだ生きているものと、すでに死んでしまったということをふと忘れ忘れして、今でも『おや、あの子はどこかしら』と尋ねてみたりしてしまうことがあるのです。そんな時、本当に悲しいのです」（同前、五二ページ、一部、文体を本書の文脈に合わせて調整している）。

母親の悲しみ

娘を失った母親のこの悲嘆は現代人の心にもすぐに響き合うはずのものである。そして、この主題は繰り返し語られている。一月一一日、間もなく室戸岬の近くまで来て羽根《はね》というところを通る。船に乗っている女の子が、この場所は鳥の羽という意味のところなのと尋ね、都へ飛んで帰りたいという歌を作る。ところが、それにつけても、娘を失った母は、世を去った娘のことを思い出して嘆き悲しむ。そして、「世の中におもひやれども子を恋ふるおもひに増《ま》さるおもひなきかな」と詠《うた》う（同前、六一―六二ページ）。

二月四日には、碇泊《ていはく》した浜で、美しい貝や石がたくさんあるのを見て、今はいない娘を思い出して、「よする波うちもよせなむわが恋ふる人忘れ貝おりて拾はむ」と詠う。これに応じて、慰めるように返した歌は、「忘れ貝拾ひしもせじ白珠《しらたま》を恋ふるをだにもかたみとおもはむ」とある。忘れ貝を拾って忘れてしまうよりも、白珠のようなあの子を恋い続けている気持ちを形身と思いましょう、というものだ。さらに「をんなごのためには親幼くなりぬべし」と母親の気持ちを思いやるように促す叙述が続いている。

二月五日には、ようやく現在の大阪府南部、和泉《いずみ》の小津《おづ》に近づき、住吉の浜の松原を眼前にしつつ船は進んでいく。松の緑を見るにつけ、過ぎ去った年月のことが思い起こされる。そこである人が詠んだ歌、「今見てぞ身をば知りぬる住《すみ》の江《え》の松よりさきにわれは経《へ》にけり」。これは年月とともに老いていく自分を嘆く歌だが、続いて亡き娘のことを思う母が、「一日《ひとひ》片時《かたとき》もわすれねばよめる」歌。

住の江に舟さし寄せよ忘れ草しるしありやと摘《つ》みてゆくべく

浜に舟を寄せてほしい。物思いも忘れさせてくれるという忘れ草を、摘んでほんとうに効き目があるかどうか試してみたいから、というものだ。

京に帰ることで新たに募る悲しみ

さらに、現在の大阪から都へと川を遡ってやがて船を降りるに至る過程で、かつて土佐へと下って行ったときのことを思い起こすくだりがある。「こうして（川を）遡る人々の中に、以前京より（土佐の国に）下った時には、誰もみな子供はおりませんでしたけれども、着任していた土佐の国で、子供をもうけた人達が居合せております。その人達はみな、船が碇泊する所で子を抱いては乗り降りします。この様を見るにつけ、今は亡き娘の母親が悲しさに耐えかねて」（同前、八二ページ）詠んだ歌。

なかりしもありつつかへる人の子をありしもなくて来るが悲しさ

と泣く。いなかったのに今はいる子を見るにつけ、いたのに今はいない子のことを思ってしまうという歌だ。父親もこれを聞いてその心中はいかばかりだろう、と続く。

そして、『土佐日記』の末尾は、京の自邸に帰ってきて、月明かりに照らされたその様子を嘆くものだ。「聞きしよりもまして、いふかひなくぞこぼれ破れたる（中略）なりけり」。家が荒れてしまっているのを嘆きながらも、「思い出さぬものとてなく、（すべてあれもこれも）なつかしいうちにも、とりわけ、この家で生れた女の子が一緒に帰らないので、どんなにか悲しいことでしょう」（同前、八六ページ）という。

ともに土佐から帰ってきた人たちがここにもおり、子供が集まって騒いでいる。なお悲しみに耐えきれず、その気持ちをわかってくれる人と歌を詠んだ。二首のうちの一つは以下のものだ。

生《む》まれしもかへらぬものをわが宿に小松のあるを見るが悲しさ

小松は留守の間に新たに生《は》えたものだが、それを見ても娘は生まれかわらないのか、と考えてしまう（同前、八六ページ）。

「悲嘆の文学」と言えるか

このように『土佐日記』は、娘の死を嘆く親の心情にふれ、いのちのはかなさを嘆き、繰り返しそのモチーフに立ち返っている。では、この作品は死と無常に思いを寄せる作品と言えるだろうか。

子どもを失った経験のある読者は深く心を打たれるかもしれない。六つの場面で死んだ娘のことを思い悲嘆にくれる親が登場し、その気持ちを詠う歌がひかれており、その歌一つ一つが心に響くものとも言える。

だが、『土佐日記』全体を無常を凝視し深い悲嘆を表現した作品とは言いにくいのも確かだ。その理由の一つは、深い悲嘆のなかにある人が誰なのか、よくわからないということだ。嘆いているのは女性であり、語り手は女性に仮構されている。悲しむ女性が筆を執ったということになるはずだ。ならば、全編を悲しみの音調が貫いているだろうか。

なぜ、女性に仮構したのかについては、「土佐左遷の憤りからだというもの」、「愛児を旅先で失った悲しみを綿々《めんめん》と吐露するのは男らしくないからというもの」、「仮名文字の使用が公人の習慣に反するからというもの」など諸説ある（目崎徳衛『紀貫之』新装版、吉川弘文館、一九八五年、一五六ページ／初刊、吉川弘文館、一九六一年)。ところが、ほんとうに隠しているとはとても言えない。目崎はこう述べる。

もし憚《はばか》る所があってひた隠しにおのれの作品であることを隠さねばならなかったとすれば、貫之が文中所々で平気で男であることを暴露するような記述をしていることは、何とも説明に苦しむのである。そんな風に馬脚を露《あら》わすほど彼は間抜けでなかった筈《はず》だと私は思う。

(同前、一五六—一五七ページ)

私も目崎のこの捉え方が適切だと思う。だが、そうだからこそ、読者のほうもこの文章全体から男の声を聞き取ってしまうという点に注目したい。そうなると、嘆き悲しむ女の声を聞き取りにくくなる。それでも、要所では嘆き悲しむ女性が描き出されてはいる。だが、人物として描き出されるわけではない。悲嘆を抱える女が六度姿を表すのは、紹介されるべき歌があるからだ。悲しむ歌とその背景となる景観は描かれているが、登場人物として悲しむ女はその場限りでしか描かれていない。悲しむ歌が出てこない場面ではその女はほぼ姿を現さない。

「笑いの文学」としての側面

『土佐日記』全体としては、むしろ「笑いの文学」という要素もあり、「憤り」の要素もある。まず「笑い」の側面だが、目崎はこう述べている。

事実は女が書いたと初めに断わりながら、男でなければいえない卑猥《ひわい》なジョークをちょいちよい洩《も》らしたりする所にこそ、その矛盾によって読者を笑わせようという作者の手のこんだ趣向があったのであろう。(同前、一五七ページ)

たとえば、土佐を発つ前の別れの集いの場で、「ありとある上下《かみしも》、童《わらは》まで酔ひ痴《ゑし》れて、一文字《ひともじ》をだに知らぬもの」たちも「足は十文字《ともじ》に踏みてぞ遊ぶ」とある。カーニバル的な越境場面がちらりと示され、笑いを誘う言葉遊びも用いられている。

元日に祝儀物として食べるものがほとんどないなか、押鮎《おしあゆ》のみをしゃぶっている場面で、「この吸ふ人々の口を、押鮎もし思ふやうあらむや」と魚が想像することを描いている。「小家の門のしめ縄に(ぶらさがっている)鯔《ぼら》の頭《かしら》や柊《ひいらぎ》なんかはどんなでしょう」(三谷『土佐日記　付現代語訳』、五四ページ)とある。しゃぶられる押鮎は接吻を強いられたようなものだが、押鮎も都のことを思って「大好きな恋人の『鯔の頭』さんや『柊』さんを思い出したろうとふざけた」のだという(目崎『紀貫之』、一五八ページ)。

また、一月一三日のところでは、女性の水浴を描いて、「ほやのつまのいずし、すし鮑《あわび》をぞ、心にもあらぬ脛《はぎ》に上げて見せける」とある。目崎は「老海鼠《ほや》は男根、貽《い》ずし・すし鮑は女陰の意味だから、一段と品の悪い、とても女では口にできない冗談である」(同前、一五九ページ)としている。一月九日のところでは、当時の舟人らが歌う舟唄が引かれている。その一部を三谷訳で示すと、「ゆんべのあの子にョ、逢いたいものョ、銭を貫お、嘘っぱちついて、掛買いをして、銭も持ってこず、顔さえ見せぬ」(三谷訳注、六〇ページ)といったものだ。

「憤りの文学」としての側面

目崎はこうした笑いの表現の背後には、憤りや嘆きがあると捉えている。「文学における『笑』はしばしば涙と憤りを底に蔵しつつ発せられるものである」。紀貫之の場合、当代一流と自他ともに認める和歌作品にも笑いはあるが、「人生そのものの奥底を凝視しない、無限定に明るい『笑』しか知らなかった」と厳しい。だがその後、高齢で土佐に赴任したこと、そしてその間に有力な庇護者たちが世を去り、地位がさらに不安定になったことで何かが変わった。

ところが今運命の激変によって暗い現実に直面した彼が、そのお得意の「笑」によってこの現実を脱出し克服しようとなると、そこに醸し出される笑は今までよりも一段と複雑で高次な笑となりうるとともに、またこれを成功させるのは一段と困難な業でもあった。（中略）

残念ながら貫之は、『土佐日記』を笑の文学として見事に統一することができなかったようである。日記は後半になればなるほど、笑よりも底流に存する涙と憤りを生《なま》のまま露呈する結果となった。（目崎『紀貫之』、一六一ページ）

『土佐日記』の「涙」についてはすでに述べた。目崎が『土佐日記』の基調の一つとする「憤り」についても述べておこう。とりわけ、都へ着いて留守宅を見て、「聞きしよりもまして、いふかひなくぞこぼれ破れたる。家にあづけたりつる人の心も、荒れたるなりけり」と述べるところは印象的である。留守宅を預かってくれた人に対して、土佐から便りを送る毎《ごと》に金品を送ったはずだなどと怒鳴りつけ、「形ばかりの謝礼はせねばならぬのが忌々《いまいま》しいなどと」愚痴のようなことまで書いている。

この最後の辺りでは貫之は全く笑どころでなく、心の余裕を失って一途に取り乱した自分の生の姿を暴露し切ってしまったのである。貫之が五ヵ年の土佐在任の間に庇護者をすべて失って落目になった身の上を、この隣人の冷たい仕打ちによってまざまざと見せつけられたとすれば、彼の憤りも同情に値する。（同前、一六四ページ）

世を嘆く隠者の文学に通じるか

だが、ここにこそ深い心情が表されているのではないか。「小宮豊隆氏などは亡児に対する追懐よりもこの『人間の心の頼み難なさや、人間の世の浅ましさ』に対する憤りを『土佐日記』の『内容の中枢』と考えているほどである（「土佐日記の研究」『日本文学講座』第五巻、改造社、一九三四）」（同前、一六四ページ）。目崎は小宮説にある程度、共鳴している。中国から日本にも受け継がれた隠者文学の系譜に入るような側面が、『土佐日記』にもないわけではない。

この「憤り」とその背後にある失意については、「身を要なきものに思ひなし」た『伊勢物語』の主人公を思い起こすのは自然である。実際、『土佐日記』には『伊勢物語』で描かれた惟喬《これたか》親王と在原業平の故地、渚《なぎさ》の院《いん》の一節が織り込まれている。ここは業平が「世の中にたえて桜のなかりせば春の心はのどけからまし」と詠んだ場所だが、『土佐日記』では、今日、ここにいる人がちょうどこの場所にふさわしい歌を詠んだとして、以下の歌が置かれている。

君恋ひて世を経《ふ》る宿の梅の花昔の香《か》にぞなほ匂ひける「（昔の）主《あるじ》（惟喬親王）を恋い慕って年を経てきたこの渚の院の梅の花は、親王御在世の昔と変らぬ香に、今でもなお咲き匂っていることです」。（三谷訳注、八二ページ）

ここには不遇をかこちつつ、無常を嘆き、無常を超える何かを垣間見るような表現がわずかながら顔を出しているのかもしれない。

紀氏《きのし》は由緒ある家柄だが、藤原氏がますます勢力を拡大し、菅原道真《すがわらのみちざね》が大宰府に追いやられるようなこの時代である。貫之は若い頃からその才能故に『古今和歌集』の撰者となるなど、文芸面では登用されても、それは権力者の庇護があってのことだった。土佐への赴任とその後の歩みを見ると晩年、不遇に苦しんだのは確かだ。「憤りの文学」に向かう動機は確かにあっただろう。だが、『伊勢物語』とは異なり、『土佐日記』には流離する貴種の姿は見えない。貴種流離を語るよりも他にやるべきことがある、貫之はそう考えて女性の語りという形をとったと考えるべきだろう。

四、悲嘆・無常を描く『土佐日記』と漢文学の隔たり

『土佐日記』における悲嘆と憂憤

日本の文芸が表現する「無常」が「無常観」としての深みを欠いたものになりがちで、「はかなし」と嘆くだけで、移りゆくものを超える何かを仰ぎ見る姿勢を欠き、情緒的な「無常感」にとどまっている——唐木順三の『無常』（一九六四年）はこれを平安王朝文芸の特徴と結びつけて捉えている。その論を受けて、ここでは『伊勢物語』や『土佐日記』が苦難を伴う境遇や死別の悲嘆をどのように受け止め、表現しているかを見ている。

『土佐日記』が悲嘆と憂憤の表現を意識し、そのモチーフを基軸にしようとしたことは確かだろう。都へ帰ってその間に荒廃した邸宅の様子に憤る場面が末尾にあることは前に述べた。大きな喪失による失意を想像させる記述だ。それ以前の場面では、都へ帰ることへの期待感が度々、表出されている。漢詩に「日を望めば都遠し」という主旨のものがあると述べ、「ある女のよめるうた」として次の歌を掲げる。

日をだにも天雲《あまぐも》近く見るものを都へとおもふ道のはるけさ

遠い太陽だが雲のすぐ向こうのように見えるのに、なぜ都はかくも遠いのか、と嘆いている。漢詩であれば、雄大な自然を背景とした悲嘆と憂憤の表現となるものを、和歌で試してみているような趣きである。そもそも都から遠い土佐に赴任して長い時を過ごさざるをえなかったこと、その間に年老いて、いのちの盛りを越えてしまったことへの嘆きも織り込まれている。

今見てぞ身をば知りぬる住《すみ》の江《え》の松よりさきにわれは経《へ》にけり

三谷榮一の現代語訳では以下のようになる（『土佐日記　付現代語訳』、七七ページ）。

（この住吉の松こそ年を経たものと思っていたのだけれど）、今（相も変らず青々とした松を）見て、始めて、土佐にいた数年の間にすっかり（白髪の老人になってしまった）この身を知ったことです。住吉の松よりも前《さき》に、私は年老いてしまったんですねえ。

赴任地、土佐からの帰還の船旅を描いた『土佐日記』だが、そもそも土佐赴任が大きな失意の要因だったという推測もある。江戸時代の国学者、富士谷御杖《ふじたにみつえ》はそもそも遠流《おんる》の地である土佐の国司に任ぜられたということが、紀貫之にとっては「深き歎息」だったのだろうと推測している（目崎『紀貫之』、一四四ページ）。貫之は「この憂悶《ゆうもん》を洩《も》らそうとしたが、憚《はばか》るところがあって故意に女の所為にかこつけた」というのが富士谷御杖の捉え方だ。

文学者、紀貫之に欠けているもの

だが、目崎徳衛は貫之の土佐赴任は左遷というほどのものではなかっただろうと捉える。それよりも、若年にもかかわらず、勅撰の『古今和歌集』の編纂に、また「序」の書き手に指名された、その幸運な環境の喪失が大きかったのではないかという。安定した治世を導いた醍醐天皇、宇多法皇、庇護者であった藤原兼輔《かねすけ》、藤原定方《さだかた》らが相次いで世を去っていった。五九歳で土佐の国司として赴任し五年を当地に過ごしたが、その間に貫之は宮廷社会での足場を失い、地位が不安定な晩年を過ごすことになった。この境遇の悪化が、文学的な成長をもたらしたと目崎は論じている。「しかし余りにも順調な経歴と恵まれた才能は、彼をして人生の表面を上滑りさせ、立ち止ってその底をのぞき見るべき文学者の責務を怠らせた。もし彼に晩年のあの夢敗れた幾年かが無かったら、彼はほとんど太平の逸民として終るばかりであったろう」（同前、一一九ページ）。『古今和歌集』にもっとも多くの和歌が収録され、その「仮名序」によって、和歌の美学の基盤を作ったとされる紀貫之だが、「人生の表面を上滑り」した「太平の逸民」というのは厳しい評価である。だが、珍しいものではない。正岡子規が『歌よみに与ふる書』で与えた「貫之は下手な歌よみにて、古今集はくだらぬ集に有之候」（『歌よみに与ふる書』岩波文庫、一九五五年、八ページ）という評価は、目崎の『紀貫之』の冒頭に引かれるとともに、大岡信の『紀貫之』（ちくま学芸文庫、二〇一八年／初刊、筑摩書房、一九七一年）の冒頭にも引かれている。大岡信はそれに関わって、子規の「芭蕉雑談《ぞうだん》」での高い芭蕉評価にもふれている。子規は芭蕉のうちに「雄渾《ゆうこん》豪壮」の要素を見出し、特筆すべき偉大さだという。

美術文学中、尤《もっとも》高尚なる種類に属して、しかも日本文学中尤之《これ》を欠ぐ《ママ》者は雄渾豪壮といふ一要素なりとす。和歌にては『万葉集』以前多少の雄壮なる者なきにあらねど、『古今集』以後(実朝一人を除きては)毫《ごう》も之を見る事を得ず。(中略)而《しか》して松尾芭蕉は独り此間に在《あり》て豪壮の気を蔵《こ》め、雄渾の筆を揮《ふる》ひ、天地の大観を賦し、山水の勝概を叙し、以て一世を驚かしたり。(正岡子規「芭蕉雑談」『獺祭書屋俳話《だっさいしょおくはいわ》・芭蕉雑談』岩波文庫、二〇一六年、一八七―一八八ページ)

子規があげている芭蕉の「雄壮なる句」には、以下のようなものがある。

五月雨を集めて早し最上川

あら海や佐渡に横たふ天の川

塚も動け我泣声は秋の風

これはまた、漢詩や山水画の世界をも彷彿《ほうふつ》とさせるものだが、第2章でもふれたように、芭蕉は『おくのほそ道』の冒頭などで、李白などの漢詩の世界を度々参照している。また、子規の貫之批判に先立って、与謝野鉄幹は「王朝の文漫《みだ》りに綺麗《きれい》を喜び、気魄《きはく》・精神、一の丈夫《ますらお》らしきものなし」と『古今和歌集』以来の王朝文芸全体を批判していたことを、目崎は指摘している(目崎『紀貫之』、一ページ)。

王朝文芸を漢詩との対比で捉える

子規や鉄幹の王朝文芸批判や紀貫之批判は、漢詩の世界と対比したときの平安期の和歌や物語や日記文学総体への批判と見ることもできるだろう。これについて、中国文学研究者の吉川幸次郎に依拠しながら、大岡信は次のように述べている。

中国の詩の成立の条件には、必ずといっていいほど、慷慨《こうがい》の志があるといわれる。吉川幸次郎氏はこの慷慨を、大略「社会的連帯感を中心として、人類の運命に対する感覚である」という風に定義し、花鳥風月を詠ずる場合も、どこかにそれがかげろわないと、中国では詩にならない。しかるにわが国では、すでに懐風藻《かいふうそう》においてさえ、慷慨の志が詩の中に表現されることはきわめて乏しかった、と指摘する。慷慨の詩は稀れに、しかし反面、中国の詩に乏しい恋愛詩ないしは艶体詩は、文華秀麗集《ぶんかしゅうれいしゅう》における春閨怨《しゅんけいえん》、闘百草《とうひゃくそう》のごとき秀作にその早い例を見うるように、きわめて多かったというのが日本の古来の詩の特徴であって、そこで、「恋の歌の多きぞ、みくにの心なりける」（本居宣長）という言葉には深い根拠がある、ということにもなるのである。（大岡『紀貫之』、一四五ページ）

『懐風藻』は序文に七五一年とある漢詩集、『文華秀麗集』は嵯峨天皇の勅命により八一八年に編纂された勅撰漢詩集である。男女の愛について多くを語る日本の詩歌、とくに和歌の世界の対極にあるのが漢詩の世界、なかでも唐の詩人たちの作品である。吉川幸次郎はこう述べる——「唐人の詩をもって、中国の詩の最高頂とする認識は、唐のすぐ次の時代である北宋の時代に至って、はやくも定まったように見うけられる。王安石、蘇軾《そしょく》、黄庭堅《こうていけん》は、みな十一世紀の後半、つまり北宋の中心となる時代、それを代表する詩人として、みずからを意識したであろうが、彼等は、みな杜甫をもって、古今未曽有の詩人とする。尊敬は杜甫の周辺の唐詩一般にも及んだであろう」(吉川幸次郎著・高橋和巳編『中国詩史』下、筑摩書房、一九六七年、五ページ)。

悲嘆と憂憤の詩人、杜甫

吉川幸次郎の漢詩についての論述と、それを援用する大岡信の紀貫之についての論述を理解するために、ここでまず杜甫の「兵車行《へいしゃこう》」という詩を吉川幸次郎の現代日本語訳(「戦車のうた」)によって引くことにしたい(『世界古典文学全集 第28巻 杜甫I』筑摩書房、一九七二年、三五―三六ページ)。

車はからから
馬はひんひん
いくさ人は弓矢をそれぞれ腰に
ちち はは 妻 子 かけあしの見送り
塵たちこめて 咸陽《かんよう》の橋も見えぬ
上衣ひっぱり 足ぶみしつつ 道に立ちはだかってなげけば
泣き声まっすぐ大空につきいる
道のべを通りかかった男 兵士に問いかければ
兵士はいう たびたびの召集令

十五で北方黄河の防備
四十にとどいて西方の屯田
国を出るとき　庄屋どん鉢巻しめて下さったが
帰郷すれば白髪あたまで又もや国境守備
国境の城に流れる血　わだつみの水となれど
大元帥陛下　拡張政策のおぼしめし　なおつづく
（中略）
それにまた今年の冬はじゃ
陝西《せんせい》部隊　帰休もまだなに
おかみはせっせと税のさいそく
税はどうしてうみ出すのか
ほんまにそうじゃ　男の子を生むのは損
女の子の方がまだまし
女の子はまだしも近所に嫁にゆく
男の子は行方不明で雑草のなかま
ごらんロプ・ノールのあたり
昔しからの白骨　拾おう人もなく

新しい亡者はむつかり　古い亡者は泣き
空くらく　雨しめって　声むせぶ

「咸陽の橋」は首都長安と対岸の咸陽県の間の渭水《いすい》にかけられた橋で、出征兵を家族が見送る場となっていた。「ロプ・ノール」は「青海」を訳したものだが、巨大な塩湖である現在の青海省の青海湖とは別に、それより北西のタリム盆地、現在の新疆《しんきょう》ウイグル自治区にかつてあった塩湖が、あるかなきかの「さまよえる湖」として知られる。数千キロを隔てたはるかに遠い長安から出征した貧しい農民たちの軍隊（陝西部隊）が、「白骨」と「亡者（新鬼・旧鬼）」となってさまよう荒涼たる光景が描かれている。もちろん玄宗《げんそう》皇帝の統治に対する怒りと深い悲しみを表出した作品である。

国破れて山河あり

よく知られている「春望《しゅんぼう》」（吉川幸次郎は「春のながめ」と訳す）という詩は、安禄山《あんろくざん》の乱で玄宗皇帝が長安を逃げ出す時期の作である。その時、杜甫は四五歳だが、仕官は解かれたものの家族と別居して長安にあった。やがて賊軍の支配する長安にあって、楊貴妃《ようきひ》の死と玄宗の退位を知ることになる。この詩は吉川の現代語訳と読み下しの双方を引く。

みくに　ただれはて　あるは山川
都　春なるに　草木はびこる

うたての時節や　花　ほろほろと涙し
人やいずこ　鳥も心おののく
のろしの火　弥生《やよい》にもやまず
妻のふみ　億のあたいよ
しらがあたま　かきむしるほどに　ぬけまさり
かんざし　うけとめん　すべもなしはや

国破《くにやぶ》れて山河《さんか》在り
城春《しろはる》にして草木《そうもく》深し
時に感じて　花　涙を濺《そそ》ぎ
別れを恨みて　鳥　心を驚かす
烽火《ほうか》　三月《さんがつ》に連なり
家書《かしょ》　万金に抵《あた》る
白頭《はくとう》　掻けば更に短く
渾《す》べて簪《かざし》に勝《た》えざらんと欲す（『世界古典文学全集　第29巻　杜甫Ⅱ』筑摩書房、一九七二年、八〇ページ）

失意と老い、そして子の死を嘆く

世の不合理を厳しく批判し民の嘆きに共鳴するような初期の詩と、短い期間の仕官を解かれて家族を引き連れて旅する日々、また束の間の安定を得る時期と、作品の趣は変わっていく。だが、どの環境にもうまく適応できず、つねに新たな不平・憂憤を抱え込むに至る。吉川はこう評している。「こうした性格は、新しい文学的真実を、みずからの力によって切り開いてゆく詩人としては、至って適した性格であり、杜甫の詩の偉大さは、そこから生まれている。しかし政治家としては適しない性格である」(『中国詩史』下、七四ページ)。

政治的な関心が強く、よき社会への高い志がある。ところが、それが実現せず、悲しみ嘆き続ける人生であった。「しかしここにこそ杜甫の誠実な心がある。人間へのひろいあたたかい愛がある」(同前)。そこに、杜甫が抱き表現した悲しみの特徴があった。

しいたげられたものの苦しみ、それこそ杜甫がその一生を通じてうたいつづけたものであった。或いは個人的な悲しみを歌うに似る詩も、悲しみは、おなじ悲しみをもつ人人の上にひろがる。杜甫には、長男の宗文、次男の宗武のほかに、もう一人男の子があり、それは安禄山の戦乱のさなかに、栄養不良でなくなった。その時の杜甫の慟哭《どうこく》は、悲痛をきわめる。

　愧《は》ずる所は人の父と為りて
　食無くして夭折を致さしめしを

しかし慟哭はすぐすべて世の不幸な人人の上をつつむ。おのれはまだよい、納税の義務も

なければ、兵役の義務もない。失業の徒と遠戍《えんじゅ》の卒の苦しみはいかばかりであろうと、その詩はむすばれる。（同前、七五ページ）

政治と哲学と文学の三位一体

「中国に於ける人間の進歩、それに一つの時期を劃《かく》した人物、それは杜甫であったと、私は考えている」と吉川幸次郎は捉えている（同前、七八ページ）。その作品の多くで、「無常」や「悲嘆」が主題となっており、それがまた広く社会的な共感の基盤ともなっている。そこに杜甫の世界があるが、それこそがまた漢詩の伝統の最高峰とも見なしうる。吉川はそのことを強く意識しながら杜甫の世界の理解に多大なエネルギーを注いでいる。

「詩聖」とよばれる杜甫個人に際立って見られる特徴が述べられているが、これは唐の時代に明確になった漢詩文学全体の特徴の一つの表れである。その漢詩文学全体の特徴について、大岡は吉川に依拠しながら「述志《じゅつし》」とか「慷慨の志」と述べていた。吉川のテクストによって述べよう。『中国詩史』上（高橋和巳編、筑摩書房、一九六七年）の冒頭に、また、『中国文学入門』（講談社学術文庫、一九七六年／初刊、弘文堂、一九五一年）にも収録された「一つの中国文学史」で、吉川は「おおむねの時代において、文学は、人間生活の必須の部分と意識された」という。「少くとも知識人は、文学への参与を、必須の資格とし、任務とした。読者としての参与にはとどまらない。作者としての参与である。ただし、並行した条件があった。政治への参与、哲学への参与が、同時に知識人を資格づける任務として要請され、それらとあいならんで文学制作への参与が、三位一体的に要請されるのであった」（『中国詩史』上、八ページ）。

こうした要請は、官吏登用の制度、科挙とも深く関わっている。科挙の制度は、漢の時代に萌《ほう》芽《が》し、宋の時代に整備されたものだが、政治論、哲学論とともに詩が出題されるのを常とした。「かくて政治に参与するものは、必ず文学に参与すべきであり、逆にまた文学に参与するものは、政治に参与すべきであった。少くとも政治への意欲をもつべきであった。李白、杜甫、みな政治へのはげしい意欲をもち、白居易《はくきょい》、韓愈《かんゆ》、欧陽修《おうようしゅう》、王安石《おうあんせき》、蘇軾《そしょく》は、詩と散文の大家であるとともに、国家の重臣であり、それぞれの時代の文学と政治を、同時に指導する『巨公』であった」（同前、八ページ）。

悲嘆のテーマに近づいた『土佐日記』

紀貫之と『土佐日記』における死別と悲嘆、また老いと憂憤の要素について理解を深めようとして、漢詩の世界にほんの一歩ではあるが、足を踏み入れることになった。『土佐日記』における無常や悲嘆の表現に目を留め、そのちぐはぐさの由来を考えるためだった。だが、本書では、これまですでに何度か、漢詩や漢文学にふれてきていたので、それほど奇抜な寄り道ということでもないだろう。

すでに第2章の三「無常を描き出す宗教文書と文芸」で、蓮如の「白骨の御文」にふれ、それが仏典というよりは漢文学の伝統に関わりが深いことについて述べている。第2章の四「無常観――芭蕉と李白」では、芭蕉と李白の関わりを取り上げた。そこではふれなかったが、芭蕉が杜甫を強く意識していたことも付け加えておきたい。第2章の六「無常を嘆き、受け入れる」では、大伴旅人と山上憶良のやりとりに言及しているが、この両者も漢文学を強く意識しながら、和歌や長歌を創作した人々だった。

だが、漢文学を強く意識して、それとは異なるやまと言葉の文学世界を確立させようとする意欲を強くもった人物として、紀貫之は歴史的な意義ある地点に立っていた。「無常感」というものが、「もののあはれ」とか「幽玄」といった美的概念と関わっていることは唐木順三もよく理解していたが、そうだとすれば『古今和歌集』の「仮名序」と『土佐日記』の作者である紀貫之について、もっと深く論じてもよかったと思われる。大岡信は『紀貫之』の第五章「道真と貫之をめぐる間奏的な一章」の冒頭で、次のように述べている。

「情趣」というものが、その全体に朧《おぼ》ろげな性質にもかかわらず、独立した美的価値となり、時代の感性の形式をも決めてゆき、やがては、もののあはれ、幽玄などと名づけられる繊細きわまる美感に練りあげられていったということは、たぶん、海に囲まれて孤立し、自閉性の強い日本文化に独特の現象であった。／そのような特性が目に見えてはっきりと形成されたのが、平安朝であることには異論はあるまいが、中でも、われらの歌人がその時代の空気に深く浸りつつ成熟していった宇多・醍醐朝は、興味ある位置を占めているように思われる。

（同書、一三七ページ）

宇多天皇が提起した遣唐使の再開だが、菅原道真の建議によって停止された。八九四年のことであり、唐の滅亡は九〇七年である。『古今和歌集』がまとまるのは九一三年から九一四年とされるが、八七二年生まれの紀貫之はまさにこの時期に、和歌に習熟した下級貴族としてその編纂者に抜擢《ばってき》されたのだった。

それは、摂政藤原基経《もとつね》の死（八九一年）から藤原忠平《ただひら》の摂政就任（九三〇年）までのあいだ、約四十年にわたって摂関政治が中断した時代である。その間の天皇親政期に古今集勅撰のくわだてがなされたことは、宇多・醍醐両天皇のいちじるしく文化主義的な傾向とも相まって、撰者時代の歌風にある特殊な耽美主義をもたらしたように思われる。貫之にせよ、他の撰者、歌人たちにせよ、下級貴族でありながら和歌の才ゆえに宮中にしかるべき名誉ある地位を保つことができた。それは、藤原という大勢力が席捲しつつある新しい秩序の中で、束の間ゆるされた文人の小春日和の時代であった。（同前、一三七―一三八ページ、西暦年は島薗が加筆）

漢文学から「国風文化」へと舵を切る役割を負った『古今和歌集』の撰者が、六〇歳を超えた晩年、『土佐日記』（九三四年）では、漢詩になじみ深い、悲嘆や憂憤というテーマに立ち返ることになった――このように見ることもできるだろう。

五、意味深い切実な悲嘆をどう表現するのか

悲嘆表現に踏み込んだ晩年の紀貫之

晩年の紀貫之が女性の記述という形をとって著した『土佐日記』は、子どもの死がもたらした悲嘆というテーマを基軸として叙述されている。これは、日本の文芸における悲嘆や無常観の表現という点からもたいへん興味深いものだ。『古今和歌集』の撰者であり、もっとも多くの和歌が収録されている紀貫之だが、晩年になってそれまではほとんど見られなかった悲嘆や無常、あるいは憂愁や憤りを表現するに至ったことになる。なぜそうなったのだろうか。

富士谷御杖や目崎徳衛らは、土佐の国司に任命され、都から遠い地で数年を過ごさざるをえなかったことへの憤懣《ふんまん》、あるいは政治的な庇護者の死により弱い立場に追いやられたという不運への嘆きが背後にあったと捉えている。これも十分、理解できる。晩年にこのような不遇に見舞われたことが、紀貫之の文芸表現では新たな深まりをもたらしたという評価も広くなされている。

これは、『土佐日記』が流離というテーマを拾い上げているということともつながっている。『伊勢物語』では作品そのものの基礎となっている「貴種流離」に近づこうとした作品とも言え

る。ただ、それにしては、『土佐日記』には「貴種」そのものが欠けている。悲嘆を抱えた主人公が見えない。それは語り手を女性に仮構したことと深く関わっている。そのために悲嘆や憂愁が主体を失って漠然としたものになっている。富士谷御杖のように、作者がわが身を隠す意図的な韜晦《とうかい》とする解釈が出てくるのもうなずける所以《ゆえん》だ。

『土佐日記』における漢詩への言及

それにしても、なぜこうした形であえて悲嘆の表現にこだわったのだろうか。このような問いを抱いて『土佐日記』を読み直すと、そこに何度か漢詩への言及があることに気づく。まず最初は、土佐を旅立つときの新任の国司の館でのやりとりだが、「唐詩《からうた》、声あげていひけり。和歌《やまとうた》、あるじもまらうども、こと人もいひあへりけり」とある(三谷訳注『土佐日記』、一二ページ)。そして、漢詩は女の自分は書き記すことができないので、和歌のみを記すとして留《とど》まる側と去る側の和歌のやりとりが記される。

船旅も半ば以上をすぎた一月二七日の条には、「唐詩に『日を望めば都遠し』などいふなる言《こと》のさまを聞きて、ある女のよめるうた」として、次の和歌を引いている(同前、三一ページ)。

日をだにも天雲《あまぐも》近く見るものを都へとおもふ道のはるけさ

淀川を上り都が近づいていくとき、亡くした子どものことを思い出す場面については前にもふれた。母親は「なかりしもありつつかへる人の子をありしもなくて来るが悲しさ」と和歌を口にして涙を流すし、「父もこれを聞きて、いかがあらむ」と共鳴しているさまが描かれる。続いて詩歌論のような一節が続く。三谷榮一の現代語訳を引くと、「このような亡き子を慕い歎《なげ》くことにしても、そういう歌にしても、好きだからと言ってできるわけのものでもありますまい。唐土《もろこし》に於ても日本に於ても、心の思いに耐えぬ時のなせるわざとか（いうことです）」と述べている（同前、八二ページ）。

この一節は紀貫之が執筆したとされる『古今和歌集』「仮名序」の冒頭の「やまとうたは、人の心を種として、よろづの言の葉とぞなれりける」（高田祐彦訳注『新版 古今和歌集 現代語訳付き』角川ソフィア文庫、二〇〇九年、八ページ）以下の、和歌論を思い起こさせる。この「仮名序」もまた、中国の詩論の伝統を踏まえたものである。

菅原道真から紀貫之へ

以上の例からも見えてくるように、『土佐日記』が漢詩を強く意識した歌物語であることは明らかだ。そもそもこの歌物語の書き出しの、「男もすなる日記《にき》といふものを、女もしてみむとて、するなり」という一節だが、漢詩にかわって、あるいは対抗しつつ、やまと言葉で表現しようという意図をくみとることもできるだろう。そうだとすると、『土佐日記』が子どもの死を題材として悲嘆や憂愁を表現しようとしたのは、漢詩における悲嘆や憂愁を、和歌としてではなく歌物語という形でなら表現できるという考えがあったのではないだろうか。漢詩では悲嘆や憂愁は重要なテーマであり、詩聖杜甫はその表現の代表的存在だ。だが、和歌では深刻な悲嘆や憂愁の表現はあまり目立たない。紀貫之は和歌だけでは十分に表現できなかった悲嘆と憂愁を、和歌と散文を組み合わせた歌物語の形式によって表現しようと試みたのではないか。

　ここで、菅原道真（八四五―九〇三）のことを思いうかべるのは自然なことだろう。紀貫之が勅命で『古今和歌集』を編纂したのは、菅原道真が左大臣藤原時平《ときひら》のたくらみによって大宰府に流され、やがていのちを失ったすぐ後のことである。数年後には、菅原道真の怒る霊の祟《たた》りと噂される疫病や落雷が朝廷と政権の頂点にあった藤原氏を襲うことになり、祟る霊が救いの神に転ずる「御霊《ごりょう》」として天神信仰が広まっていく。大岡信は『詩人・菅原道真』（岩波文庫、二〇二〇年／初刊、岩波書店、一九八九年）で次のように論じている。

> 菅公の御霊の祟りにおののく人々の間で新たに生じたのは、表現手段そのものの大変化、そして道真を巨頭とする古代的な漢詩文全盛期の、あっというまの凋落《ちょうらく》という新しい状況でした。／表現手段そのものの大変化とは何か。漢詩文に代る大和言葉文芸の急速な勃興と覇権の確立にほかなりません。道真に代って紀貫之の時代が、踵《きびす》を接して始まります。実際、道真が大宰府で亡くなってから僅か二年後の延喜五年（九〇五年）、最初の勅撰和歌集『古今和歌集』が、紀貫之らによって撰進されたのです。劇的、というのはこういう場合に使うべき言葉でしょう。（同書、一七九ページ）

わが子の死を嘆く「阿満を夢みる」

紀貫之が漢詩について語るとき、白居易など当時名高かった唐の詩人たちとともに、菅原道真を意識しなかったはずはない。その道真がわが子の死を題材とした漢詩を作っている。「日本文学の中でも稀有な彫りの深い哀傷文学である」（川口久雄校注『〈日本古典文学大系72〉菅家文草《かんけぶんそう》　菅家後集』岩波書店、一九六六年、「解説」三〇ページ）と評される「阿満《あまろ》を夢みる」という二八行に及ぶ長詩である。

道真は家筋は恵まれていないが、大陸との交渉で頭角を現し、学力がとくに優れているが故に宇多天皇に見込まれ、若くして地位を高めた官僚だった。ところが、三九歳のとき（八八三年）に三番目の七歳の男子を喪《うしな》い、次いでその弟も喪った。その悲嘆を表現したものだ。冒頭を漢文と読み下しで記すと次のようになる（同前、二〇〇ページ）。

阿満亡来夜不眠
偶眠夢遇涕漣漣
身長去夏余三尺
歯立今春可七年

阿満亡《し》にてよりこのかた　夜も眠《ねぶ》らず
偶《たまたま》眠れば夢に遇《あ》ひて　涕漣〻《なむだれんれん》たり
身の長《たけ》　去《い》にし夏は三尺に余《あま》れり
歯立《よはひ》ちて　今《ことし》の春は七年なるべし

七歳というこの年齢ですでに学問にいそしみ、唐の駱賓王《らくひんおう》の作った「帝京篇《ていけいへん》」を暗誦もしていた。ところが病にかかり、一〇日間は薬で痛みを抑えたが、無常の風がその魂を九泉《きゅうせん》（黄泉《よみ》）の大地の底へと引きこんでいってしまった。以下は、大岡信の現代語訳で示す（『詩人・菅原道真』、九九―一〇一ページ）。

あの日以来　私は神を怨《うら》み　また仏を怨んだ
地もなく天もない暗闇が私をいきなり襲ったのだ
われとわが両膝をつくづくながめ　みずからを嘲《あざ》けるばかり
何たる悲しさ　おまえばかりか弟まで夭折《ようせつ》したのを葬ったのだ

　阿満について、その小さな弟も死んだ。

老莱子《ろうらいし》は　老いてなお珠を含む貝のさだめを悲しみ
荘子は　今を盛りと鳴きしきるひぐらしの抜け殻を集めて泣いた
ああどうして堪えられよう　おまえを呼んでは探しまわる幼い妹の姿
ああ忍びがたい　おまえのおっ母さんが　身も世もあらずおまえを憐れみ哀しむ姿
はじめはただ軽い腹いたが続いただけだったのに
どうしたわけか　急激に　煎《い》るような痛みに変った
桑の木の弓はまだ戸の上に　蓬《よもぎ》で作った矢も一緒だ
竹馬は垣根のほとりに　葛《くず》の鞭《むち》をも添えてある
庭には芽ぶいている　おまえが戯れにまいた去年の花の種が
壁には残っている　勉強した習字の横に加点した紙
話したり笑ったりする面影は　今もそこにまざまざと在るが

うつつに動き回るのを見たいと願えば　すべてたちまち虚《うつ》ろそのもの
おまえの行手は須弥山《しゅみせん》　十万億土の旅にはきっと迷うだろう
あの世で生まれ変る時　三千世界はまっくらだろう
南無観世音菩薩
わが児をお護りください　ぶじに大きな蓮《はちす》の上に坐らせたまえ

事実を描き、心情を吐露する

『〈日本古典文学大系72〉菅家文草　菅家後集』の注を見ると、多くの詩句は中国の古典を踏まえていることがわかる。「桑の木の弓はまだ戸の上に　蓬で作った矢も一緒だ」というのは、それで阿満の誕生を祝ったことを思い起こしているもので、『礼記《らいき》』に典拠があるという。「竹馬は垣根のほとりに　葛の鞭をも添えてある」というのは、阿満が竹馬とくずで作った鞭で遊んだのを思い起こしている詩句だ。

「老莱子は　老いてなお珠を含む貝のさだめを悲しみ／荘子は　今を盛りと鳴きしきるひぐらしの抜け殻を集めて泣いた」とあるところは難解とされてきた。老莱子は七〇歳になっても子どものように振る舞って死んでいる親を喜ばせたという伝説がある人物で、老子と同一だともされる。その老莱子や荘子ははまぐりに含まれている珠やひぐらしの抜け殻に、生き物の悲しみを見たということが想起されているらしい。中国古典の知識があれば、詩句の理解はいちだんと深まるが、それがなくとも十分に心に響く詩句である。七歳で世を去った阿満の姿と、その子に注がれた父親の愛情の深さが自ずから伝わってくる。

大岡信は、このように事実を描きつつ、そこに作者の心情が吐露されて、読者の共感をよぶというのは漢詩に特徴的な表現様式だとする。これは『詩経《しきょう》』以来の中国の詩論で、「述志」とよばれるものに対応している。『詩経』「大序」（毛詩大序）に「詩は志の之《ゆ》く所なり。心に在《あ》るを志と為《な》し、言に発するを詩と為す」とあり、「志」とは対象に向き合い、ある方向性をもった心のあり方だとすれば、それを言葉に表すのが詩であり、主体の意志を明確にするものということになる。

気分を伝える和歌と漢詩の述志の違い

他方、和歌の世界は気分を伝えることに主眼があって、事実関係と主体の存在のどちらもが表象されにくい。

和歌は究極のところ、「人間」を示すよりは「気分」そのものを示そうとします。これに反して、漢詩は、「気分」よりは、それをそのような気分としてあらしめている諸条件を背負った「人間」そのものを示します。そのため、後者にあってはすべての描写が「事実」の積み重ねを当然のこととして伴い、修辞の力はあげてそれを成功させるために動員されます。（中略）漢詩の修辞にあっては、和歌の修辞に比して遥かに「事実」の領域に接近してみえる描写的表現が用いられるにもかかわらず、まさにそれが事実らしく見えるようにするために、表現に虚構と誇張が仕組まれざるを得ないのです。（『詩人・菅原道真』、七四—七五ページ）

このように叙事的な表現様式をとることによってこそ、作者の直接的な叙情がなされるというのが漢詩の特徴だと大岡は捉える。これが「述志」を旨とする漢詩の特徴だという。

「述志」の詩は、それが詩として人の心をうつ場合には、一般的に言って「直情」の表現を伴っていると見ることができると思いますが、大和ことば系統の詩歌伝統における「直情」の表現は、もっぱらプライヴェートな情熱の発露としての「恋うた」の分野に集中的に見られ、対社会の、多かれ少なかれパブリックな批判や主張の分野に属する表現は、厖大な量の詩歌作品全体との比率でいえば、これはもう極端に少ない、ほとんど無きに等しいほどだったといわねばなりません。（同前、七六ページ）

住民の苦難を憂え、統治の現状を問う

「述志」の詩の特徴がより独自性をもって現れている例は、道真が讃岐国司に赴任していた四〇代前半（八八六—八九〇）に作った「寒早十首」だろう。寒さと貧しさを念頭に地域住民の生活を描き、ひいては統治の現状への批判を含んだものである。その第一首を大岡信の現代語訳で示す（同前、一二八ページ）。

どんな人に寒気は真先にこたえるか

寒気は早い　逃亡先の他国から突き戻されて還った浮浪者
戸籍を調べ直しても　そんな新規の舞戻りの名は見当らない
名をたずねては　どこの出の人間なのか推量する
土地は瘠《や》せて　実りは乏しい
右往左往の暮らしのため　骨も貧弱
慈悲ある政治でつなぎとめねば
浮浪逃散《ちょうさん》さだめし頻《しき》りであろう

社会問題を理解し、貧困に苦しむ人々の状況を視覚化し、政治の役割の認識を求めている。近代の社会派詩人につながるものがここにある。だがそれは、古くからの漢詩の伝統に連なるものでもある。政権批判とも受け止められかねず、後の道真の左遷につながるものを読み取ることもできるだろう。第五首は次のようなものだ（同前、一三二ページ）。

どんな人に寒気は真先にこたえるか
寒気は早い　薬草園の園丁に
かずかずの薬草を　高貴薬また然《しか》らざるものに弁別する
いずれ賦役の義務ある身はこの労働で徭役《ようえき》を果たす
時充てば　薬草採りはお手のもの
だが自ら病魔に冒され貧に落ちても　薬草は高嶺の花

わずか一本　ほんの一分一厘が欠けていても
鞭打ちの刑は苛烈をきわめる

道真の漢詩の世界との距離

大岡によれば、この詩句は社会の支配の仕組みが見えていないと書けないものである。支配の仕組みに参加しながら、それがもたらす抑圧的なものを見抜いてそれを表現している。潜在的に中央集権国家の体制批判となりうる認識をもっており、中国の詩人の伝統に通じるとともに近代日本の知識人にも通じるものだろう。このような特徴をもった詩人は近代以前の日本においてはほとんど見当たらない。大岡信はそのように捉えている。

「阿満を夢みる」と「寒早十首」は個人的な題材と社会的な題材を取り上げていて、その意味で異なるタイプの作品であることは確かだ。だが、どちらも人の苦難や悲嘆を正面から見据えて、それを嘆き憂える心情をうたい上げるという点ではあい通じている。それは「述志」の詩の様態としては珍しいものではない。

そして、それはまた和歌では表現しにくいものだった。では、歌物語ではどうか。『伊勢物語』にはそうした要素がいくらかはなかっただろうか。『土佐日記』はどうか。土佐に赴任した紀貫之は、讃岐に赴任した菅原道真の漢詩作品をまったく意識しなかっただろうか。大岡信はこれについて次のように述べている。

もう六十を過ぎた齢になっての遠国暮らしの身では、とても道真の行動力や批判的知性を期待するわけにいかないだろうと思いますが、彼が任果てて帰京後に書いたあの『土佐日記』には、五十余日の船旅の間に生じた身辺の出来事の、それはそれでなかなか面白い、虚構をもかなり含んでいるであろう記録はあっても、土佐守在任中のまつりごとに関する記事は皆無に等しいのです。（同前、一三三ページ）

これは紀貫之の政治的地位の低さにも関わりがあるだろう。だが、また漢文・漢詩と和文・和歌の言語形式の違いにも由来するものではないか。大岡信はそのように論を進めていく。

それはそれで納得できる論の運び方だが、紀貫之はそのことをある程度、意識した上で、漢詩で大きな位置を占めている悲嘆や憂愁の側面を、歌物語という形で、それも女性の語りという工夫をすることによって表現しようと試みたのではなかっただろうか。その試みの意義については、後代の文芸との関係などにも注意しながら考え直していく必要があるように思える。

詩論が示す違いの自覚

興味深いことは、紀貫之が漢詩を強く意識して和歌の特徴を捉える際、悲嘆や憂愁や憤りの要素の欠如を、早くから意識していたように見えることだ。紀貫之が中国の詩論を強く意識しながら、和歌の意義や特徴を示そうとして記した『古今和歌集』の「仮名序」を見てみよう。その冒頭部はすでに一部を引いたが、ここではその先まで高田祐彦の現代語訳で引く（『新版　古今和歌集』、二八ページ)。

和歌は、人の心を種として、多くのことばとなったものである。この世に生きる人は、関わり合う事柄がまことに多いので、心に思うことを、見るものや聞くものに託して歌にするのである。花に鳴く鶯《うぐいす》や、水に住む蛙《かえる》の声を聞くと、すべて生あるものは、どれが歌を詠まないなどということがあろうか。力をも入れずに、天地を動かし、目に見えない霊に感じ入らせ、男女の仲をもうち解けさせ、荒々しい武士の心をもなぐさめるのは、歌である。

ここで和歌は動物の美しい鳴き声をモデルにして、愛や調和の働きに関わるものとして捉えられている。他方、漢文で書かれた「真名序」の対応箇所は、やや異なった内容になっている(藤井貞和「仮名序」、増田テルヨ「真名序」『一冊の講座』編集部編『〈一冊の講座 日本の古典文学4〉古今和歌集』有精堂出版、一九八七年、参照)。それは、より中国の詩論に近いものであろう。

そもそも和歌というものは、その根を心の地に下ろし、その花を詞の林に咲かせるものである。人はこの世に生きている限り、無為であることはできない。思考は次々に移り変わり、悲哀と歓喜も絶えず変わってゆく。思いは心の中に現れ、歌はことばとして形になる。したがって、安楽に過ごしている者は、その声は楽しく、怨みを抱いて過ごしている者は、その声は悲しいのだ。それゆえ、歌によって思いを述べることができ、憤りを発することもできるのだ。天地を動かし、鬼神を感動させ、人々を教え導き、夫婦の仲を和らげるのに、和歌にまさるものはない。(『新版 古今和歌集』、五〇八ページ)。

この「真名序」にある、「悲哀」「怨み」「憤り」の語が、「仮名序」には欠けている。どちらの序にも関わったが、「仮名序」にこそ貫之の考えが色濃く出ているとされている。『古今和歌集』編纂の段階で、貫之は漢詩に比べて、「悲哀」「怨み」「憤り」の要素が和歌において乏しいことをすでに自覚していたと考えてもよいだろう。『土佐日記』は人間の心情のそうした要素を、紀行文的な歌物語の形ですくいあげようとしたものと見ることもできる。だが、後代の人々の『土佐日記』評価を見ると、それはとても成功したとは言えないものだった。

第4章　無常から浮き世へ

一、散る桜が表す無常感の形成期

悲嘆表現にかわる無常感の表出

唐木順三は王朝文学において情緒的な無常観、つまりは「無常感」の原型が作られ、以後も受け継がれていったと捉える。ここではこの捉え方が妥当かどうか、また、妥当であるとすれば、日本人の死生観のあり方にどのような影響を及ぼしているかを考えようとしている。そのために公式の場面での詩歌が漢詩から和歌へと転換していく時代の悲嘆の表現について考えている。『伊勢物語』や『土佐日記』において、死や喪失が、また死別の悲嘆がどう表現されているかを見ながら、漢詩における悲嘆、とくに菅原道真《すがわらのみちざね》の漢詩と比べながらその特徴について考えてきた。『土佐日記』の作者であり、『古今和歌集』の「仮名序」の執筆者である紀貫之《きのつらゆき》は、漢詩と和歌の違いを強く意識しつつ、これらの散文を書いたことがわかる。そして、『古今和歌集』「仮名序」では、その冒頭部で漢文の「真名序」にはある「悲哀」「怨み」「憤り」の語に対応するものが見られない。これは、死別の悲嘆や憂愁や悲憤の主情的な表出は和歌には妥当しないと考えたことによるのかもしれない。

では、「仮名序」は悲嘆の要素にふれていないかというと、そうではない。自然の美しさや異性への思いや喜びや楽しみが、和歌が生まれるもとになる経験であることを述べた後、次のように述べている。

また、春の朝に花の散るを見、秋の夕暮に木の葉の落つるを聞き、あるは、年ごとに鏡の影に見ゆる雪と波とを嘆き、草の露、水の泡を見てわが身をおどろき、あるは、きのふはさかえおごりて、時をうしなひ、世にわび、（以下略）。（高田祐彦《ひろひこ》訳注『新版 古今和歌集』角川ソフィア文庫、二〇〇九年、一七ページ）

「鏡の影に見ゆる雪と波」は白髪としわを指している。このあたりから人生の短さを自覚する、つまりは無常を思う表現が続いていく。「露」と「泡」は『方丈記』の冒頭の無常を述べる一節で、「よどみにうかぶうたかた」や「朝顔の露」があげられていたことを思い起こさせる。また、「きのふはさかえおごりて、時をうしなひ」というのは、『平家物語』の冒頭部を思い起こさせるようだ。

知的で美的な技巧に力点が置かれる

続く部分は高田祐彦の現代語訳を引く。

世の中をつらいものと思い、親しかった人も疎遠になり、あるいは松山の波に託して愛情を誓い、野中の水になぞらえて昔をしのび、秋萩の下葉をながめては独り寝をかこち、暁の鴫《しぎ》の羽搔《はが》きの音を数えて来る人を待ちわび、あるいは、呉竹《くれたけ》の節にたとえて世の中の憂さを人に語り、吉野川を引き合いに男女の仲を恨むなどして、歌を詠んできたのであるが、今は、富士山の煙も立たなくなり、長柄の橋も新たに造り直したと聞く人は、歌によってのみ心を慰めるのであった。（同前、三三ページ）

ここには、老いや悲しみ、また、別れや孤独や世の憂さが和歌の重要な主題であることが述べられている。だが、それはいちいち「松山の波」「野中の水」「秋萩の下葉」「暁の鴫の羽搔きの音」「呉竹の節」「吉野川」「富士山の煙」「長柄の橋」と結びつけられており、それらは独特の修辞を理解していないと何を示唆しているのかわからないものである。「富士山の煙」は常に燃えている恋心をたとえ、「長柄の橋」は「長らえるもの」「古びたもの」をたとえるものであり、そのような修辞が味わいとなった歌が『古今和歌集』のなかにあり、そこにこそ和歌の表現の力があることが説かれている。老いや悲しみ、また、別れや孤独や世の憂さそのものが心を動かすような表現として引かれるよりも、知的で美的な技巧に、より多くの力点が置かれているのだ。

移ろい流転する世界の耽美的表現

この美的な技巧への傾斜について、大岡信は「享楽・耽美《たんび》の精神」であり、「譬喩《ひゆ》的世界への傾倒」であるとする。「それは、具体的な自然や事物にじかに接するよりは、むしろ、自然や事物を、自己の心の譬喩として、つまり『心象』として」扱おうとすることだ。恋とか悲嘆とかいう心情も、それ自体として直接的に表出せず、「ひと呼吸おいて観察され、吸収され、再構成されて」て表出される（大岡信『紀貫之』ちくま学芸文庫、二〇一八年、一三一ページ／初刊、筑摩書房、一九七一年）。

たとえば恋も、その成就の絶頂においてではなく、その前後の長い時間の経過においてこそ、じっくりと味われ、「あはれ」と余情によって幾重にも染めかえされて、歌のひとふしとなるのだ。（中略）事実、古今集においても、貫之の歌集においても、恋を得て歓喜する万葉的なよろこびの歌はほとんど姿を消している。（同前）

それはまた、自然界との「親和・融合を、ほとんど本能的に試みようと」し、「自然現象のあらゆる発現、言いかえれば、『季節』そのものを、自己の生命の直接の象徴とさえ見なすに至る」ものだ。「仮名序」では、「かくてぞ、花をめで、とりをうらやみ、かすみをあはれび、つゆをかなしぶ心、ことばおほく、さまざまになりにける」とされる（同前、一二六―一二七ページ）。それはまた、リアルな事物も深い心情も譬喩的表現を通して「味われる」ので、時の流れのなかで相対化されて捉えられることになる。「世界は時間性によって染められ、事物は移ろいの中で生滅し、それ自身移ろいの譬喩となる」（同前、一三二ページ）。「移ろい」は「無常」と相接する想念だ。ここで、大岡はこうした態度と浄土思想との親和性に言及する。

しかし、享楽・耽美の精神と、移ろい、流転の世界観とは、決して対立するものではなかった。その究極の合体こそ、たぶん新来の仏教の浄土思想によって保証されていたものではなかろうか。古今集の歌には、全体的に、移ろうものへのしっとりした親近感があるが、同時に、個人的な悲傷の表現を抑制した、一種の明るさが感じられる。それは、（中略）案外、浄土思想がもたらしたものもそこに大きく働いているのではないかと思われるのである。（同前）

悲嘆の表出よりも配慮ある慰め？

「個人的な悲傷の表現を抑制」ということだが、杜甫《とほ》や菅原道真がわが子の死に際して作った漢詩が現代人の心にじかに響くものをもっているのと対照的である。従兄であり和歌の盟友だった「紀の友則うせたるときによめる」紀貫之の歌がある（同前、一六六―一六七ページ）。

明日知らぬわが身と思へど暮れぬまの今日は人こそ悲しかりけれ（古今集　八三八）

高田祐彦の現代語訳は「明日の命もわからないはかないわが身と思うものの、日の暮れない間の今日は、あの人のことが悲しく思われるのだ」となっている（『新版　古今和歌集』、三六七ページ）。

誰でもが死ぬものだということは分かっており、自分もその身だという自覚はあるが、それでも今日は悲しい、ということだろう。

これについて大岡の興味深い解説がある。衝撃的な死だったはずなのに、「なんという悠長な述懐ぶりか」と大岡は言う（大岡『紀貫之』、一六七ページ）。

しかし、私の想像では、この歌は死に直面しての単なる悲傷の歌ではない。おそらくは、友則の遺した妻あるいは子に送られた慰めの歌だったにちがいないのである。人間の死を、時間の流れの中に位置づけ、対象化し、一般化することによって、その死のもたらす衝撃をやわらげ、かつ慰めようとする配慮が、この歌の調子を決めているのである。（同前）

この解釈はたいへんユニークだが、必ずしもわかりやすいものではない。死のもたらす断絶を和らげ、季節の「移ろい」と接するような既存の情緒秩序のなかに落とし込むことは、「無常観」や「死」が本来含んでいる超越的次元を削ぎ落とすことになる、というのが唐木の捉え方だった。大岡もそのことは承知の上でこう述べているようでもある。どちらかに軍配をあげるべきものではないだろう。

安らぎをもって死を覚悟する

なお、阿弥陀仏の誓願によって西方極楽浄土に往生することを願う浄土教だが、すでに阿弥陀仏への信仰は奈良時代から広まっており、観無量寿経《かんむりょうじゅきょう》に基づく当麻曼荼羅《たいままんだら》のような強く来世を想い祈る図像も早く成立していた。平安時代には比叡山延暦寺で常行三昧《じょうぎょうざんまい》が重視され、八五一年には円仁《えんにん》によって常行三昧堂が建立されている。やがて、空也（九〇三―九七二）が南無阿弥陀仏と唱える称名《しょうみょう》念仏を広め、源信（九四二―一〇一七）が『往生要集』を著し、浄土教の勢いが増していく。

浄土教は死後、極楽浄土に往生できることを約束する信仰で、死への恐れや不安、死別の悲嘆を和らげるのに貢献したと捉えることはできるだろう。『方丈記』や『平家物語』が無常を説く時には、すべての衆生《しゅじょう》を救うという阿弥陀仏の誓願による死後の極楽浄土への往生を信ずることが、無常を超える道だという教えが広い範囲の人々に共有される時代になっていた。紀貫之の時代には、まだ極楽往生の信仰が広く共有されていたわけではないが、仏法による済度《さいど》を前提に無常を意識するという思考回路はすでに多くの人々の支持を得ていたことだろう。

だが、「明日知らぬわが身」という意識は、確かに「無常」が強く意識されるその後の時代を先取りするものかもしれない。ここで興味深いのは、『古今和歌集』は桜の象徴的意味の転換点として捉えることができるという点である。桜と靖国神社と若者の死は、二〇世紀の歴史を通して切り離しにくいものとなり、日本人の死生観に深い影響を及ぼしている。このことを主題化し、日本における桜の美意識の歴史を問うた書物に、米国在住の文化人類学者、大貫恵美子による『ねじ曲げられた桜』（上・下、岩波現代文庫、二〇二二年／初刊、岩波書店、二〇〇三年）がある。

桜の表象の歴史的変化

そこでは、王朝文化を代表する『源氏物語』が主要な対象とされるが、それに先立つものとして『古今和歌集』と『伊勢物語』も扱われている。大貫はその問題意識を以下のように述べている。

私が王朝文化に一章を割く理由は、後世において桜の花の意味・表象としてもっとも重要になる、「若くして死ぬからこそ美しい人生」ということの象徴としての「散る桜の花」が、この時代において明確に現れ、時代を下がるにつけて、階級を越えて日本人の間に浸透していったからである。（中略）この時代の文学に起こった事象と、それが桜の花の象徴的意味へおよぼした影響が、後になって軍事政府が花の象徴的意味を効果的に利用できたことと関係していることには、疑いの余地がない。（『ねじ曲げられた桜』、六七ページ）

「散る桜」の基底には、生命力を表す、より明るい桜の表象があった。たとえば、『万葉集』では萩や梅と比べて桜を題材とした歌は少ないが、その多くで桜は愛と女性を指していて、男性歌人が女性への想いをうたった歌に現れる。エドウィン・クランストンが一九九三年に刊行した英語の日本名詩選集（*A Waka Anthology*）の第一巻では、『万葉集』に現れる桜の「明るいイメージの中に、後年重視された哀れと言う情緒の入り込む余地はない」と断言しているという（同前、五四ページ）。その例として、大伴家持《おおとものやかもち》の次の作品があげられている。表記は多田一臣訳注『万葉集全解7』（筑摩書房、二〇一〇年）で、現代語訳は大貫のものを示す。

桜花今盛りなり難波の海押し照る宮に聞こしめすなへ

（今盛りの桜の花のように、難波の海の照りかがやく宮で〔天皇が〕お治めになる）

こうした桜のイメージは、後世にも受け継がれていて、たとえば歌舞伎ではしばしば花見が見せ場になっている。そして、そこでの桜の花は、人生を無条件に謳歌するものとなっている（『ねじ曲げられた桜』、五八ページ）。

では、平安時代の和歌においてはどうか。『古今和歌集』でも桜が生命謳歌と結びついている例は多々ある。たとえば以下のものだ。表記は高田祐彦の角川ソフィア文庫版を、現代語訳は大貫のものを引く。

花ざかりに、京を見やりてよめる　素性《そせい》法師

見わたせば柳桜をこきまぜて都ぞ春の錦なりける（古今集　五六）

（見渡せば、柳と桜とが交互になって、都が春の錦織となっている）

大貫は「『古今和歌集』において、『満開』の桜が女性や生命力と象徴的に結びつけられ、寿《ことほ》がれていることに疑いの余地はない」と言う（『ねじ曲げられた桜』、六九ページ）。

「散る桜」の主題化

だが、桜の花を詠った七〇首のうち開花から満開までの桜を詠《うた》ったものは二〇首にすぎず、五〇首は満開から落花までを詠っている、と論を進める。そして、「散りゆく」桜と人生の無常を

結びつけた歌、「散りゆく」桜と死とを結びつけた歌がある。まず前者では以下のものなどがあげられている（同前、六九—七〇ページ）。

ひさかたの光のどけき春の日に静心なく花の散るらむ（八四）紀友則

（日の光ののどかな春の日に、落ちついた心もなく、桜の花が散ってしまうのだ）

花の木もいまは掘りうゑじ春立てばうつろふ色に人ならひけり（九二）素性法師

（花の咲く木をもう今後は土を掘って植える事はしまい。春が来ると、咲く花のうつろう色が人の心に移ってしまうからであるよ）

花の色はうつりにけりないたづらにわが身世にふるながめせしまに（一一三）小野小町

（長雨を見ながら、自分の物悲しい思いにひたっている間に、空しくも桜の花の色が褪せてしまった）

後者の「散りゆく」桜と死とを結びつけた歌としては以下のものなどがあげられている。

のこりなく散るぞめでたき桜花ありて世の中はての憂ければ（七一）よみ人しらず

（残りなく散ってしまってこそ桜の花はめでたいのだ。この世ではぐずぐず残っているのは醜いものである）

うつせみの世にも似たるか花桜咲くと見しまにかつ散りにけり（七三）よみ人しらず

（この現世の無常によく似ており、桜の花は咲いたと思ったらすぐ散ってしまう）

これらを引いて、大貫は次のようにまとめている。

右の例によって、『古今和歌集』が編纂《へんさん》された一〇世紀初頭には早くも、貴族の間で、桜の花の象徴的意味に変化の兆が現れたことがわかる。その変化とは、⑴咲く桜から、散る桜への変化、⑵人生のはかなさの隠喩としての散る桜、⑶死を表すものとしての散る桜、である。（同前、七一ページ）

「散る桜」によって無常を代表させる

さて、以上は『古今和歌集』の桜の象徴についての大貫の分析だ。これによると、桜が昭和軍国主義の「潔い死」でもてはやされる端緒が『古今和歌集』にあるということになる。それは「散る桜」の讃美と不可分だ。現代に生きる私たちにとって身近な話題である。今も私たちは「散る桜」に心を動かされる。それはすでに『古今和歌集』の時代に形成されようとしていた美意識であり、現代もなお生きている日本的な死生観に通じるものだろう。

この「散る桜」によって無常を代表させる意識は、中国に模範がある漢詩的な美意識に対して、やまと言葉の芸術としての和歌がその違いを意識し、「仮名序」が示すような独自の美意識を自覚する過程と並行して成立してきたようなのだ。花について言うならば、『万葉集』では「梅」の歌の三分の一しかなかった「桜」の歌が、『古今和歌集』では二倍以上になったとされる。寒さに耐えて咲く梅は漢詩で好まれる主題で、日本では菅原道真由来の天神社や水戸学と縁が深い偕楽園が連想される。漢詩の「落花」もそのような緊張感が漂うテーマだ。社会にあるべきものを示し、義のために戦う姿勢、そうでないとしても超越的なものを志向する姿勢ともつながる。漢詩の「述志《じゅつし》」(『詩経《しきょう》』)という基調とも重なるものである。

他方、華やかではあるが、すぐに散る桜は、力の支配に抗し義を掲げるよりは、むしろ弱さを抱えた者としての断念、「はかない」生き死にから脱することができない者の断念に通じている。その意味では仏教、とりわけ死を強く意識する浄土教と合うようだ——こう考えると、先ほど引いた大岡の示唆に納得できるところがある。

憂愁に閉ざされる心を詠う

同様の視点を示唆している論として、斎藤正二『花の思想史』(ぎょうせい、一九七七年)の『古今和歌集』論を参照しよう。斎藤は『古今和歌集』の桜の歌が示す姿勢の「女々《めめ》しさ」に注目している。斎藤が取り上げている『古今和歌集』の桜の歌で、まだ紹介していないものをいくつかあげよう。

世の中にたえて桜のなかりせば春の心はのどけからまし(五三)在原業平朝臣《ありわらのなりひらあそん》

たれこめて春のゆくへも知らぬまに待ちし桜もうつろひにけり(八〇)藤原因香《よるか》朝臣

後者の詞書《ことばがき》には、「心地そこなひてわづらひける時に、風にあたらじとて、おろしこめてのみはべりけるあひだに、折れる桜の散りがたになれりけるを見てよめる」とある。高田祐彦の和歌の現代語訳は、「御簾《みす》を下ろし家に閉じこもって春の行方も知らないでいるうちに、待っていた桜も散ってしまった」というものだ。「うつろひにけり」というのは、「外の桜も散っているものとあきらめる」ことを示している。たいへん情けない境遇を嘆いているもので、お見舞いを言う他ないような意味内容だ（『新版 古今和歌集』、七二―七三ページ）。

斎藤はこれらについて、「『散る桜』を或いはメランコリックに或いは陶酔後の放心状態で詠みあげたもので、それらは、詮じつめてゆけば〝人間無常〟の厭世感につながることにもな」るようなものだとする（『花の思想史』、一三〇ページ）。そして、次のように続けている。

簡単にいえば、『古今集』の歌人たちの桜に対する精神的姿勢は〝女々しい〟の一語に尽きる。そして、かくのごとくめそめそとして暗い憂愁に閉ざされ、なんだか生きているのが嫌になってしまうような心理状態《サイコロジー》こそ、じつは、日本人の桜花に対座する姿勢の最も正統的な流儀《タイプ》を示すものなのである。（同前）

「しきしまのやまとごころを人問はば朝日に匂う山桜花」と詠った本居宣長《もとおりのりなが》の「やまとごころ」もこの線上で理解されるべきものである。「桜が殺伐とした武断主義思想と結合したのは、文化年間（一八〇四―一八）に平田篤胤《あつたね》・大国隆正など好戦的国学者が唱えだしてから以後のことに過ぎない」（同前）というのが、斎藤の捉え方である。

二、散る桜の歴史、神話から無常へ

桜と死を結びつける個人的経験

私自身もそうなのだが、毎年、その季節になると桜はどこかで見てみたくなる。長く東京に住んでいるので、東京の桜の名所はあちこち訪れている。私が三歳の頃、一九五〇年代初頭に、家族と飛鳥山《あすかやま》に花見にいったときの写真がある。数年前、海外に住む一〇歳ほどの孫と見た淀川べりの桜も懐かしい。父親と見たものでは、金沢城と兼六園の桜、そして父の勤務先の小平《こだいら》の桜の印象が濃い。米国留学中は、子供たちを連れて首都ワシントンのポトマック河畔の桜を楽しんだ。

私の父が亡くなる一年前、私は米国のシカゴに四カ月ほど滞在していた。そこで母からの電話を受けたのだが、父が母と小平の桜を見に行って体調に異常を感じ、白血病の診断があったということだった。その父は西行の桜の歌をよく憶えており、なかでも以下の歌が好きだった。

ねがはくは花の下にて春死なむそのきさらぎのもち月のころ　（山家集《さんかしゅう》上　七七）

父はちょうど一年後の四月初旬に他界した。自宅に遺体が置かれていた頃、裏の家の山桜が散るさなかだったので、父は花の下で死ぬという願いを果たしたように感じた。また、墓地が谷中《やなか》霊園にあるが、この墓地も桜が多く、だいたい彼岸から父の命日の間に満開になる。墓参りと花見をかねることも多い。自動車で墓参りに行くとすれば、その間に都内各地の桜の名所近くを通りもする。

このように花見と墓参が重なり合うのは、大正・昭和前半生まれの世代的経験が関わっているかもしれない。一九二〇年生まれの父とほぼ同じ大正中期生まれの宗教学者、高木きよ子（一九一八―二〇一一）は『西行の宗教的世界』（大明堂、一九八九年）で博士学位を取得しているが、『桜百種――万葉・古今・新古今・山家集』（短歌新聞社、一九七九年）、『桜――その聖と俗』（中央公論社、一九九六年）の著書もある。

私にとっては大先輩であるが、学問的関心に重なりが多く、宗教的表象としての桜について教えられることが多かった。戦争で夫を喪《うしな》い、「桜のとりこに」なった（『桜――その聖と俗』、一一ページ）という高木は、晩年は東京駒込《こまごめ》、六義園《りくぎえん》の桜を見下ろせるマンションで過ごし、そこで亡くなった。

昭和前期の桜と死

『桜――その聖と俗』には、「私が教育を受けた昭和初期には、桜には特別の意味があった」と記されている。「国歌『君が代』とともに国花『桜』はいわば国のシンボルであったから、何かというと桜は引き合いに出されるのが常であった。徽章《きしょう》に桜をつかっている学校もたくさんあった」（同書、八ページ）。続いて、高木は「二輪の桜」に触れている。西条八十作詞で『少女倶楽《くら》部《ぶ》』の一九三八年二月号に掲載されたものだ。

君と僕とは二輪のさくら
積んだ土嚢《どのう》の陰に咲く
どうせ花なら散らなきゃならぬ
見事散りましょ　皇国《くに》のため

君と僕とは二輪のさくら
同じ部隊の枝に咲く
もとは兄でも弟《おとと》でもないが
なぜか気が合うて忘られぬ

君と僕とは二輪のさくら
共に皇国《みくに》のために咲く
昼は並んで　夜は抱き合うて
弾丸《たま》の衾《ふすま》で結ぶ夢

君と僕とは二輪のさくら
別れ別れに散らうとも
花の都の靖国神社
春の梢で咲いて会ふ

後に帖佐裕《ちょうさひろし》が海軍兵学校に在校中にこの「替え歌」を作ったのが、「貴様と俺とは」で始まる「同期の桜」である。同年代の友人たちや戦死した夫を偲《しの》ぶ戦後を過ごした私の父や高木きよ子の世代の人々には、桜に対する複雑な思いがあったと思う。高木は次のように述べている。

桜をしみじみと美しいと感じたのは、敗戦後はじめての春のことである。当時、私は上野にあった帝国学士院（現在、日本学士院）で仕事をしていたが、あの、上野の山をおおった桜に何か不思議なものを見る思いがした。当時の日記を見ると、毎日のように昼休みに桜を見に上野の山を歩いたと記されている。殺伐とした焼け跡の東京ずまいの心を慰めてくれた桜の美しさが非常に印象的であったのだと思う。と同時にこの頃から桜は私の心の中に住みつき出したのかもしれない。（同前、八ページ）

二〇代の半ばであった高木だが、戦争でいのちを失った近親や配偶者、また同年輩の人々への愛惜の念とこのような桜への深い思いは切り離せないものだったと思う。高木は歌人でもあり、五冊の歌集は『花明り』『桜花抄』『桜ふたたび』『夕桜』『桜の雫』と題されている。晩年、俳句に取り組んではいたものの桜をめぐる芸術的創作には縁が薄かった私の父だが、その桜や西行への思いのいくばくかは高木のそれと相通じるものがあったと思う。とすると、私自身の桜好きも生き残りの戦中世代的な感性を受け継いでいないとは言えないことになる。

コノハナサクヤヒメから『源氏物語』まで

高木によると、日本の文献における桜と死の結びつきは、『古事記』や『日本書紀』のコノハナサクヤヒメ（木花開耶姫）の伝説に遡る（『桜百首』、九一一〇ページ）。ニニギノミコト（瓊瓊杵尊、ホノニニギ）が日向《ひゅうが》の高千穂の峰に降臨し、宮殿を立てて後、海浜に出かけると一人の美人に出会った。名前を尋ねると、オオヤマツミノカミ（大山祇神）の娘でコノハナサクヤヒメと答えた。

ホノニニギがオオヤマツミにコノハナサクヤヒメと結婚したいと申し出ると姉のイワナガヒメ（磐長姫）もともに妻にするように求めた。しかし、ホノニニギはコノハナサクヤヒメだけを妻とした。これに対して、イワナガヒメは恥じ恨み、これから生まれる児たちは木の花（木の葉）のように早々と散り落ちるだろうと語ったとされる。イワナガヒメは子どもを産まずに、負の感情によって死をもたらす女神である。死をもたらしたという点では、地下のイザナミとも通じる存在だ。

人間一般の死の起源を説いた神話が、記紀神話のこの箇所にはさみ込まれていると考えられている。コノハナサクヤヒメは桜を指すという証拠があるわけではない。だが、この逸話がやがて桜のうつろいやすさと連想されていったという。「サクヤ」が「サクラ」に変わったという語彙論的な解釈もある。また、ホノニニギは稲穂を連想させるが、桜は稲の豊穣を祈る花とする伝承が広く見られる。ホノニニギとコノハナサクヤヒメのカップルは、稲と桜の組み合わせであり、この逸話に生と死の循環の象徴的表現を読み取るのは自然だろう。

とはいえ、すでに大貫恵美子の『ねじ曲げられた桜』を引きながら述べたように、日本における桜の文学的表現は初めから死を強く意識したものではなかった。万葉集から平安時代の初期までは、桜は死よりもむしろ生命の謳歌と結びついており、そうした桜のイメージは江戸時代の歌舞伎にまで続いていく。現代もこの側面は色濃い。ところが、平安時代を経るうちに次第に桜と死の結びつきが濃くなっていく。九七〇年代生まれとされる紫式部の『源氏物語』には、この変化がよく表れている。

生命肯定とはかなさの表象

『源氏物語』には「あわれ」という語が一〇一八回も出てくるという（『ねじ曲げられた桜』、七三ページ）。この「あわれ」は多義的であるが、「移ろい」や「はかなさ」と結びつくものだ。紀貫之が編纂の中心的役割を果たした『古今和歌集』とも関連が深い。だが、「はかなさ」以前の生命謳歌も桜と結びつく。『源氏物語』で取り上げられる桜は、まずは、愛、若さ、生命のすばらしさを表すものであることが多い。

例えば、「花宴」の帖には、御所で催された豪華花見が描写されている。花見が南殿《なでん》（紫宸《ししん》殿《でん》——島薗注）の前庭で行われた後に、清涼殿で宴が催される。この日は、雲一つなく晴れわたった日で、源氏は「『春』といふ文字をたまはれり」と宣《の》べる。言い換えれば、春を招来するのは源氏の役割なのである。この時、春宮《とうぐう》は、前年の紅葉賀《もみじのが》のおりの源氏の優雅な舞いを思い出し、桜の小枝を彼に手渡すが、これは、光源氏が桜の花と隠喩的関係にあることを意味し、桜の花が愛と生命の謳歌を意味することを示唆している。（同前、七四ページ）

しかし、すぐに散っていく桜のはかなさが取り上げられている例もある。たとえば、光源氏の死後の事態の展開にふれた、宇治十帖の最初の帖、「匂宮《におうのみや》」に見られる。

源氏の死後の雰囲気は、「天の下の人、院（源氏）を恋（ひ）聞えぬなく、とにかくにつけても、世は、たゞ、火を消ちたるやう」だった。人々はまた、源氏の妻であった紫上の死をも深く悼んで、「春の桜は、げに、長からぬにしも、おぼえまさる物となむ」とこの箇所を結んでいる。ここで、桜の花の短命さはこの花の美的価値と明確に結びついている。桜の美しさは、源氏や紫上のように、その短命を前提としているのである。しかし、ここでは、桜の花と死とは直接には結びついていない。（同前、七八ページ）

ここで引かれている箇所を谷崎潤一郎の現代語訳（一九三九年初刊）で引くと以下のようになる。

天《あめ》が下《した》の人々は、一人として院をお慕い申し上げない者はなく、万《よろず》につけて世の中はただ火を消したようになってしまい、何事をするにも張合いがなくなったことを歎かない折はありませなんだ。まして御殿のうちの人々、おん方々、宮たちなどは申すまでもなく、故院のおんことはもちろんとして、またあの紫の上のおん面影《おもかげ》を心にしめつつ、何かのことがあるたびごとに、思い出し給わぬ時の間もありません。春の花の盛りというものは、まことに長つづきがしないところに一段と値打があるのでしょうか。（『潤一郎訳 源氏物語 巻四』中公文庫、一九七三年、二四五―二四六ページ）

「はかなさ」と「あわれ」を描く『源氏物語』

桜が無常観と明確に結合するのは、まだこの時期ではない。桜は確かに「はかなさ」を表す表象として頻繁に用いられるようになっている。だが、生きる意味を「無に帰す」こととしての「死」を明確に意識し、それを超えていく確固たる道の理念と結びつくものとしては、まだ表現されていない。

平安時代の女流作家たちは「はかなさ」にくどいほどに言及している。そして、これが日本的な無常観の基底にあるものだ、と捉えたのが唐木順三の『無常』だった。ここまで紹介してきた大貫恵美子は、桜の象徴的意味という観点から、そのことを確認しているようにも読むことができる。

平安中期までの文学的題材としての桜は、生命の謳歌が基底にあり、しかし、それが十分に持続せず移ろっていく「はかなさ」も描かれる。とくに力ある男性の愛によって幸せが得られるはずの女性たちが、それを失うことの「はかなさ」が嘆かれる。桜もまた、そのような「はかなさ」を象徴するものとして描かれることがある。物語における桜の描かれ方は、ある時期までの和歌における桜の表現とも重なりあっている。「はかなさ」を描いても、死を避けられない人間としての深刻な自覚には至らない。

そして、季節の移ろいと重ね合わせて、愛の充足への期待と喪失の辛さを表現する和歌のやりとりが高位の貴族の知的ゲームとして尊ばれた。技巧をこらしたものも少なくなく、悲嘆の深さが見えないもので、前回見たように耽美《たんび》的と評されることにもなる。色好みの情愛と喪失の詠嘆の表現の競い合いで、「はかなさ」や「あわれ」の表現が実存的な苦悩の表現にまで深まっていない。季節の移ろいの表現に技巧をこらす『古今和歌集』全般に、また中心的な撰者である紀貫之の和歌にそのような傾向があった。『土佐日記』はそのような傾向を超えるべく、子どもの死という痛切な喪失をテーマにすえたが、その悲嘆の主体が見えないという限界を抱えていた。

だが、『源氏物語』では、「はかなさ」や「あわれ」から「無常」への展開がすでに進められていると唐木順三の『無常』は捉えている。これを死別の経験や、地位や都の華やかな生活の喪失、また、愛する存在と生きがいの喪失、それらに基づく悲嘆の表現という観点から捉えると、『伊勢物語』や『土佐日記』に比べて、『源氏物語』は格段に大きな幅と奥行きをもっている。

「はかなさ」「あわれ」を超えるものへ

そもそも桐壺の更衣が苦悩のなかで源氏を産み、死んでいく。源氏はその母の面影を宿す藤壺に、濃密な憧れをもつが、その思いはなかなか満たされない。わずかな接近の機会に、父の妃であるこの藤壺との間で過ちを犯し、東宮が生まれる。源氏が愛する女性たちは、夕顔、葵の上、六条御息所《ろくじようみやすどころ》、藤壺と若くして死んだり、出家したり、世を捨てるように都を離れていく。やがて、源氏自身も権力者である右大臣の娘、朧月夜との情事を見破られ、逃れるように都を離れ、須磨に移り住む。貴種流離《きしゆりゆうり》である。残された紫の上の悲嘆も生彩をもって描かれている。

女性たちがこのように苦悩の人生を強いられるのは、宮廷社会の権力関係のなかで男の愛を得ることに依存して暮らしていかなくてはならないからだ。光源氏がかくも輝かしく魅力的であるのも、その高貴な出自と育ち、それによって得た能力や立ち居振る舞いの卓越によっている。作家、紫式部は個々人の意思や努力を超えたものを、「すく世」「宿世《すくせ》」という言葉で表現する。唐木によると、「宿世またはすく世は、単に『運』とか『運命』とかと同じ意味でも使はれてゐる」。投身した浮舟の一生を、「いと、はかなかりけれど、さすがに、高き、人の宿世なりけり」（蜻蛉《かげろう》）と述べているのはその一例だ。「人におされたてまつりぬる宿世」というように、思わぬ幸いを指すのにも用いられる（『無常』、六六ページ）。これらは要するに「人智を超えた事象の理由づけ」のための用法ということになる。

然《しか》しそれは単に理由づけとしてではなく、その理に従ふべきであるといふ一種の諦観、宿命観をもともなつてゐる。現世を現世内の原因結果の推論だけでは始末することはできない、といふ意味で、超現世的なものがそこにある。（中略）頼みがたく、常なく、定めなき世を超えて、なにか恒常なものを憧れる。人と世の、男と女との仲のはかなさ、たよりなさ、あはれさを美しくはかなく書きつくしてきた『源氏物語』は、最後の十帖において、殊に薫大将といふ中心人物において、それへの憧れを示した。（同前、六七ページ）

思えば、これほどまでに繰り返し、運命にもてあそばれる女性の苦悩を描き続けながら、権力を行使する側の男や、理不尽な苦悩をもたらすものに抗《あらが》う人間、抗おうとする意思についてはあまり描かれていない。これは杜甫に代表される漢詩の「述志」と異なるところである。権力や義を志向する人間の「志」について、『源氏物語』はふれることなく終わるのだろうか。

「はかなし」から「無常」へ

だが、晩年の光源氏が半生をともにした最愛の紫の上の死を嘆き、光源氏の死後の続編というべき宇治十帖において、薫大将が大君《おおいきみ》の死を嘆く場面においてはどうか。唐木は、大君を理想の女性として憧れた二五歳の薫が、その死によって、「世のはかなさを、目に近く見しに、いと、心憂く、身もゆゆしく」おぼえた（「早蕨《さわらび》」）と記されているのに注目している。そして、以下のように述べる。

また、「宿木《やどりぎ》」には、薫の亡き大君に対する思慕のほどが、切々と語られてゐる。そして、思慕の悩みをこの世では断ち切れないから、「仏になりてこそは、怪しくつらかりける、契りの程を、何の報いと明《あき》らめて、思ひも離れなめ」と覚悟して、仏事にこころがけたと書かれてゐる。（同前、六七—六八ページ）

唐木の捉え方では、『源氏物語』のこの側面は、「はかなし」から「無常」への移行を先取りしている。だが、『源氏物語』においては、散る桜が死を象徴するものとして表現されることがまだない。無常の理念が文芸作品に明確に現れるようになるのは院政期であり、戦記物の時代、「兵《つわもの》」の時代である。『保元物語』では「はかなし」「はかなき」の語はほとんど出てこない。かわって、「無常」の語が用いられるようになっている。

たとえば、保元の乱のきっかけとなった近衛天皇（一一三九—五五）の崩御を、「桃顔《とうがん》いまだ春の霞におとろへさせましまさざれども、蘭質《らんしつ》たちまちに秋の霧にをかされて、あしたの露と消させ給ぬ。御年わづか十七歳、おもひあへざりし御事也。人間は老少不定といひながら、禁中みなくれにけり。天下ことごとくばうぜんたり」と描き、「無常のあらしをいかでかのがれさせ給ふべき」と続けている。また、保元元年の鳥羽法皇（一一〇三—五六）の崩御について、「人間は是生《これ》死無常、芭蕉泡沫のさかひなれば」と書き、「無常のさかひ、刹利《せつり》も須陀《しゅだ》もきらはず」としている（『無常』、一〇五—一〇六ページ）。「蘭質」は美しい体を、「刹利」はクシャトリアを、「須陀」はシュードラを指す。漢訳仏典との親しみが前提とされる表現である。

桜の歌が表現する無常

物語に「無常」の語が頻出する時代だが、それはまた和歌における西行（一一一八―九〇）や随筆における『方丈記』の鴨長明（一一五五―一二一六）の少し後の時代でもある。すでに勅撰和歌集では、後白河院（一一二七―九二）の奏覧に供された『千載《せんざい》和歌集』や、後鳥羽院（一一八〇―一二三九）の命で編纂された『新古今和歌集』において、桜と無常を結びつける作品が多く見られるようになっている。

高木きよ子『桜』は「桜への心性」という章で、日本人の桜に対する心情を「充実感」「融合感」「無常感」「神秘感」に分けて論じているが、「無常感」の節には次のような和歌があげられている（同前、一四六―一四七ページ）。

惜しめども常ならぬ世の花なれば今はこのみを西にもとめん（新古今集　一四六四）鳥羽院

世の中を常なきものと思はずばいかでか花の散るに堪へまし（千載集　一〇六六）寂然法師

桜散る春の山辺は憂かりけり世をのがれにと来しかひもなく（新古今集　一一七）恵慶法師

散る花が、死ぬ者としての自覚と、また、死を超え常なきものを超える領域の思念と直結している表現である。仏教の影響は歴然としている。最後の恵慶《えぎょう》法師の歌は、世間の煩わしさを離れ、静かな山辺に来たが、桜が散るのを見て心が揺らぎ、決心した遁世《とんせい》の志が揺らいでしまうという意味の作品だ。

実は、すでに醍醐天皇（八八五―九三〇）の勅命による『古今和歌集』にも無常への詠嘆を表した和歌が収録されている。

うつせみの世にも似たるか花ざくら咲くと見しまにかつ散りにけり（読人しらず　古今集　七三）

この歌は確かに無常を主題としているが、その表現は抽象的で死を強く意識したり、出家・遁世を覚悟したりする風ではない。平安時代の中期から後期にかけて、この世の限界を理念的に受け入れ、死を強く意識しつつこの世の彼方《かなた》へと心を向ける姿勢が歌詠《よ》みたちの間にも浸透していったことが分かる。高木きよ子はこうした動きのきわまったところに西行の数多い桜の歌があると見ている。

三、桜に託された孤独、苦悩と信仰の間

桜を歌い続けた遁世僧

桜は早々と散ることにより無常を痛感させ死への心構えを促すとともに、その美しさによって春の喜びとこの世への執着を呼び覚ます。桜がこれほどまでに日本人の死生観と分かち難いもの

になった経緯を考えてきている。記紀神話にすでにその萌芽《ほうが》はあるが、その意義が格段に大きくなったのは、仏教が人々の心に深く浸透していった平安後期のことだろう。それ以後、桜は日本の宗教と芸術・芸能、そして娯楽文化に及んで、たいへん大きな位置を占めるものとなった。

日本人の死生観を考えるとき、桜を思い起こさずにはいられないほどと言ってもよい。ここまで芸術・芸能の中でも物語と詩歌の役割に注目してきた。とくにこの時期、和歌と桜は切り離せぬものになっていった。そして、桜の歌人といえばまず第一に西行があげられる。以下、西行の歌はすべて久保田淳・吉野朋美校注『西行全歌集』（岩波文庫、二〇一三年）から引く。

限りあれば衣《ころも》ばかりは脱ぎかへて心は春を慕ふなりけり（山家集　一七四）

「限りあれば」というのは無常の自覚を示し、だからこそ出家した、つまり衣を脱ぎ替えたのだが、心は桜が咲く春のことを忘れられない。桜はこの世の生への執着を象徴するものだ。だが、またその桜こそが無常の自覚と悟りへの希求の象徴でもある。

仏《ほとけ》にはさくらの花をたてまつれわが後《のち》の世を人とぶらはば（山家集　七八）

自分の死後は桜の花で仏に供養してほしいという。仏道を歩む者としての西行にとって桜はその助けとなるはずのものでもあった。そうでなければ毎年のように吉野の桜を追い求め続けるようなことはなかっただろう。「桜狂い」とも評されるような執着だが、それはこの世を超えたものへの憧れに通じているのである。桜を通しての求道の果てに、すでに引いた以下の歌もあった。

願はくは花の下《した》にて春死なんそのきさらぎの望月《もちづき》の頃（山家集　七七）

「如月の望月」は仏滅の日、二月一六日であるが、まさにその日に西行は、河内国の弘川寺《ひろかわでら》で世を去った。「望月」つまり満月は悟りの境地を表すものでもあり、極楽浄土への仏の導きを示すものでもある。この劇的な死が西行の名声を一段と高めるのに貢献したとされる。藤原俊成、藤原定家、慈円、寂蓮などが一様にこの予告どおりの西行の死を称えている。それは仏道修行者としての西行への讃嘆でもあっただろう。

西行の生涯と孤独

だが、それにしては、西行の歌は苦悩や執着や未練や寂しさの表現にあふれている。孤独なわが心を見つめ、人間的苦悩を赤裸々に表現し、同じく孤独に苦しむであろう聞き手の共感を求めてもいる。そしてそこにその歌の、類例を見つけるのが難しいほどの魅力・迫力があることも確かである。それは信仰によって答えを得て、人々に教えを授ける出家者という像とは大きく隔たるものである。むしろ、心の安らぎを求めつつそれが得られないで苦しんでいる近代人の心に響くものでもあった。近代における西行の愛好者は、必ずしも西行を通して仏道を深め究めようとしたわけではなかった。

二三歳で出家した西行の俗名は佐藤義清《のりきよ》といい、宮城を警護する兵衛府《ひょうえ》に勤める兵衛尉《じょう》という地位にあった。確かな証拠はないが妻子もあったらしい。出家の動機はさまざまに推測されているがよくわからない。

はっきりしているのはその後、五〇年近くにわたって僧として仏道を歩み続けたこと、また同時に歌を詠み続け、それは当代の有力な歌詠みたちに高く評価されてもいたということである。勅選和歌集に選ばれた西行の歌を見ると、西行の晩年に藤原俊成が撰進した『千載和歌集』では一八首、西行の死後、俊成の子の定家が撰者の一人となった『新古今和歌集』では九四首である。後者は全歌人のなかでもっとも多い歌の数である。

出家後の数年間は西行は京都近郊の東山、鞍馬、洛西の小倉、嵯峨などの寺院と関わりがあった。三〇歳頃に高野山に移り住み、六〇歳頃まで主にそこに住み、晩年の七年ほどは伊勢に住んだ。この間、大きな旅としては陸奥《みちのく》への二度の旅、西国への旅、四国への旅がある。都へは度々出向《でむ》いたし、大峰山などの修行の旅があり、桜を見るためだけではなく吉野へも足しげく赴いた。旅先での歌は寂しさと孤独を際立たせる歌が多く、西行の歌の一つの基調音を聞き取ることができる。

旅寝《たびね》する嶺のあらしに伝ひ来て哀《あはれ》なりつる鐘の音かな（西行法師家集　一〇七）

常《つね》よりも心ぼそくぞ思ほゆる旅の空にて年の暮れぬる（山家集　五七二）

年たけて又越《こ》ゆべしと思きや命《いのち》成けり佐夜《さや》の中山（西行法師家集　一一三）

風になびく富士のけぶりの空に消《きえ》て行方も知らぬ我思哉《わがおもひかな》（西行法師家集　八五）

後のふたつは晩年の陸奥への旅の折のものだ。しかし、このような孤独と寂しさの表現は旅においてのみ歌われたのではない。西行の一生は漂泊というほど、なじみのない土地をいつも訪ねまわっていたわけではない。

山里の寂しい草庵と高野聖の勧進

この章の西行についての叙述は、宗教学者の高木きよ子の、『西行』（大明堂、二〇〇一年）に多くを負っている。なお、先に述べたように高木には『西行の宗教的世界』（大明堂、一九八九年）という博士学位論文に基づく研究書もある。高木は和歌から読み取れる西行の宗教性を「山里」「月」「桜」の三つから説き明かそうとしている。「山里」という「一見自由な生活は西行の描く理想の姿であったろうが、その空間が時に西行を悩ましたことも想像にかたくない」（二三二ページ）。「山里を楽しむ」という要素も確かにないわけではないが、何よりも山里での寂しさと孤独が緊張感のある作品を生み出しており、後代に至るまで人々の心を打つものとなったのだ。

牡鹿鳴く小《を》倉《ぐら》の山の裾《すそ》近みたゞひとり住む我《わが》心かな（山家集　四三六）

山里の月待つ秋の夕ぐれは門田《かどた》の風の音のみぞする（御裳濯河歌合《みもすそがわうたあわせ》　三八）

立ちこむる霧の下にも埋《うづ》もれて心晴れせぬ深山辺《みやまべ》の里（山家集　四二七）

山里を訪《と》へかし人に哀《あはれ》見せむ露敷《し》く庭に澄《す》める月影（西行法師家集　六二二）

以上は、孤独なひとり住まいの西行の自画像にたとえることができる。このような自己凝視が西行愛好者の心を捉えるのだ。だが、これが西行のすべてではない。他方で、高野聖《こうやひじり》として勧進を通して俗界との多くの交流があったことを強調したのは、宗教民俗学者の五来重《ごらいしげる》である。

平安後期以降の高野山には、多くの「聖《ひじり》」が暮らしていた。「聖」は出家して正統的な寺院で修行をし宗教活動をする僧侶とは異なる。正統的な寺院から離脱して、「別所」といった閑居の地に住み、そこで隠遁《いんとん》生活をする。と同時に、一般社会とは異なる形でそれなりの交渉をもつ。この面では「山里」というイメージとはやや異なる交流の場を思い起こす必要があるのではないか。

歌聖としてあまりに有名な西行を、高野聖の範疇にいれることをいぶかる人はかなり多いこととおもうが、入道後の西行はその隠遁性・廻国性・勧進性・世俗性など、まさしく典型的な初期高野聖ということができる。／西行の廻国遊行《ゆぎょう》は、のちの連歌師宗祇《そうぎ》や俳諧師芭蕉の手本となったように、旅を生命とした吟遊詩人であった。しかし、その旅は目的のないたんなる風雅の旅ではなかった。（中略）［西行の出家から］治承四年（一一八〇）に山を出るまで、三十二、三年の彼の本拠はじつに高野山であった。その五十年にわたる出家生活の、前十年と後十年をのぞいた円熟の三十年間を高野の聖として隠遁と廻国と勧進にすごし、その副産物として多くの作歌をのこしたのである。（五来重『高野聖』角川ソフィア文庫、二〇一一年、一九五―一九六ページ／初刊、角川新書、一九六五年）

勧進聖かつ「数寄」人だった西行

ある時代までの日本の宗教史はこうした聖の多彩な活動によって彩られているが、高野山はとくにその聖が群集する地であった。勧進というのは仏法のための布施（寄付）を集めることであるが、そのためには俗世間との接触が必要になる。芸能がそこに絡むこともある。娯楽・遊びの要素をもって人々を引き寄せ、布施へと誘うのである。そうなると新たに世俗性を帯びることにもなる。隠遁性と世俗性は相反するようだが、逆説的に結びつくことになる。

実際、西行は高野山入山後も度々京都へ行き来し、貴族やもとの女官らと和歌を通して交流したが、それは高野山復興のための勧進にもつながるものだったのではないか。また、西行が元興《がんごう》寺《じ》極楽坊曼荼羅堂の修理を勧進したという記録がある。その他、いくつかの証拠があって、高野聖の広がりのなかに西行がいたと見るのが自然だという。この五来説には批判もあったが、それらを検討しつつ資料を読み返した歴史学者の目崎徳衛は、「西行には勧進活動がしばしばあったことをほぼ確認することができた」、「そもそも西行が『聖』ないしは『上人』と称せられる種類の遁世者であったことは疑う余地がない」（『西行の思想史的研究』吉川弘文館、一九七八年、三二一ページ）と述べている。

しかし、目崎は「西行は高野山の某々谷に群集していた多くの勧進聖と始終同居し、完全にその性格を共通にしていたとは、到底考えられないのである」（同前、三二四ページ）とする。西行が勧進を求めた相手は上層の貴族（院宮権門）であり、その生活基盤は一般の聖とは異なり、かなり安定していた。その生活は和歌を重視する貴族文化の担い手たちに支えられていたのである。この側面から見ると、西行はむしろ「数寄《すき》の遁世者」として捉えることができると目崎はいう。「数寄」とは「道に執する心の異常に強いこと」を指すという（同前、一〇四ページ）。学や歌や芸などの道が思い起こされる。それが徹底すると遁世してその「道」を追求することにもなる。

> 鴨長明の『発心集』（巻六）に、「中ニモ数奇ト云ハ、人ノ交リヲコノマズ、身ノシヅメルヲモ愁ヘズ、花ノサキチルヲ哀レミ、月ノ出入《イデイリ》ヲ思ニ付《ツケ》テ、常ニ心ヲスマシテ、世ノ濁リニシマヌヲ事トス」云々とあるのは、数奇の遁世の本質をもっとも的確に道破したものである。
>
> （同前、一〇五ページ）

『発心集』巻六には笛に熱中していた永秀法師など「数寄人」の例がいくつかあげられており、それに続いて目崎が引用する「数寄」の説明がなされている（浅見和彦・伊東玉美訳注『新版 発心集』下、角川ソフィア文庫、二〇一四年、四五ページ）。だが、その前の部分で、西行が自らの娘を出家させたという逸話も述べられている。雪月花といえば和歌の題材として広く見られるものだが、「数寄」を説明するこの箇所に「花」と「月」が例に出ているのは、西行のことを念頭に置いているのではないかと思いたくなる。

鴨長明はこれを仏道への入り口として示しているが、目崎は仏道とは独立してすでに数寄の道が成り立っていたのではないかと考えている。和歌の道について言えば、和歌によってこそ奥深い何かが感得され表現できるという信念ないし希望があって遁世の道を選ぶ、ということもあるのではないか。目崎の考え方に従うと、西行はそのような数寄の遁世者という側面をもっているとともに、他方で仏道に励む心もあり、その両面性が西行の歌のもつ力と大いに関わっているということになる。

仏教者と数寄の遁世者の死生観

死生観という側面から捉えると、仏教者としては悟りを得るため、また浄土に往生すべく仏典にそった修行を重ね信仰も深めていくのだが、他方、歌人としてはそのような模範的修行者とは言えず、煩悩《ぼんのう》を抱えつつ美的表現を競い合う。寂しさと孤独に苦しみ、この世への執着を捨てきれない自己を見つめ、それを心のひだまで表現するような歌に結晶させる。悟りや成仏を求める仏教者の像からはずれている後者の側面を見ると、数寄の遁世者ということになる。

数寄の遁世者は、仏法が教える生き方そのままを具現できない人間を、和歌の言葉で描き出す。そのことに精魂を傾けて日々を送る。だが、それは必ずしも仏道を歩み浄土への往生を願うことと矛盾しているわけではない。そう考えられていたようだ。中世人にはそうなのだが、それを受け止める近代人は宗教に距離を感じていて、後者の側面がとくに魅力的に思われ、前者の側面はそれとは異質なものと感じられるのだろう。近代人にとって西行の「宗教性」は、仏法の枠を超えた究極のポエジーとして捉えられることになる。

西行の歌では「山里」と並んで、「月」と「花」こそがその宗教性を捉えるための鍵を提供している。高木きよ子の『西行』はそう捉えている。

花散らで月は曇らぬ世なりせば物を思はぬわが身ならまし（山家集　七二）

この歌は、花が散らなければ苦悩しないのに、月が曇らなければ苦悩しないのに、と二つの美的対象を惜しんで並列している。とりあえずはそう理解できる。花も月もいつまでも見ていたいのに思うようにならない。そのことを悟って花は散るもの、月は曇るものと思えばよいのだが、それができない、それが自分の心だと嘆いていることになる。だが、仏道との関係では花と月は大いに異なる。

無常を嘆く痛切な詩的表現

花、つまり桜について言うと、桜が散るという無常の理《ことわり》を知って、仏道に向かうべきなのだが、花に迷ってしまうのがわが身だという嘆きとして受け止めるのがふつうだろう。数寄の道では花を愛《め》で、花を惜しむ心を詠うことを求め続けることになる。だが、仏道からすればそれは迷いであり、捨てるべきことだ。

花見ればそのいはれとはなけれども心の内ぞ苦しかりける（山家集　六八）

花にそむ心のいかで残りけん捨てはててきと思ふ我身《わがみ》に（山家集　七六）

出家した自分は桜の花に迷うようなことはないはずだ。それなのに桜に染まってしまう心、桜に憧れてしまう心を抑えることができない。だから心のうちが苦しくなるということだろう。だが、他方、西行は花に酔い、没頭してしまうことを好んで求めてもいるようだ。矛盾しているようであるが、それを承知で西行は桜に酔うようなことを繰り返したようだ。「数寄」らしいところだ。高木きよ子はここにこそ、西行の宗教性の究極のものがあると捉えている。これは西行の仏教者としての側面を重視する捉え方からすれば、少し無理がある捉え方かもしれない。

吉野山梢《こずゑ》の花を見し日より心は身にも添はず成《なり》にき（山家集　六六）

「心が身に添わない」というのは、魂がわが身を離れてしまい、桜と融合するような意識を指していると高木は捉える。自らも「桜狂い」であった戦後の歌人にして宗教学者であった高木は、ここにこそ西行の本心があると見ている。

本書では、無常の認識は宗教的な救いへと導くだけではないことに度々注意を向けてきた。世界の詩的表現の伝統では、無常を嘆くがそこから救いを求める方向へは必ずしも向かっていかない表現の様態がいくつもある。無常を嘆きつつ、その彼方にある不死のものや大いなるいのちの循環を示唆はするが、必ずしも救いへの道を示すわけではない。こうした詩的イマジネーションは、古くは『ギルガメシュ叙事詩』にあり、「コヘレトの言葉」のような古代ユダヤの聖典（旧約聖書）にもあり、陶淵明《とうえんめい》や杜甫や李白をはじめとする漢詩人たちにもあり、一二世紀頃のペルシャの詩人オマル・ハイヤームにもあった。日本の和歌も万葉集からそうした側面はあり、西行が登場するこの時期の桜の表現において、無常をめぐる著名な世界の詩的表現に匹敵するような象徴性に達したと言えるのかもしれない。

歌を通してこの世を超える

では、月の方から見ていくとどうなるか。曇りのない月は煩悩から解放された澄んだ心と対応する、また、月は満ち欠けはするものの、必ずまた現れてくるという点で、常に変わらぬもの、永遠のものに通じている。永遠の真理を表す「真如《しんによ》の月」との理解もある。すべてがはかなく移ろっていくという無常感的な死生観に対して、ここでは永遠のものに照らされて人の心があることが前提となっている。だが、人の心はなかなか曇りなき月に向き合うことができない。

濁りたる心の水の少きに何かは月の影やどるべき（山家集　九〇三）

いかでわれ清く曇らぬ身になりて心の月の影をみがゝん（山家集　九〇四）

来《こ》む世には心のうちにあらはさむ飽《あ》かでやみぬる月の光を（御裳濯河歌合　一四）

月の影が心に映るのは悟りに近づくことだろう。だが、この世ではなかなか曇りない月を心に宿すことができない。これらの歌ではその嘆きが基調になっている。だからこそ仏道に向かう、「来む世」（来世）に備えるというのが、予想される思考の筋道かもしれない。ところが、西行の世界では、それがこの世で可能になるとする歌もある。これは月と一体化する、また月を通して西方極楽浄土と一体化すると詠っているように読み取れるものだ。

この世にてながめられぬる月なれば迷はん闇も照さざらめや（山家集　一〇四一）

闇晴れて心の空に澄む月は西の山辺《べ》や近くなるらん（山家集　八七六）

山端《やまのは》に隠るゝ月をながむればわれと心の西に入《い》るかな（山家集　八七〇）

これらは月を通して西方極楽浄土に融合しようとする月輪観《がちりんかん》と関係する歌と捉えられる。真言密教的には即身成仏ということになる。これらの月の歌においては、芸術を通して無常を超えた境地に近づこうとしているようにも見える。つまり歌と仏教の信仰とが重なりあっている。

歌を通して真如に至る

こうした歌と仏教の合致という点については、密教的な思想の裏づけがあったという伝えがあり、晩年の西行が明恵《みょうえ》（一一七三―一二三二）が住する高山寺《こうさんじ》を訪れた折に、明恵と語りあったという。両者は五五歳年齢が違うので、疑わしいとする見方もある。だが、明恵が西行に大いに敬意をもっており、ともに真言密教の行者であり、明恵自身の歌にも西行の影響を読み取ることもできるから、ありえない話ではない。その語りの場で、西行は和歌は真言に等しいと語ったことが『栂尾《とがのお》明恵上人伝記』に記載されている（久保田淳・山口明穂校注『明恵上人集』岩波文庫、一九八一年）。すべてのものは空であり、心からこそ究極の真実が生み出されてくるのだ、と西行は語る。「此の歌即ち是如来の真の形躰也。去れば一首読み出でては一躰の仏像を造る思ひをなし、一句を思ひ続けては秘密の真言を唱ふるに同じ。我此の歌によりて法を得る事あり」（同書、一五二ページ）と。

歌道・芸道において、仏道が教えるのに等しい究極の真理、すなわち真如に至ることができるという考え方は、密教の影響を受けながらこの時代に広まっていったのだろう。やがて、能楽などの芸道、また茶道や華道や武道等においてそうした考え方が具体化されていく。和歌はその先駆けだ。芸術や技芸を通して真如に達するという思想の先頭を切ったのが和歌だろう。『栂尾明恵上人伝記』によると、西行はそうした潮流を後押ししただけでなく、自らそれを言葉にして語った先駆者ということになる。

こうした密教的な超越の捉え方では、この世の無常なもののなかにも永遠なものが宿ることになる。そうなると死とともにはかなく失われていく無常な現実と、無常を超える永遠なものの対照が不鮮明になる側面がある。神仏習合が基調となった日本の宗教史ではそうした例が多々見られる。死と死を超えたものが隣り合っているような死生観となる。だが、それは死を軽視する死生観とは必ずしも言えない。西行は死を強く意識しつつそれを正面から受け止めて出家者となり、しかし歌を通してこの世のものにも深い関わりをもち続け、究極的なものを表現しようとした。仏法を受け止め現世の限界を強く意識しつつも、現世的なものへの関心を軽視しない思考様式でもある。これを「うき世」の思想と捉えるとすれば、その初期の段階のものと位置づけることができるだろう。

四、うき世に生きるという自覚

憂き世を厭う意識

「うき世」という言葉から日本人の死生観を考えてみたい。神戸大学の哲学の教授であるとともに、僧侶であり、京都の法然院の第三〇代貫主《かんす》でもあった橋本峰雄（一九二四―八四）は、この問題を深掘りし、『「うき世」の思想』（講談社現代新書、一九七五年）を著した。日本人の死生観を振り返る上で、多くの示唆を得ることができる書物である。しばらく橋本の論を紹介していきたい。

「うき世」という言葉は、現代の日常会話でも時折用いられると思うが、すでに西行の和歌にも見られる。以下、そのいくつかをあげる（久保田淳・吉野朋美校注『西行全歌集』岩波文庫、二〇一三年）。

　捨《す》つとならば浮世をいとふしるしあらんわれ見ば曇《くも》れ秋の夜《よ》の月（西行法師家集　五九）

　鈴鹿山憂《う》き世をよそに振り捨てていかになり行《ゆく》わが身なるらん（山家集　七二八）

　憂き世いとふ山の奥へも慕ひきて月ぞ住みかのあはれをば知る（西行法師家集　一一八）

西行はこの世の生が苦に満ちたものであり、それを厭《いと》い悟りの道を歩むのが仏道であるという考えにのっとってこれらの歌を詠んでいるように見える。だが、それでも心が定まらずこの世に執着し迷いを捨て切れていない。美しい月はその迷いの元になることもあるが、心が澄んでいくのを照らし出すものとして表象されている。

世の憂《う》さに一方《ひとかた》ならずうかれ行心定《ゆくこゝろさだ》めよ秋の夜の月（西行法師家集　五八）

いとふ世も月澄む秋になりぬれば永らへずはと思ひなるかな（山家集　四〇三）

これらの歌からも察せられるように、「うき世」という言葉は「憂き世」が原義だと捉えられてきた。仏道についてはそれが日本古来の道とは異なると考える本居宣長だが、『玉勝間《たまかつま》』では「憂き世」原義説を力説している。

うきよは、憂《ウ》き世といふことにて、憂《ウ》き事のあるにつきていふ詞《ことば》也、古き歌どもによめるを見て知《しる》べし、然《しか》るをからぶみに、浮世《フセイ》といふこともあるにまがひて、つねに浮世《ウキヨ》とかきならひて、ただ何となく世中《ノ》のことにいふは誤り也、古歌を見るにも、憂《ウ》きといふに心をつけて見べし、（村岡典嗣校訂『玉勝間』上、岩波文庫、一九三四年、一三二ページ）

「うき世」を「浮き世」と書くようになるのは、中国語の「浮世（フセイ）」に引きずられて、本来の日本語の意味から変化してしまったものだ——宣長はこう考えている。

憂き世から浮き世へという変化

では、「憂き世」とはどのような意味をもつ語だろう。橋本は『日本国語大辞典』（小学館、一九七二—七六年）に従って次のような意味を列挙している。

(1) つらいことの多いこの世。

(2) つらいことの多い男女の仲（「世」あるいは「世の中」は男女の仲を意味する）。

(3) この俗世間（出家生活や浄土に対する）。

(4) はかない無常の世の中。（『「うき世」の思想』、一八ページ）

(3)(4)の用法は仏教的無常観、穢土《えど》観による厭世《えんせい》思想で、平安後期から中世にかけて定着したとされる。「うき世」という概念が無常の自覚と深い関わりがあることは明らかだが、では、仏教とどのように関わるのか。宣長はその方向へ考えをめぐらそうとはしていない。

「憂き世」という語は仏教的な厭世思想を前提としていると見ることもできるわけだが、他方、江戸時代になって盛んに用いられるようになる「浮世《うきよ》」は意味が反転して、現世の享楽を肯定するような意味で用いられているように感じられる。そうなると仏教との関わりはあやしくなるのではないか。橋本は「憂き世」と異なる「浮き世」の意味を以下のように整理している。

(1)′ はかなく定めないのだから、深刻に考えないで、うきうきと享楽的にすごすべきこの世の中。

(2)′ 男女間の恋愛、好色。また、その人。

(2)″ 遊里。また遊里の遊びに夢中になること。

(3)′ 社会的な現実生活。

(4)′　当世風（「浮世絵」「浮世笠」「浮世踊」「浮世草子」等々、数多くの合成語に冠せられ、『日本国語大辞典』にはじつに九〇近い語が挙げられている）。

この(4)′について橋本は、「(4)の意味が前提している過去・現在・未来という時間軸のなかから、有為転変《ういてんぺん》・栄枯盛衰《えいこせいすい》のはげしい世の中なればこそ、過去と未来を捨象《しゃしょう》してとくに現在を志向することを意味している」と述べている（同前、一九ページ）。

「浮き世」意識は無常観からの脱却か

「うき世」には時代を追って、「憂き世」から「浮き世」への意味の変化があるというシェーマを提示したのは頴原退蔵《えばらたいぞう》である。『江戸文芸論考』（三省堂、一九三七年）に収録されている「『うきよ』名義考——浮世草子に関する一考察」の論旨を橋本は以下のようにまとめている。

1　古い物語や歌に現れる「うき世」はすべて、宣長の説くとおり、「憂世」である。

2　平安朝末期から、漢語の浮世《フセイ》との混同も一因となって、「浮世」がたんに「世の中」の意味として用いられ、さらにそれに「定めなき無常の世」という観念が附加されてきた。しかし、この「浮世」の意味は「憂世」といってよい。

3　鎌倉時代から室町時代になって、「浮世」は「不定夢幻の世」を意味する傾向を強め、それはそういうものとしての「俗世間」であり「厭うべき穢土」であった。これは「中世文芸の底に流れる」仏教的厭世思想の展開であった。

4　ところが室町末期から江戸時代にかけて「夢のうき世に只《ただ》くるへ」といった「厭世観に根ざした享楽思想」が現れてきた。
5　それがやがて「近世の民衆生活における強烈な現実意識となつて、うき世といふ言葉にもおのずから当世・今様などの限定的意義が新たに附加されるに至つた。」
6　その浮世の相は、しょせん、「色と金との世界」に圧縮された。かくて「浮世草子」などのような民衆文化が成立し、それを支えるものは町人の経済的実力であった。(『「うき世」の思想』、二〇―二一ページ)
これに対して橋本は、次の二つの「反問」を提示している。
(イ)古代人の「憂き世」は仏教思想とは無縁だったのか。
(ロ)漢語の浮世《フセイ》(それは荘子に発し、唐詩にも多い)との混同とは別な、「憂き世」から「浮き世」への転換の理由は何か、それの仏教的理由は何か。室町末期からの「厭世観に根ざした享楽思想」としての「浮き世」から転換した、近世の「現実意識」としての「浮き世」はもはや仏教とは無縁のものか(同前、二二ページ)。

「うき世」の背景に無常がある

橋本は「うき世」という言葉には、古代から近世まで仏教的な意味が基底にあるのではないかと捉えている。そして、平安末期以来の仏教色が濃厚な「憂き世」においても、すでに「浮き世」的な意味が入っているのではないか、と論じる。前節「桜に託された孤独、苦悩と信仰の間」でも見たところだが、西行においても、この世への執着を肯定しているかのような表現が度々見られる。

世中《よのなか》を夢と見る〳〵はかなくも猶《なほ》おどろかぬわが心哉《かな》（山家集　七五九）

世中を捨てて捨てえぬ心地して都離れぬ我身成《なり》けり（山家集　一四一七）

捨てたれど隠れて住まぬ人になれば猶世《よ》にあるに似たる成けり（山家集　一四一六）

あはれ〳〵この世はよしやさもあらばあれ来《こ》ん世もかくや苦しかるべき（山家集　七一〇）

橋本はここにすでに「浮き世」観があると見る。「『後の世』があり『澄む月』がある。そのうえで、『住み憂くて浮かれ』『世の憂さに浮かれゆく』が、『浮かれて』もまた『物を思う』のである。西行にいたって、憂世がそのままに浮世であるという認識がいよいよはっきりしてきていると思われる」（同前、五三ページ）。実は西行の歌が仏道にとっては有害ではないかという見方が古くからあった。

白洲正子『西行』（新潮文庫、一九九六年／初刊、新潮社、一九八八年）は明恵と西行がともに女性に愛され、頼りにされたのは、「智恵もあり、やさしき心使ひもけだかき」数奇《すき》の精神によるとして、頓阿《とんあ》（一二八九—一三七二）が著した歌論書『井蛙抄《せいあしょう》』（一三六〇—六四頃）の次の一節を引いている。

「文学《もんがく》（覚）上人は西行をにくまれけり。その故は遁世《とんせい》の身とならば、一すぢに仏道修行のほか他事なかるべきに、数奇をたてて、ここかしこにうそぶきありく条、にくき法師也。いづくにても見合ひたらば、かしらを打《うち》わるべきよし、つねのあらましにて有けり」(『西行』、一九ページ)

文覚は一〇歳の明恵が最初に入寺した高雄の神護寺《じんごじ》の高僧だ。白洲は西行と同じく武士出身で荒法師として知られた文覚が、実際に西行に会うとその面構えにすっかり感心してしまったというところまで紹介している。数奇者としての西行は、確かに「浮き世」に生きるという側面がなかったわけではない。だが、それが強い無常の自覚や仏道帰依と、つまりは「憂き世」観と矛盾するわけではない。

中世的無常観から室町期の「浮き世」観へ

橋本も「憂世」から「浮世」への転換を否定しているわけではない。だが、きっぱりとした転換というよりは、大きい変化ではあるが、仏教の影響という点からはそこに連続性があると捉えているのだ。(ロ)は、「憂き世」観では顕著だった「無常」の自覚が、「浮き世」でも忘れられてしまったわけではなく、「浮き世」観においても仏教的な無常の自覚はなお生きていたのではないか、という論点だ。橋本は唐木順三の『無常』の見方もこの点ではあまり違いがないとして、以下の一節を引用している(『「うき世」の思想』、二三ページ)。

ここで気づくことは、足利の末期から徳川の初期へかけての動乱の時代において、無常の憂世が、無常なるままに浮世に変つてゆくことである。無常の世間、人生をいとつて、無常ならぬ後世、浄土を専ら求めるといふ、中世的、浄土門的な思考も態度もここにはない。無常は眼前の如何ともすべからざる事実だから、その無常の中にあつて、反つて無常をいつくしむといふ感情、飛花落葉を楽しめといふ態度、さらには、夢の浮世をただ狂へ、といふ享楽的なところが出てくる。(『無常』、二二六ページ)

ここに「夢の浮世をただ狂へ」という句が引かれているが、これは早い時期の「浮き世」観の代表的著作とされる『閑吟集《かんぎんしゅう》』にあるものだ。「浮き世」の用語例が頻出するのは、浮世草子の作者、井原西鶴の『好色一代男』(一六八二年)から元禄(一六八八―一七〇四)の頃だが、『閑吟集』はそれより一六〇〇年ほど以前、室町時代末期の一五一八年に刊行されている。俗謡三一一篇を集めているが、断片をテーマ別に並べて編集してあり、連歌的な配列ともされる。たぶん尺八の伴奏がついていてメロディーもあったはずだという。

歌の肩に「小」「大」「吟」「早」「田」「近」「狂」「放」などの細字の注がついており、それぞれ「小歌《こうた》」「大和節」「吟句」「早歌《そうが》」「田楽節」「近江節」「狂言小歌」「放下《ほうか》の謡物」を指す。全体としては「小歌」に分類できるような娯楽と結びついたもので、平安期の『梁塵秘抄《りょうじんひしょう》』(後白河法皇編、一二世紀半ば)や近代の「流行歌」と地続きのものとされる(浅野建二校注『新訂 閑吟集』岩波文庫、一九八九年)。

『閑吟集』の「浮き世」観

『閑吟集』の序は、自らを「一狂客」、「ひとりの桑門《よすてびと》」と名乗る人物によるものだが、誰かは不明である。秦恒平『閑吟集』（日本放送出版協会、一九八二年）の現代語訳でその「仮名序」を引く。

ここに一人の世捨て人がある。遠く富士山を眺められる地をえらんで草庵をつくり、すでに十余年の歳月を過ごした。（中略）春は花の下に日を暮らし、秋は月の前に夜を明かして風雅な宴遊の席に列《つら》なり、共にうたった老いも若きも、今では半ば故人となってしまった昔が恋しさに、「柳の糸の乱れ心」と謡い出したのをはじめ、あるいは早歌、あるいは僧侶が和漢の名句を詠ずる吟詩句や、田楽節、近江節、大和節に至るまで、数々の歌を忘れ難い記念にもと、思い出すままに、閑居のかたわらに記して置いた。これらの歌をうたい暮らすうちは、浮世の繁多な事件にわずらわされる邪念も起こらないので、詩経三百十一篇に似せて、同数の歌を集め、閑吟集と命名した。この趣意を少し草稿のはしにというわけで、余命の幾ばくもない身が、折しも幽《かす》かな光をともす秋の蛍を話相手として、月の光をたよりに記したものである。（同書、一三―一四ページ）

冒頭の第1番は「花の錦の下紐《したひも》は　解けてなかなかよしなや　柳の糸の乱れ心　いつ忘れうぞ　寝乱れ髪の面影」というものだ。岩波文庫『閑吟集』の注によれば、「『花の錦』は『柳の糸』の対句で、若い女性の艶麗《えんれい》な衣裳。また花の蕾《つぼみ》を下紐に見立てて、開花を『下紐を解く』ともいうので、『解けて』に続く」。「解けてなかなかよしなや」についての注は「下裳《したも》の紐が解ける意で、女が男に身をまかせること。『よしなや』は由無《よし》しやの略」。「柳の糸」は「『乱れ』の序詞、恋慕の情に思い悩む意」、とある。男女の交情をうかがわせる内容が多く「艶歌」調である。

「一期は夢よ　ただ狂へ」

「浮き世」観の転換を代表するものとして、度々引かれるのは、49〜55番である。

49　世間《よのなか》はちろりに過ぐる　ちろりちろり
50　何《なに》ともなやなう　何ともなやなう　うき世は風波《ふうは》の一葉《いちよう》よ
51　何ともなやなう　何ともなやなう　人生七十古来稀《こらいまれ》なり
52　ただ何事もかごとも　夢幻《ゆめまぼろし》や水の泡　笹の葉に置く露の間に　味気《あじき》なの世や
53　夢幻《ゆめまぼろし》や　南無三宝《なむさんぼう》
54　くすむ人は見られぬ　夢の夢の夢の世を　うつつ顔《がお》して
55　何せうぞ　くすんで　一期《いちご》は夢よ　ただ狂へ　（『新訂 閑吟集』岩波文庫、五九―六二ページ）

意味がとりにくい言葉の一つは「ちろり」だが、これは「ちらり、ちょっと」という意味だろう。また「くすむ」は「しぶくておもしろみがない。きまじめである」という意味とされる。54の句の浅野建二による注では、「まじめくさった人なんて見られたものじゃない。夢の夢の夢のようにはかないこの世の中を、さも一人悟ったような顔つきをしてさ」という訳を、また、55の句については、「何になろう、まじめくさってみたところで。所詮、人生は夢よ。ただ面白、おかしく遊び暮らせ」という訳を付けている。「遊び暮らす」生き方、つまりは欲望、快楽、享楽が罪の影を帯びずに詠われている。

この「くすむ」ことを揶揄《やゆ》しているようなところは、近世的な現世肯定の考え方、また、弱点をもったままの人間をそのまま肯定する思想が見受けられ、近代に近づいていると見ることができる。橋本はこれに関わって、「浮き世」観が平等観の拡充という視点からも捉えられるという点に注目している。

橋本は「平安末から鎌倉にかけての仏教の新運動が、あるいは当時の社会体制の大変動が、日本人のうき世感ないしうき世観に与えた新しいものは何だろうか」（『「うき世」の思想』、七〇ページ）と問うている。橋本はそれは一切衆生の平等を志向する鎌倉新仏教の思想の革新性に求められると見る。それは法然、親鸞《しんらん》、一遍、栄西、道元、日蓮に等しく見られる人間平等観だが、とくに浄土教においてそれが顕著だとする。

平等意識と現世肯定意識

無常はすべての人にとっての真実であり、誰もが死を意識する。それが浄土教の拡大の背後にある変化である。『平家物語』はそのような無常観の民衆化を進めるのに大きく寄与している。

無常の平等性が強調され、人々に受け入れられていくという変化が進んでいく。そうすると、「うき世」は出家者や隠遁者こそが典型的に意識するものではなく、多くの町人や農民に関わりが深いものとなってくる。仏教の庶民化とうき世観の変化とは関わりが深い。

橋本は圭室諦成《たまむろたいじょう》の『葬式仏教』（大法輪閣、一九六三年）の論旨をまとめながら、次のように述べている。「日本の仏教寺院の現在のような分布は、一四六七年の応仁の乱から江戸初期の一六六五年までの約二百年間（荘園村落が崩壊して郷村制が確立するまで）にできあがってきたものである。葬祭宗教としてすぐれていた（つまり、一般庶民の要求に合った）浄土教と禅宗とが伸張したのであった」（『「うき世」の思想』、九一ページ）。圭室が親しみ深かった曹洞宗は禅宗であって庶民的な死生観を掲げる宗派ではないが、葬祭に重きを置く体制をとって庶民への浸透に成功した。

こうした仏教の庶民化に伴い、無常を自覚し極楽往生を願うとともに、この世の安楽や享受をも肯定するような意識が広がっていった。「このような葬式仏教の庶民化・土着化ということと、『うき世』が『憂世』から『浮世』へと移行するということとは、顕著に時期が重なっている。おそらく、これは偶然の一致ではないであろう」（同前、九二ページ）。あるがままの現実を否定的に捉えるのではなく、庶民の生活感覚にそって肯定的にも捉えることは、仏教的な無常観という点からは新たな展開である。

他方、無常を詠う詩歌の伝統からすると、それは単に現世離脱の方向に目を向けさせるものではなかったことも思い起こしておきたい。悲劇的なものを見据えつつ、この世での幸福の意義やいのちを守る責務を思い起こさせる表現も古くからあった。『ギルガメシュ叙事詩』や漢詩の伝統はそうした方向に目を向けている。

井原西鶴の浮世肯定観

近世日本の「浮き世」はそれとは大きく異なり、卑近な生活的現実の肯定へと転換している。橋本は浮世草子作家、井原西鶴の人生観を要約するきわめつきの文章として知られる『日本永代《えいたい》蔵《ぐら》』（一六八八年）の巻頭の一節を引いている。そこでは、「人間、長くみれば朝《あした》をしらず、短くおもへば夕《ゆふべ》におどろく。されば、『天地は万物の逆旅《げきりよ》、光陰は百代《はくだい》の過客《くわかく》、浮世《ふせい》は夢幻《ゆめまぼろし》』といふ」（谷脇理史《たにわきまさちか》他校注・訳『〈日本古典文学全集40〉井原西鶴集 三』小学館、一九七二年、九一ページ）と「浮世」にふれている。ほぼ同時期の『おくのほそ道』（一六八九年）の冒頭をも思い起こさせる一節だが、その前後は現代語訳では以下のとおりだ。

> 人の命というものは、長いものと思っていても、翌朝《あした》はどうなるかわからないし、短いものだと思えば、早くもその日の夕方に終わる。だからこそ中国の詩人李白も、「天地は万物を宿す旅宿《りよしゆく》、歳月は永遠に過ぎ去り行く旅客、まことに人生は夢まぼろしである」といっているのである。／まことに人の命は、あっという間に煙となってしまう。死んでしまえば金銀は何の役に立とう。瓦石《がせき》にも劣るものだ。あの世で役には立たない。とはいうものの、残しておけば子孫のためになるものである。ひそかに思うに、世にあるほどの願いは、なんによ

らず金銀の力でかなわぬ事が天下にあろうか。ままならぬのはたった一つ、寿命だけであって、それよりほかにはない。とすれば、金銀にまさる宝のあろうはずはない。（暉峻康隆《てるおかやすたか》訳注『現代語訳 西鶴全集 第九巻 日本永代蔵』小学館、一九七七年、一九―二〇ページ）

漢詩の一節を引くこの箇所では、仏法が教えるようなこの世の短いいのちを超えた何かにはあえてふれず、「子孫」があげられているだけである。橋本は通説にそって、『好色一代男』では金銀の力に対して懐疑的だった西鶴が、『日本永代蔵』では町人を貶《おとし》める封建的差別意識を覆すように、金銀の力を肯定し蓄財をほめるような世界観に転じたとする。そこでは蓄財の上で遊ぶことこそが人生の究極目標であるかのように描かれている。「しかも一時代前の『一期は夢よ、たゞ狂へ』といった刹那《せつな》的・無計画的な浮世意識をこえた、近世の新しい浮世意識がある」と捉える（『「うき世」の思想』、一〇七ページ）。貧乏人が年末に小判の幻を見る話（『世間胸算用《むねさんよう》』巻三「小判は寝姿の夢」）では、「今の悲しさならば、たとへ後世《ごせ》は取りはづし、奈落《ならく》へ沈むとも、佐夜《さよ》の中山にありし無間《むげん》の鐘をつきてなりとも、先《ま》づこの世をたすかりたし」（『〈日本古典文学全集40〉井原西鶴集 三』、四四九ページ）とある。

では、この現世主義において、「後世」はまったく否定されているのか。橋本はそうではないと論じる。後世が意識されているからこその「浮世」なのだという。

浮世とは色と金の世の中ということである。しかし、それがあくまでも「浮世」であり、「夢の世」であるかぎり、夢にたいする実在が空語になってしまったわけでなく、「後世」が消滅したわけではない。むしろ、そういう消滅のありえないのが「浮世」であるというべきであろう。（『「うき世」の思想』、一〇九ページ）

微妙な解釈だが、墓参りを大切にし、墓前に手を合わせる現代日本人の意識にも、なお妥当するものかもしれない。

五、弱さを抱えて生きる者同士の共感

うき世の背後の無常観

「うき世」という言葉は平安時代からよく使われており、西行の歌にも度々出てくる。それを漢字で書くと「憂《う》き世」「憂世」ということになるが、生老病死の苦に満ちたこの世、また、無常を自覚して生きるべきこの世を「憂き世」と見たものだ。そこでは、この世を超えた浄土や月が象徴するような仏の澄んだ悟りの境地や解脱《げだつ》の成就が強く意識されている。彼岸に渡るということ、つまりは究極の救いの次元を信じるにもかかわらず、なおこの世の桜の美、そしてそれを歌う和歌に執着する自己を厳しく凝視する、これが西行の世界だった。

ところが、室町時代から江戸時代にかけて、「浮き世」「浮世」という表記が増えてくる。この

世を否定的に捉えるのではなく、楽しく生きる場、欲望を満たしつつ生きる場とする捉え方だ。室町時代の『閑吟集』では、「所詮、人生は夢よ。ただ面白、おかしく遊び暮らせ」と歌い、元禄時代の浮世草子作家、井原西鶴は「世にあるほどの願いは、なんによらず金銀の力でかなわぬ事が天下にあろうか」(『日本永代蔵』暉峻康隆訳、一九ページ)と、現代の富豪の内心を表すかのような勇ましい言葉を残している。

日本の歴史が中世から近世へと展開し、武士が台頭していく時代から、町人・豪農が力を得ていく時代へと展開するなかで、現世否定的な世界観から現世肯定的な世界観へと転換していく。それとともに、浄土や解脱や彼岸が確かにあるというリアリティーの感覚も減少していく。生まれてから死ぬまでのこの世の生がすべてだという考え方もちらほら見られるようになってくる。「浮き世」という言葉には、こうしたニュアンスが伴っている。

だが、『「うき世」の思想』の著者、橋本峰雄が強調するのは、「浮き世」という観念に現世肯定的な考え方が宿っているのは確かだとしても、それが「浮き世」という不確かさ、はかなさを示唆するものであるからには、そこになお、無常の自覚が確かにあるということだ。「浮き世」の人生は、浮き浮きと享受するのがふさわしいこの世の生と受け取ることもできる。しかしまた、かろうじて浮いているが、いつ沈んで無に帰すかもしれないこの世の生という意味に取ることもできる。後者であるとすれば、仏教が説く無常の理《ことわり》からさほど遠く離れてはいないだろう。後者の意味は、『ギルガメシュ叙事詩』や喪失を嘆く漢詩、「コヘレトの言葉」やオマル・ハイヤームの四行詩にも通じている。

浮き世に伴う苦難と悲嘆

「浮き世」の「浮き」には、庶民の苦い思いがこもっているという側面がある。第2章の二「無常——野口雨情の童謡と一茶の『おらが春』」でやや詳しく紹介した小林一茶（一七六三—一八二八）の『おらが春』でも、「うき世」という言葉が何度か使われている。長女さとが疱瘡《ほうそう》にかかって死んでいくまでの経過をたどる箇所の冒頭で、一茶は「楽しみ極《きわま》りて愁ひ起るは、うき世のならひなれど」と述べていた。子を失う悲しみを語ったこの俳文集だが、「うき世」はその全体の趣旨をまとめて表すような用語だったのである。

生まれて一年余りでこの世を去った長女さとの誕生と命名について語る箇所でも、一茶は「うき世」の語を用いている。

こぞの夏、竹植る日《うう》のころ、うき節茂《ふししげ》きうき世に生れたる娘、おろかにしてものにさとかれとて、名をさとゝよぶ。

（『一茶　父の終焉日記・おらが春　他一篇』岩波文庫、一九九二年、一五八ページ）

「うき節」は『広辞苑』（第六版、岩波書店、二〇〇八年）では、「憂き節」と漢字をあてて、「つらいこと。悲しいこと。竹の節にかけて用いる」とあり、『古今和歌集』から「世にふれば言の葉しげき呉竹《くれたけ》の憂き節ごとに鶯ぞ鳴く」という用例を引いている。続いて、「憂節の里」という句があげられ、「(悲しいことの多い里の意から)色里。遊里」と説明されている。「うき節茂き」に続く「うき世」は確かに「憂き世」の意味をたっぷり含んだ用法だ。

遊里・遊女の世界の表現が好まれたわけ

「うき世」の語のこうした側面に注目している古典的な論述は、津田左右吉《そうきち》の『文学に現はれたる我が国民思想の研究（五）』（岩波文庫、一九七八年／初刊、一九一八年）に見られる。西鶴の浮世草子など江戸の文芸で、好色という主題が好まれたということは、また遊里や遊女や若衆の苦悩の物語が好まれたということでもある。窮屈でせちがらい巷《ちまた》に対して、官能的快楽と遊興の場である花街《かがい》という別世界に対する憧れが人々をひきつけたのであるが、「嫖客《ひょうかく》にとっての歓楽世界は遊女にとっては苦界《くがい》」でもあった。

嫖客が遊女を相手にするには金銭を要し、さうしてそれには肉の接触に伴ふ愛着の情が纏綿《てんめん》するのみならず、遊女もまた其の特殊の境遇によつて馴致《じゅんち》せられる利慾の念や、政略や、意地や、荒廃した情生活や、其の間にもなほ存する一片の真情やがあつて、それから生ずる種々の葛藤が好色本に幾多の好題目を供給するのである。のみならずこれにはまた生活の問題が大なる力を以て圧迫を加へてゐるので、遊女も若衆も食ふことの必要から起こつた「悲しき身すぎ」であり、嫖客もまた其の放縦なる性慾の満足のために財を失ひ産を破るに至つて、切実に「食ふこと」の問題と面接しなければならぬ。（同書、二四三―二四四ページ）

『広辞苑』によれば、「嫖客」は「花柳街に遊ぶ男の客。うかれお」を意味する。遊里という苦界に生きる遊女や、その別世界に引き寄せられ身を持ち崩す遊び人の世界に、人々はなぜ強い関心を寄せたのか。そこには凡夫・凡人の自覚、弱さの自覚がありそこから生じる共感があり、それに伴う倫理性もあったと思われる。

西鶴に即してこうした浮世草子的な世界を考察し、そこに新しい倫理感覚や庶民の連帯感の広がりを見ようとしたのは、日本近世文化史研究者の高尾一彦である（『近世の庶民文化』岩波現代文庫、二〇〇六年／初刊、岩波書店、一九六八年）。

さて、西鶴は「銀がかねをもふくる世」とか「銀が銀もうけする世」とかいっていたが、その反対の極に「せつかくかせぎて、皆人のためぞかし」とか「利銀にかきあげ、皆人奉公になりぬ」とかいうことも忘れていないのである。（中略）このような文学的認識がいったいなにを示しているのであろうか。／それを一言でいえば、庶民大衆にたいする理解と同情共感である。西鶴の理解同情だけではない。読者である庶民の理解共感の成立でもある。いいかえれば、庶民の庶民にたいする同情的観照であり、その観照主体の形成でもある。客観的にさらにいえば庶民的連帯感の形成でもある。それはいつでもたやすく倫理的主体性、倫理的連帯感に転化しうるものである。（同書、一三二―一三三ページ）

井原西鶴の描く新しい倫理感覚

たとえば正直という実践徳目について、西鶴は積極的に語っている。「人は正直を本《ほん》とする事、これ神国のならはせなり」（堀切実訳注『新版　日本永代蔵　現代語訳付き』巻四「仕合《しあは》せの種を蒔銭《まきせん》」、角川ソフィア文庫、二〇〇九年）。また、「正直なれば神明も頭《かうべ》に宿り、貞廉《ていれん》なれば仏陀も心を照す」（同前、巻四「心を畳込《たたみこ》む古《こ》筆屏風《ひつびょうぶ》」）といった表現も見られる。この後者の引用に続いて、具体的な逸話が紹介されていく。筑前《ちくぜん》博多の金屋《かなや》という商人の話である。

「さて、運は天にまかせて長崎で貿易をしている金屋という人が、筑前の博多に住んでいた。海上の運がわるく、一年に三度まで大風にあって貨物を失い、年々仕込んできた元手《もとで》をすっかりはたいてしまって、残るものとては家蔵《いえくら》ばかりとなった」（『日本永代蔵』暉峻康隆訳、一一一ページ）。使用人には暇を出し、妻子もその日暮らしの哀れな身の上となった。波の音さえ恐ろしくなり、孫子の代まで舟には乗せまいと、船霊《ふなだま》の住吉大明神に誓いを立てるほどだった。ますます気落ちしているところに、近くの杉の木に蜘蛛《くも》が糸を張ろうとして、繰り返しうまく行かなくてもめげずに働くのを見て気を取り直した。

家屋敷を売り払い何とか貨物を仕入れ、ひとりで長崎に行き、商売をしようとしたが、財源豊かな京都や堺の商人たちにとても太刀打ちできない。そこで諦めてしまいやけになって丸山の女郎町に出かけた。そこで、以前に知り合っていた花鳥《かちょう》という太夫《たゆう》に出会うと親切に迎えてくれた。ふと、枕屏風を見ると、藤原定家の小倉百人一首の色紙が六枚も入っているもので、これは確実に高く売れるとわかった。ここから先は、うまくできすぎた話で当時もふつうの大人は「こんな幸運はありえない」と笑いながら聞いたことであろう。

それから明暮れ通い馴《な》れて、たくみに取り入ったところが、いつとなく女も心をゆるし、黒髪も惜しげもなく切ってくれるほどの仲になったので、例の枕屛風を所望すると、一も二もなくゆずってくれた。とりあえず暇乞《いとまご》いもしないで上方《かみがた》にのぼり、手蔓《てづる》をもとめて古筆屛風を大名方へ差し上げ、かなりの金をさげ渡されて、また元どおりの大商人となり、大勢の奉公人を使う身となった。（同前、一一三―一一四ページ）

ここまでなら、うき世の厳しさを知った男が、不運と困難にめげそうになりながらも幸運があって立ち直ったという楽観的なハッピーエンド物語である。無常の風が吹き荒れるこの世も、ひょっとした風向きで幸福もあるのだから辛抱する価値はある、というような慰めの教訓をもたらすものと受け止めることもできるだろう。しかし、西鶴のこのストーリーには、その先にそれとは一味異なる数行がある。

その後長崎に行って花鳥を身請《みう》けし、女の思う男が豊前のある漁村にいるというので、そこへ金はもとより諸道具まで、何ひとつ不足なく持たせて縁付けてやった。花鳥はひどくよろこんで、「この御恩は忘れませせぬ」といったという。「一度は遊女をだましたとはいえ、これは憎めない仕方だ。よくまあ目の利いた男だ」と、世間の人々はみなこの男をほめそやした。（同前、一一四ページ）

弱さを前提とした平等観・連帯感

この逸話では、うき世を生きることは、弱さにさらされることと不可分であり、そのことを自覚している民は、そのような者同士としての連帯感をもつとともに、おたがいを気づかう倫理性を求められるということが示唆されている。ただ、それは正面きって守られる正直さや、公明正大な善行というわけではない。むしろ、堅固な意志を持ち続けられずに身をもち崩したり、他者には見えないようにまずは自分の身を守るようなことをせざるをえない民の生きざまを肯定している。そうした弱い民でも人助けはできる。これもうき世という意識の一面なのだ。

そこには、身分の違いや力の差はあるとしても、実は奥深いところで人間は皆、同等だという感覚があるだろう。これはそもそも死すべき人間、苦難を生きる人間というものを強く意識させる救済宗教に内在している平等観とつながりがある。仏教においては、すべての人間は生老病死の四苦を免れないものであって、だからこそ悟りや済度を求めるべきものであった。無常観に内在しているはずのこの平等観は、うき世観において一段と見えやすくなっているようだ。

橋本の『「うき世」の思想』は西鶴の『武家義理物語』の序文の「それ人間の一心、万人ともに替れる事なし」というよく知られた一節を引き、そこに仏教的人間平等観の反映を指摘することもできるのではないかと論じている。また、「六十の前年より楽隠居して、寺道場へまいり下向して」（『世間胸算用』巻二「銀壱匁の講中」）という一説も引き、庶民に浸透した仏教の現れとして受け取れるとしている（『「うき世」の思想』、三一ページ）。あわせて、三三歳のときに妻と死別し、二人の息子を養子に出し、やがて盲目の娘とも死別した西鶴の深い悲しみとともにあった生涯を思い浮かべることもできるだろう（谷脇理史『浮世の認識者　井原西鶴』新典社、一九八七年）。

「はだかみ（裸身）」の平等観

弱さを前提にした平等観や連帯感という点で、注目すべき読み物に式亭三馬（一七七六―一八二二）の滑稽本『浮世《うきよ》風呂《ぶろ》』がある。小林一茶とほぼ同時代の戯作者だった式亭三馬には、黄表紙『天道浮世出星操《てんとううきよのでづかい》』、合巻物《ごうかんもの》『浮世《うきよ》夢助魂胆枕《ゆめすけこんたんまくら》』、滑稽本『浮世《うきよ》床《どこ》』といった作品があり、橋本峰雄は浮世意識が強い作家だったのだろうと述べている。

『浮世風呂』の冒頭には「浮世風呂大意」とよばれる一節が掲げられている（中村通夫校注『〈日本古典文学大系63〉浮世風呂』岩波書店、一九五七年）。読みやすいように、できるだけ難しい漢字を用いずに読み仮名や現代的な漢字で表記する。とはいえ読み方は筆者の選択によるものだから、筆者の現代語訳といってもよいものだ。

　つらつらかんがみるに、銭湯ほど近道の教えなるはなし。その故いかんとなれば、賢《けん》愚邪正貧福貴《ぐじやしょうひんふくき》賤《せん》、湯を浴びんとてはだかになるは、天地自然の道理、釈迦も孔子も於三《おさん》も権《ごん》助《すけ》も、産れたままのすがたにて、惜しい欲しいも西の海、さらりと無欲の形なり。

『日本古典文学大系』版の注では、「於三」は「下女」、「権助」は「炊事などをする下男」とされている。釈迦や孔子と於三と権助が並べられているのは、社会組織的な観点からはピンとキリ、大きく評価が異なる人間たちだが、「はだかのからだ」として見るというように、別の観点からは同等の存在だという。それは産まれたときの姿、つまりは生老病死を経る個々の人間としてということだろう。

その観点に立つと、成功したいとか、人の上に立ちたいといった欲望も厄払いで流してしまうことができる。「西の海」は注では「厄払いの文句」とある。だが、ここでは江戸後期の公衆浴場（銭湯）では、人々はいっときではあれ、欲望を湯で流してしまい、産まれたままの無欲な人間に還《かえ》ったような趣きがあるとされている。超越的な次元が匂わされている。確かにお風呂に入っている人それぞれは、賢愚邪正貧福貴賤は見分けにくく、神の前の人、仏の前の人、死を前にした人のように見えるかもしれない。

欲垢《よくあか》と梵悩《ぼんのう》（煩悩）と洗清《あらいきよ》めて浄湯《おかゆ》を浴《あび》れば、旦那さまも折助《おりすけ》も、どれがどれやら一般裸体《おなじはだかみ》。是乃《これすなわ》ち生れた時の産湯《うぶゆ》から死んだ時の葬灌《ゆかん》にて、暮《ゆうべ》に紅顔《こうがん》の酔客《なまよい》も、朝湯に醒的《しらふ》となるが如く、生死《しょうじ》一重が嗚呼まゝならぬ哉《かな》。

注には「折助」は「武家の下男」を指すとあるが、銭湯では「武家」と「下男」といった身分差別が撤去されたような光景が開かれると示唆する。そして、そこから無常の理を表す定型句のパロディーへと導かれていく。すでに第9章で蓮如《れんにょ》の「白骨《はっこつ》の御文《おふみ》（御文章《ごぶんしょう》）」について述べ、「朝《あした》には紅顔ありて、夕《ゆうべ》には白骨となれる身なり」という句の背景についても考察した。ここでは順番が逆になり、「紅顔」は若さではなく「なまよい」を、「白骨」にかわっては「しらふ」がもち出され、落語で聞く笑い話のようではあるが、そこに死を意識した浮き世の生が示唆されていることは確かだ。

誕生と死という事態において、「はだかみ」の人間はまったくの無力である。銭湯は人間の弱さ、傷つきやすさを露わにし、そのことによって誰もが死に向き合わざるをえないことが、ユーモアとともに語られている。そこではまた、「はだかみ」の弱さを抱えた人間同士の共感が表現されてもいて、それが「うき世」意識におけるこの世への肯定的な姿勢とつながっている。

弱さへのこだわりを表現する一茶

これはほぼ同世代の小林一茶の俳句に見られる、弱さへのこだわりやそこから生じるユーモアの感覚ともあい通じるものがある（表記は、丸山一彦校注『新訂 一茶俳句集』岩波文庫、一九九〇年／玉城司訳注『一茶句集 現代語訳付き』角川ソフィア文庫、二〇一三年／宗左近『小林一茶』集英社新書、二〇〇〇年、による）。

しよんぼりと雀にさへもまゝ子哉
なでしこやまゝはゝ木々の日陰花
我と来てあそぶ親のない雀
痩蛙《やせがへる》まけるな一茶是《これ》に有《あり》

やれ打《うつ》な蠅《はへ》が手をすり足をする

連れて来て飯を喰《くは》する女猫《めねこ》哉

うつくしやせうじ（しよ）の穴の天〔の〕川

老《おい》が身の直《ね》ぶみをさるゝけさの春

「まま子」「まま母」といった語には自らの育ちへの苦い思いが込められている。「ははき木」はほうきのような灌木だが、そこにわざわざ「まま」をつけるとともに、なでしこを「日陰花」として、恵まれない境遇への恨みの思いを表出している。「老が身の」の句にはひがみとも受け取れるような屈折した情念がうかがわれる。

近代の先駆けとしての一茶

雀や蛙や蠅に傷つきやすい生き物をみてとる感性は、江戸時代から令和の現在に至るまで多くの人々の共感を得てきたものだ。「障子（せうじ）の穴」から天の川が見える情景は、夏には風情があるのかもしれないが、冬はさぞかし寒いことだろう。あからさまに暴力の行使にふれた次のような句もある。

春雨や喰《くは》れ残りの鴨が鳴《なく》

初雪や今に煮らるゝ豚遊ぶ

この二つの句をあげて、大学でフランス文学を教える批評家で、詩人でもあった宗左近（一九一九―二〇〇六）は次のように述べている。

それにしても、「喰れ残りの鴨」にしろ「今に煮らる、豚」にしろ、むろん、それらがそのままわが身だという自覚があってのことです。その自覚のあった文学者は、江戸の文化文政までに、むろん数多くいたに違いありません。しかし、それを表現したのは、おそらく一茶が初めてです。（『小林一茶』、二二三ページ）

「浮き世」という言葉が庶民的な響きをもって用いられるようになったのは室町時代あたりからで、元禄時代の浮世草子作家、井原西鶴の頃には町人を中心に広く庶民の心を捉えるようになっていた。だが、文化文政の時代の小林一茶に至って、弱さ、傷つきやすさの表現が明確に近代性を帯びるようになった、と宗左近は考えている。

なぜか。たぶん、その酷《むご》たらしさに耐えがたかったからです。そのため、禁忌（タブー）を破らないわけにいかなかったのです。その時代の俳人や有識者の多くは眉をしかめたことでしょう。だが、あえて一茶は書きました。そのために作品が非芸術だと非難されようと、告発しないわけにいかなかったのです、鴨や豚の殺人者（？）であると同じに、鴨や豚にほかならぬ被害者であるおのれを、そして、そのおのれの二重性を。／こういう一茶に、わたしはまぎれもない近代人の誕生を見ます。芭蕉や蕪村に見ることのできなかった特性です。

（同前、二二三―二二四ページ）

橋本峰雄『「うき世」の思想』を導き手として、近世の「うき世」観について述べてきたが、橋本は近代の「うき世」についてもかなりの紙数を費やして論じている。橋本がまず注目するのは福沢諭吉（一八三五―一九〇一）である。「むろん福沢は無神・無仏論者である。しかしそれにもかかわらず、福沢の晩年に仏教的な世界観・人生観、『浮世』観を読みとることができるのはおもしろいことである」（『「うき世」の思想』、一一八ページ）と橋本は述べ、福沢の人生観を表す『福翁百話』の一節を引いている。

「人生は見る影もなき蛆虫《うじむし》に等しく、朝の露の乾く間もなき五十年か七十年の間を戯《たわむ》れて過ぎ逝《ゆ》くまでのこと」であり、このように「内心の底にこれ（浮世）を軽くみるがゆえに、よく決断してよく活発なるを得」るのであって、「人間の安心法はおよそこのへんに」ある。

（同前／家永三郎編『〈現代日本思想大系2〉福沢諭吉』筑摩書房、一九六三年、三四三ページ）

ここまで来ると、現代の日本社会に生きる私たちの死生観と隣り合わせの感がある。

六、現代人のうき世観と魂のふるさと

福沢諭吉のうき世の哲学

『福翁百話』で福沢諭吉は、自らの「安心」のありかについて語っているが、そこでは「浮世」

がキーワードになっている。だが、それは仏教的な信仰とは切り離されている。小林一茶の場合は、まだ仏教の信仰が失われていないように思う。死にゆく父の看取《みと》りと、その枕辺での継母や異母弟との確執の日々を描いた『父の終焉日記』の原稿には多くの仏典からの引用が書き込まれていた。最後は念仏を心のうちに唱えながら世を去ったのではないか。それに対して、福沢は無神・無仏の立場だ。だが、その福沢が『福翁自伝』で「安心決定」にふれ、『福翁百話』では「安心」について繰り返し語っている。また、無常観も明瞭に表出されている（家永三郎編『〈現代日本思想大系2〉福沢諭吉』筑摩書房、一九六三年／初刊、時事新報社、一八九七年）。

人生は見る影もなき蛆虫《うじむし》に等しく、朝の露の乾く間もなき五十年か七十年の間を戯れて過ぎ逝《ゆ》くまでのことなれば、わが一身を始め万事万物を軽く視《み》て熱心に過ぐることあるべからず。生まるるはすなわち死するの約束にして、死もまた驚くに足らず。いわんや浮世の貧富苦楽においてをや。その浮沈つねならざるのみか、貧者かならずしも苦痛のみにあらず、富者かならずしも安楽のみにあらず、ただこれ一時の戯れにして、その時を過ぐれば消えて痕なきものと知るべし。これを根本の安心法として深く胸の中に蔵《おさ》め置き、（以下略）。（同前、三四三ページ）

ここまでのところでは、福沢はいずれ死が訪れる無常を生きること、また、生老病死の苦悩のなかに生きることを「蛆虫」に等しいものとして、「万事万物を軽く視《み》て」、思い詰め（「熱心に過ぐる」）てしまわないようにしようと言っている。はかない苦に満ちた「浮世」に身を沈めて生き続けるのではなく、どこかでそこから解放され達観する視座をもつことを勧めているようだ。では、その上でどのように生きるのか。

さて、今日の浮世を渡るにその法を如何《いかん》すべきやというに、(中略)されば初めには人生を戯れと称して死もまた驚くに足らずといいながら、渡世の法に至れば生を愛し死を悪《にく》み辛苦経営して快楽を求めよと勧む。前後不都合なるに似たれども、元来人間の心は広大無辺にして、よく理窟の外に悠然たるを得べきものなり。(中略)火事のときには周章狼狽《ろうばい》してこれを防ぎ、病気のときは辛苦心配して医薬を求む。すなわち人情のつねなり。一方よりみれば火事も病気も驚くに足らずとして平気なるこそ道理なれども、他の一方より実際にあたれば驚かざるを得ず。いなそのこれに驚く者にして始めて人間の本分を尽すべし。(同前、三四三―三四四ページ)

平凡な現実、だが欲と煩悩にまみれた現実をそのまま受け入れ、真摯《しんし》に生きる。その意味では現実的で現世肯定的な世界観が推奨されている。

達観しつつ責任を果たす

一方で、現実から大きく距離をとり、異次元に心を置いて達観する。だが、他方では現実のなかに入って現実的にしっかり責任を果たしてゆく。これが福沢のいわば世俗的浮世観の要諦ということになるだろう。これについて、『「うき世」の思想』の橋本峰雄はさらに立ち入って解説している。

「蛆虫」としての人間と「万物の霊」としての人間が一つになる。また「道理」と「人情」とが一つになる。／それはどうして可能なのか。人間の心は「広大無辺なり」だからである。（中略）つまり、「浮世を軽くみるは心の本体なり。軽くみるその浮世を渡るに活発なるは心の働きなり」なのであるが、その「心」は「本来無心」であって「本来無一物の安心」は決定しているのである。（同書、一二一ページ）

人はお互い手前勝手な、だけど受け入れられるべき凡人同士という意識が強まっているのが現代人だとする。その現代人にも、福沢流のうき世観は確かにわかるような気がするのではないか。死に向きあっても恐れたり怯《おび》えたりすることがない、ある種の悟り・達観・諦めのようなものをもっている。難儀な現実に呑《の》み込まれてしまわない心の落ち着きどころをもっている。だが、かといって苦しみ惑い、嘆き悲しむ人々の心情から超然としているわけではなく、何とかよき生を実現しようとして余念がない。うまくいかないのがうき世だが。

これについて、橋本は「なんと日本人に親しい論理であり理屈ではないか。福沢において『浮世』ははじめて論理化されたといえるかもしれない」（同前、一二二ページ）と述べている。橋本は、宗教的な無常感や苦の捉え方を引き継いできた「うき世」感がこの「無宗教」的な福沢の整理によっていわば「うき世の哲学」になったと見ている。

流行歌の歌詞の「うき世」

確かにこのような「うき世の哲学」は多くの近代日本人によって受け継がれてきたと思う。宗教家、思想家、経営者、政治家などによって、類似の理論や境地の表現が多々なされてきただろう。だが、「うき世」の観念はそれに限られるものではない。うき世の語がしばしば用いられる注目すべき領域に歌謡曲（流行歌・ポップス）がある。橋本の『「うき世」の思想』も、「およそ流行歌というものは、そのすべてが庶民にとっての『うき世』を歌っているものといえよう」（同前、一三六ページ）と述べている。だが、明治・大正の時代の流行歌には「うき世」という語はあまり見当たらないようだ。

橋本によると、一九二九年以後の流行歌で、「浮世」の語が用いられるようになるが、最初に掲げられているのは、長谷川伸作詞の「沓掛《くつかけ》小唄」だ。これは前年に発表された長谷川作の戯曲「沓掛時次郎」が映画になったときの主題歌だ。

1　意地の筋金　度胸のよさも／人情からめば　涙癖／渡り鳥かよ　旅人ぐらし／あれは沓掛時次郎

2　背のびしたとて　見えぬを知りつ／せずに居られず　また背伸び／生まれ故郷は　遥かな空よ／思う御方も　百里先

3　来るか時節が　時節は来ずに／今朝も脱け毛が　数を増す／今度の浮世は　男でおいで

／女　とかくに　苦労がち

4　月よもの云え　姿をうつせ／ただ照るばかりじゃ　罪つくり／泣いた別れは　忘れもできよ／なまじ泣かぬが　命とり

5　千両万両に　曲げない意地も／人情からめば　弱くなる／浅間三筋の　煙の下《もと》で／男沓掛時次郎

一九三二年には西条八十作詞の「涙の渡り鳥」が大流行し、翌年映画化された。こう見ると、どうも「浮世」の歌謡曲は映画と縁が深いらしい。

1　雨の日も風の日も　泣いて暮らす／わたしゃ浮世の　渡り鳥／泣くのじゃないよ　泣くじゃないよ／泣けば翼も　ままならぬ

2　あの夢もこの夢も　みんなちりぢり／わたしゃ涙の　旅の鳥／泣くのじゃないよ　泣くじゃないよ／泣いて昨日が　来るじゃなし

3　懐かしい故郷《ふるさと》の　空は遠い／わたしゃあてない　旅の鳥／泣くのじゃないよ　泣くじゃないよ／明日《あす》も越えましょ　あの山を

戦前から戦後への「うき世」の展開

一九三五年の藤田まさと作詞「明治一代女」は川口松太郎の小説を映画化したものの主題歌である。一八八七年に殺人を犯した日本橋浜町の待合茶屋・酔月楼《すいげつろう》の女将《おかみ》だった花井お梅を主人公としたもので、その後もう一度映画になり、度々舞台で上演されたものだ。

1　浮いた浮いたと　浜町河岸に／浮かれ柳の　はずかしや／人目しのんで　小舟を出せば／すねた夜風が　邪魔をする

2　怨《うら》みますまい　この世の事は／仕掛け花火に　似た命／もえて散る間に　舞台が変わる／まして女は　なおさらに

3　意地も人情も　浮世にゃ勝てぬ／みんなはかない　水の泡沫《あわ》／泣いちゃならぬと　言いつつ泣いて／月にくずれる　影法師

これは明らかに西鶴の浮世草子の世界と連続性がある。演歌の伝統は浮世草子や股旅物を引き継いでいる。戦後になって、「浮き世」という言葉はさほど使われなくなったが、過去のものとなったわけではなく、もしかすると、次第に復活してきているのかもしれない。橋本の著書が出て以後の例では、浪曲師の娘の藤圭子が「圭子の夢は夜ひらく」を歌ったのは一九七〇年だが、八二年に歌った「母子舟《おやこぶね》」（石坂まさを作詞）には、「浮世」の語が「悲しみ」と「舟」と結びついて使われている。八八年に瀬川瑛子が歌った吉岡治作詞「憂き世川」は、世渡りに苦労する男を女が励ます歌である。中島みゆきは二〇〇九年の「百九番目の除夜の鐘」では、輪廻転生《りんねてんしょう》など仏教的イメージを用いながら、傷ついて生きていかざるを得ないうき世に背を向ける気配だ。同じく中島の二〇二〇年の「齢寿天任せ《よわいことぶきそらまかせ》」でも、うき世の彼方を望みつつ「天任せ」を唱えている。二〇一三年に自らいのちを絶った藤圭子だが、その長女、宇多田ヒカルの「Goodbye Happiness」

（二〇一〇年）もうき世の語を巧みに用いて、愛による孤独をいとおしんでいる。女が誇りをもって悲しみを歌うなかで、うき世の語が用いられる傾向がある。

歌謡曲からポップスに至る流行歌では、「うき世」は悲しみと結びついている。見田宗介《みたむねすけ》の『近代日本の心情の歴史』（講談社学術文庫、一九七八年／初刊、講談社、一九六七年）には、第九章「郷愁とあこがれの歴史」、第十章「無常感と漂泊感の歴史」という章があって、ここは「うき世」が歌われる流行歌のテーマと重なり合っている。第2章の一「弱さを嘆き、いのちのはかなさを知る」では「船頭小唄」についてふれたが、船頭小唄はうき世感や無常感を歌う歌謡曲の一つと見なしてよいだろう。橋本も見田もそのように見ている。ところが、「船頭小唄」の作詞者である野口雨情は童謡の作詞家として、より広く知られており、第2章の一で見たように雨情の童謡には死別にもつながる悲しみのトーンの童謡が多く、それが好まれてきたのだ。

流れる、浮かぶ、飛んでゆく

悲しみが主調音の歌が好まれるということでは、流行歌と童謡には重なり合いがある。両者ともに望郷、郷愁がよく取り上げられる。だが、流行歌では男女の愛を主題とし、男女の別離とその悲しみが歌われることもきわめて多い。この別離とも関わるが、流離、漂泊、旅の人生が描かれていることもよくある。もちろんそれは故郷や恋人の喪失、そして孤独の嘆きとつながっている。「船頭小唄」もそうだが、それらは「流れる」「浮かぶ」といったイメージとも結びつく。これらすべてを「うき世」の主題の変奏というのは言い過ぎだろうが、通じ合うのは確かだ。

カトリックの医師で原爆後に白血病で亡くなった永井隆《ながいたかし》のエッセイ集の表題をとったサトウハチロー作詞「長崎の鐘」(一九四九年)はキリスト教の雰囲気を取り入れた歌詞だが、「うねりの波の　人の世に」とあるのはうき世のイメージに通じている。一九六一年に仲宗根美樹が歌った横井弘作詞「川は流れる」も「うき世」の語は用いられないが、「流れる」「浮かぶ」イメージのなかで人生の悲しみを歌っている。美空ひばりが歌った秋元康作詞の「川の流れのように」は悲しみが主調音ではないが「うき世」の主題と関わりがあるとは言えるだろう。人生全体を振り返ってふるさとを思うことと、川の流れをイメージすることが結びついている。苦しみ悲しみもある人生を感慨深く俯瞰《ふかん》するものだ。死を迎える前に聞き直したい歌としてあげられることの多い歌である。

このように現代の流行歌まで見てくると、そこには俗なるものに身を浸していながら、死のかなたを遠望するような歌がしばしば見られるようだ。いや、さらに、それによって死を受け止める心構えが促されるような歌や音楽もあることに気づかされる。それは、日本の文化伝統という枠を超えて広がっていくようだ。ホスピスで音楽療法を行っている中山ヒサ子の『ホスピスケアと音楽』(春秋社、二〇〇七年)には、六四歳の女性がサイモンとガーファンクルが歌った「コンドルは飛んでゆく」をリクエストしたという例がひかれている。

この女性は死を前にして夫と国内外に旅をした。「美瑛《びえい》の丘を訪れたとき、上空を飛ぶ飛行機を見上げて、今度は上から見たいと主人にお願いしていました。今、望みは叶いませんが、せめて心は空高く舞うコンドルになって夢を叶えたく、リクエストしました」(同書、七〇ページ)。美瑛の丘は十勝岳連峰に連なる美しい眺望の場だ。そして、「コンドルは飛んでゆく」は、船で海に漕いで出たいと始まり、それを飛び立つ白鳥にたとえる。そのようにこの大地を離れることはとほうもなく悲しい。旅するコンドルの気持ちを想像する形で、自らの孤独と悲しみを歌う歌だ。この世にどっぷり身を浸しながら、あの世からの眼差しを得たいと願っていると捉えると、この歌の響きは「うき世」の言葉で表現されてきたことと通い合うと考えてもよいのではないだろうか。

「うき世」と「魂のふるさと」

「うき世」のイメージが近世以来の日本人にとって親しみ深いものであることを述べてきた。それはまず無常感と切り離せない。平安時代の歌人や女流作家たちが繰り返し語った「はかなさ」は、流行歌のなかでもほぼ絶えることなく歌われてきている。死は明確に主題となっていないのだが、死すべき人間がそれなりに意識されてもいるのである。流行歌のうき世はまた、別離や喪失とも結びついている。愛する人との別れを歌うことは、愛の大切さを思い起こして自らを鼓舞することでもあるのだろう。そして、うき世はさらに望郷、郷愁の主題と結びつき、「魂のふるさと」を思い起こすことにもつながっている。

だが、江戸時代の「うき世」が、なお念仏やお題目や神仏への礼拝を背後にもっていたのに対し、近代以降の「うき世」の歌に共鳴する人々はどこに心の落ち着き場所を見出すのだろうか。もちろん現代にも神仏の存在を確かなものと感じて日々を過ごしている人はいる。死について、また死後について堅固な手応えをもって信じている人もいる。

本書の第1章の一では、お盆に死者を送り迎えする例などをあげ、「死者が近くにいるという感覚」についてふれ、二では、歌人・詩人で民俗学者・国文学者の折口信夫《おりくちしのぶ》が、早い段階で「魂のふるさと」に関心を寄せ、その後、その主題をさまざまに展開させていったことについて、同じ章の三から五にかけてふれた。そして、一九三〇年代の戦争が激しくなっていく時期に、『死者の書』では「魂のふるさと」への憧憬《しょうけい》と凍りつくような原初の孤独を照らし合わせたことについても述べた。

死後の救済や永遠の生命といった信仰を前提とせずに、しかし「魂のふるさとに帰ることを思う」「向こう側の何か、あるいは目に見えない大いなる何かによる安らぎを念じる」といったことがありうる。宗教的救済理念を全面的に受け入れるというのではなくて、芸術を通して、あるいは思念を通して、充溢《じゅういつ》を思い、深い疑いや孤絶に拮抗《きっこう》するものを求めるということがある。追憶や祈りや詩や物語や音楽や美的体験や瞑想を通して、そのような境地に近づいていくという経験が広く見られる。古代以来の詩歌や物語にそれが見られることもここまでの諸章で見てきたとおりだ。個人的にそのような試みをする人は多いし、音楽療法や芸術療法もそのような方向を目指している。音楽療法の実践家は、あらゆる種類の音楽がそれに貢献する事例を語ってくれる。

これはうき世の慰めを通して、死の断絶による痛みを和らげる死生観に至るものと言えるだろう。

金子兜太の戦争と死の体験

小林一茶の俳句にそのような働きを見た現代の俳人、金子《かねこ》兜太《とうた》（一九一九―二〇一八）の晩年の語りに、その一例を見てみたい。私の両親と同世代の兜太だが、その考え方の枠組みを形作ったものに戦地での経験がある。東京帝国大学の経済学部を卒業して日銀の職員となったが、一九四四年から海軍主計中尉として施設部の配属でトラック島に駐留した。米軍の空爆と食糧の補給停止で多くの兵士が死んだ。餓死者も多かったが、「なんでオレだけ、こんなに死なねぇんだろう」と思った。そこで奇妙な体験をした。寝床でぼんやり天井を見ていたら、「すーっと山並みが見えてきた」。これは故郷の秩父の山並みだが、そのうちそこに丸い光のようなものが見えてくる。ハッとする。「これは椋《むく》神社の灯だ、猿田彦さまをお祀りしてあるあの村社だと。そう言えば母親が作ってくれた千人針の中に椋神社のお札が縫い込んである」。そのお札が自分を守ってくれていると感じた。「それからは何か〝わたしは死なない〟という自分に対する絶対的な信頼感みたいなものが出てきたことは間違いないですね」（金子兜太『他界』講談社、二〇一四年、三七―三九ページ）。

水脈《みお》の果《はて》炎天の墓碑を置きて去る（兜太）

兜太はこの句を「わたしのその後の人生を決定づけた句と言ってもいい」句だという。二年八カ月の滞在の後、一九四六年になってトラック島から復員する。「いつ死んでも構わない」という覚悟をした。「ところがいざここでたくさんの人が銃弾で倒れ、餓死していくのを目の当たりにするうち、わたしの心はだんだん虚ろになっていくわけです」。非業の死をとげた多くの兵士たちの墓碑があった。「わたしは船の上から、その墓碑の姿が見えなくなるまでかなり長い間、見つめていました。そしてその船の中で、初めて〝自分は死なない、何としても生き抜こう〟という決意のようなものを持ったんですね」（同前、四八―四九ページ）。

「荒凡夫」と「生きもの感覚」

戦後は日銀に長年勤め、最後の一〇年ほどは妻の実家のある熊谷から通った。俳句を続けることが生活の主眼で、日銀の仕事にはまったくなじめず、給料をもらうために身を置いていたにすぎない。「定住漂泊」という言葉も愛用したが、熊谷では秩父と同じように「土」とともに生きる感覚を取り戻した。そのなかで〝生きもの感覚〟というものを強く自覚するようになった。その導きとなったのが小林一茶で、六〇歳になった一茶が「荒凡夫《あらぼんぷ》」という言葉を用いたことに深く共感した（金子兜太『荒凡夫　一茶』白水社、二〇一二年、九―一〇ページ）。

御仏は暁の星の光に四十九年の非をさとり給ふとかや。荒凡夫のおのれのごとき、五十九年が間、闇《くら》きよりくらきに迷ひて、はるかに照らす月影さへたのむ程のちからなく、たま〳〵非を改らためんとすれば、（中略）ます〳〵まよひにまよひを重ねぬ。げに〳〵諺《ことわざ》にいふ通り、愚《ぐ》につける薬もあらざれば、なを行末《ゆくすゑ》も愚にして、愚のかはらぬ世をへることをねがふのみ。
欲に迷って苦悩しつつ生きていくしかないということだが、それを肯定している。煩悩のまま、欲のまま、本能のままに生きる、それが最高の自由だ。だが、社会性という点ではもちろん自己を抑制するものがある。そこに一茶には〝生きもの感覚〟とよべるようなものがあることに気がついた。たとえば次のような句だ（『他界』一〇一ページ）。
蚤《のみ》どもが夜永いだろぞさびしかろ（不明）
蛇《くちなわ》も一皮むけて涼しいか（八番日記）
五八歳の一茶は三人目の子ども、さとを前の二人と同様、幼くして亡くした後、中風で半身不随となった。ところが、湯田中温泉の宿の主人に助けられ、五九歳の年には中風から回復する。その後の正月につくったのが次の句だ（『荒凡夫　一茶』一〇九ページ）。
ことしから丸儲《まうけ》ぞよ娑婆遊び（ことしから丸もふけ也娑婆の空）（梅塵八番）
この句は季語がないもので、多くの俳人からは邪道とされるものだが、一茶は確信犯的に生きものの「いのち」の表現の方に加担する。兜太が紹介する一茶の句にはなるほどと思わせるものが多い（同前、八八、一二六、一三六ページ）。
蓮の花虱《しらみ》を捨るばかり也（蓮の花虱を捨つめるばかり也）
露の世の露の中にてけんくわ哉《かな》（七番日記）

人鬼《ひとおに》の中へさつさと蛍哉（七番日記）
犬どもが蛍まぶれに寝たりけり（七番日記）

無神論だが他界はある

次の句は三人目の子のさとが生後一年余りで世を去った後の句だ。

蛍来よ我拵《こしら》へし白露に（八番日記）

「白露」は秋の季語で「草木に置いて、白く光って見える露」を指すが、兜太はこの句に次のような説明を加えている。

白露というのは、言うまでもなくサトを失った無常の塊を示しています。「さとに死なれ、いま胸の中は無常の塊でいっぱいだ。我慢ができないので何とかしないといけないと思って、この無常の塊を露と見立ててつくったから、蛍よ、ここに来て舐めてくれ、そして可愛がってくれ」と言っています。（中略）蛍や白露に対する一茶の〝生き物感覚〟のすばらしさが如実に出ている名句だと思います。（同前、一三〇ページ）

兜太自身の句を二つだけあげる。（『他界』九七、一五八ページ）

よく眠る夢の枯野が青むまで（兜太）
夏の山国母いてわれを与太と言う（兜太）

前者は芭蕉の「旅に病んで夢は枯野をかけめぐる」を念頭に置いていることは言うまでもない。

後者は秩父にいる母が兜太のことを死ぬまで「与太」とよんでいたという逸話に関わる。「この母親が寝込んだというので見舞いに行ったら、わたしの顔を見るなり、『ああ、与太が来たね、バンザーイ』と言ったのを忘れません。そのあとまもなく亡くなりました」（同前、一五八ページ）という。百四歳だった。そして、兜太は「他界はある」といい「原郷」とも言い換え、「アニミズム」がよいという。だが「無神論者だ」とも言う。

わたしは無神論者ですから特定の神仏は信仰していないんですが、神棚にはわたしが旅先で出会った神様とか、郷里の椋神社とかを祭ってある。そこに家内の位牌もある。／その神棚の前で、記憶に深く残る連中の名前を言っているうちに何か体とか頭とかがスーッとしてくる。続けてやってみると毎朝、気持ちがいいので繰り返す。まあ、立禅《りつぜん》と言えば立禅です。立ったままで故人の名前を称える、称名するわけですね。今のところ全部で百二十人ぐらいです。（同前、一五九ページ）

九八歳で世を去った金子兜太は根っからの〝生きもの感覚〟を信じることで、独自の「原郷信仰」あるいは「他界実践」に、つまり自分なりの死の向こう側を念頭に置いて生きるに至っている。大きな病気もせず、困窮もせずに、よい家族に恵まれ長生きした人の明るい死生観と言えるかもしれないが、戦争での悲惨な死を眼前に見た経験と死者たちの記憶、そして生き残った者の自覚に忠実な死生観とも言えるだろう。私自身、両親から受け継いでいるものを思い起こし、なるほどと感じる死生観である。

終章

一、夏目漱石、死生観を問う——死生観が問われる時代

福沢諭吉（一八三五—一九〇一）は浮き世について語ってさほど時を経ずに世を去っている。それはちょうど、「死生観」という言葉が使われるようになるのに先立つ時期である。ここでは近代日本人の死生観に今一度触れながら、これまで見て来た古代から近代に至る日本の文芸や歌謡（うた）に表された死生観を捉え直していきたい。

拙著『日本人の死生観を読む』（朝日新聞出版、二〇一二年）で述べたように、「死生観」という言葉がよく用いられるようになるのは、一九〇四年に加藤咄堂《とつどう》の『死生観』（井冽堂）と題する書物が刊行されて以来のことである。

この時期に「死生観」が問われるようになった背景に、「煩悶青年」の登場があることも思い起こしておきたい。「煩悶」という言葉が流行るようになったきっかけとなる出来事の一つに、

一高生、藤村操《ふじむらみさお》（一八八六―一九〇三）の自殺があった。一七歳の藤村は哲学を学ぼうとして一高（第一高等学校）に入学したが、授業にあまり出ることもなく、日光の華厳の滝で投身自殺をした。死の直前に滝の上の樹木に彫りつけた「巌頭之感」は次のようなものである。

悠々たる哉天壌、遼々たる哉古今、五尺の小軀を以て此大をはからむとす。ホレーショの哲学竟に何等のオーソリチーを価するものぞ。万有の真相は唯一言にして悉す、曰く、「不可解。」我この恨を懐いて煩悶終に死を決す。既に巌頭に立つに及んで、胸中何等の不安あるなし。始めて知る大なる悲観は大なる楽観に一致するを。（平岩昭三『検証　藤村操――華厳の滝投身自殺事件』不二出版、二〇〇三年、七ページ）

世界と人生の「不可解」に向き合い、自らを「煩悶」に追い込み、「死を選びとること」を一つの選択肢として意識する、このような若者が登場した。すべてが無に帰することとしての死、そのような死を意識することと、生きていく根拠が見出せないという苦悩がつながって、自殺が選ばれる。この「哲学的自殺」は近代という時代の精神性の新たな位相であり、宗教や伝統的価値観から切り離され、存在根拠が失われたと感じる人間の苦悩と関わりがあると捉えられた。「煩悶」とはそのような時代の青年が直面する深刻な何かとして用いられるようになった語である。

藤村操の死を安らかでない思いで受け止めた教師の一人に夏目漱石がいた（十川信介『夏目漱石』岩波新書、二〇一六年、一〇四―一〇五ページ）。英国への留学を終えた漱石は、一高と東京帝国大学文科大学の教員として赴任した直後の一九〇三年に、藤村操を教えていた。漱石の授業で、藤村は何度指名しても「やって来ません」と繰り返すので、漱石は立腹し、予習してこないのならもう授業に出るなと叱ったという。この時期、漱石自身は「神経衰弱」に苦しんでおり、鏡子夫人に当たり散らすようなこともあったらしい。少し後の一九〇四年に、漱石は藤村操の後を追う女子を想像し、「藤村操女子」の名を掲げた新体詩「水底《みなそこ》の感」を寺田寅彦宛の葉書に記したりもしている（同前、一一二ページ）。

死に直面した夏目漱石

その夏目漱石が、自ら死生観の表出が核になるような文章を発表するようになるのは一九一〇年のことである。すでに一九〇七年に教職を辞し東京朝日新聞社に入社して、次々と後世も読み継がれている作品を発表し始めていた漱石だが、この年の六月ごろから胃腸病が悪化し、当初は麴町《こうじまち》区の長与胃腸病院に通い、やがて入院治療を受けたが、退院後、伊豆で湯治をすることになり、八月に入って修善寺の菊屋旅館に滞在する。そして、八月二四日になって大量の吐血をし意識を失う事態に至った。

その後、漱石は一〇月一一日に特製の担架に乗せられて帰京し、長与病院でさらに四カ月余り入院し、一九一一年二月二六日に退院した。いわゆる「修善寺の大患」である。漱石は長与病院入院中に、この間の自らの経験と感じ考えたことを『思い出す事など』と題して三三回にわかって「東京朝日新聞」に連載した。それが単行本『切抜帖より』として刊行されたのは、一九一一年八月のことである。

三三回の連載の核となる部分は、多量の吐血（「八百グラムの吐血」）をして意識を失っていたこと、そしてその後の心境について記述している部分だろう。自分はその吐血の前後、意識を保っており、その間のことをほぼ記憶しているつもりでいた。ところが後から鏡子夫人の日記を読み、意識を失っていたことを知り、あらためて「余は妻《さい》を枕辺に呼んで、当時の模様を委《くわ》しく聞く事が出来た」。そうして分かって来たのだが、その間に起こったことは次のようなことだった。「悶えたさの余りに、折角親切に床《とこ》の傍《わき》に座っていてくれた妻に、暑苦しくて不可《いけ》ないから、もう少し其方《そっち》へ退《ど》いてくれと邪慳《じゃけん》に命令した」。それでも堪えられなかったので、安静にしていなさいという医師の注意に背いて寝返ろうとした。そのときに、口から血潮を吐き出し、妻の浴衣にべっとり吐きかけた。脳貧血が起こったのか、そこはもう記憶にない。多くのカンフル注射が射たれたことなど、まったく知らなかった。「徹頭徹尾明瞭な意識を有して注射を受けたとのみ考えていた余は、実に三十分の長い間死んでいたのであった」（『思い出す事など　他七篇』岩波文庫、一九八六年、四八―五〇ページ）。

「生死二面の対照」の経験

これに続いて生じた変化はある安らぎを感じさせるものだ。意識が戻ってから、森成《もりなり》医師が

「含嗽《うがい》を上げましょう」という声が聞こえた。「余は黙って含嗽をした。そうして、つい今しがた傍《そば》にいる妻《さい》に、少し其方《そっち》へ退《ど》いてくれといったほどの煩悶《はんもん》が忽然何処かへ消えてなくなった事を自覚した。余は何より先にまあ可《よ》かったと思った。金盥《かなだらい》に吐いたものが鮮血であろうと何であろうと、そんな事は一向気に掛からなかった。日頃からの苦痛の塊を一度にどさりと打ち遣《や》り切ったという落付をもって、枕元の人がざわざわする様子を殆んど余所事《よそごと》のように見ていた」（同前、五〇ページ）。

続いて、漱石はこの生と死を行き来した「生死二面の対照」の経験が、自己の理解を超えたものであることについて述べていく。「どう考えてもこの懸隔《かけへだ》った二つの現象に、同じ自分が支配されたとは納得出来なかった。よし同じ自分が咄嗟《とっさ》の際に二つの世界を横断したにせよ、その二つの世界が如何なる関係を有するがために、余をして忽《たちま》ち甲から乙に飛び移るの自由を得せしめたかと考えると、茫然として自失せざるを得なかった」（同前、五四ページ）。ここで漱石が死と生の何が「納得出来なかった」と述べているのか、必ずしも分かりやすいものではない。ただ、以下の一節が示すように、そこに安らぎの境地が関わっていると捉えてもよいようである。

かく凡《すべ》ての人に十の九まで見放された真中《まなか》に、何事も知らぬ余は、曠野《こうや》に捨てられた赤子の如く、ぽかんとしていた。苦痛なき生は余に向ってなんらの煩悶をも与えなかった。余は寝ながらただ苦痛なく生きておるという一事実を認めるだけであった。そうしてこの事実が、はからざる病のために、周囲の人の丁重な保護を受けて、健康な時に比べると、一歩浮世の風の当りにくい安全な地に移って来たように感じた。実際余と余の妻とは、生存競争の辛《から》い空気が、直《じか》に通わない山の底に住んでいたのである。

露けさの里にて静なる病（同前、五九ページ）

これは、何か「死後の生」に類する信念につながるものではなかった。「余は一度死んだ。（中略）果して時間と空間を超越した。しかしその超越した事が何の能力をも意味さ《ママ》なかった。余は余の個性を失った。余の意識を失った。ただ失った事だけが明白なばかりである。どうして幽霊となれよう。どうして自分より大きな意識と冥合《めいごう》出来よう」（同前、六二ページ）。漱石はある種の臨死体験を得たのだが、それは二〇世紀後半に世界の多くの人たちを奮い立たせた「臨死体験」のように死後の異次元の実在を予感させるようなものではなかった。

「生存競争」の彼方へ

だが、そこに「煩悶」や「生存競争」によって絶えることがない闘争の現実、「神経衰弱」を強いる現実からの解放の経験があったことを漱石は語っている。これは死に先立つ病の経験から継続したものだろう。世の現実とはがっぷり四つに組んだ相撲のようなもので、静かに見えるが実は「互殺の和」であって、一生続く果てしない争闘の日々だ。「もし彼対我の観を極端に引延ばすならば、朋友《ほうゆう》もある意味において敵であるし、妻子もある意味において敵である。そう思う自分さえ日に何度となく自分の敵になりつつある。疲れても已《や》め得ぬ戦いを持続しながら、煢然《けいぜん》として独りその間に老ゆるものは、見惨《みじめ》と評するより外《ほか》に評しようがない」（同前、六七ページ）。「しみじみそう感じた」のだったが、その「心持を、急に病気が来て顚覆《くつがえ》した」という。今まではあらゆることを自分の意志で実現しなくてはならなかった。ところが「いくら仕《し》ようと焦慮《あせ》っても、調《ととの》わない事が多かった。それが病気になるとがらりと変った」（同前、六八ページ）。多くの人々が自分を助けに来てくれ、好意を寄せてくれた。「四十を越した男、自然に淘汰せられんとした男、さしたる過去を持たぬ男に、忙しい世が、これほどの手間と時間と親切を掛てくれようとは夢にも待設《まちもう》けなかった余は、病に生き還ると共に、心に生き還った。余は病に謝した。また余のためにこれほどの手間と時間と親切とを惜まざる人々に謝した。そうして願わくは善良な人間になりたいと考えた。そうしてこの幸福な考えをわれに打壊す者を、永久の敵とすべく心に誓った」（同前、六八—六九ページ）。

このように他者への感謝の念とともに、自然への親しみも深く心に染みるものがあったようである。『思い出す事など』には、漱石が病床で創作した漢詩や俳句が毎回、書き込まれていた。そこにも死を通り越したことに由来するような安らぎの表現が度々見出される。

大空に雲動かず

若い時から漱石は漢詩の安らぎの境地を好んだ。しかし、その後、次第に「実際的」に生きざるをえなくなった。「崖を降りて渓川《たにがわ》へ水を汲みに行くよりも、台所へ水道を引く方が好くなった。けれども南画に似た心持は時々夢を襲った。ことに病気になって仰向に寝てからは、堪えず美くしい雲と空が胸に描かれた」（同前、八二―八三ページ）。

空が空の底に沈み切ったように澄んだ。高い日が蒼い所を目の届くかぎり照らした。余はその射返しの大地に洽《あま》ねき内にしんとして独り温もった。そうして眼の前に群がる無数の赤蜻蛉《とんぼ》を見た。そうして日記に書いた。――「人よりも空、語よりも黙《もく》。……肩に来て人懐かしや赤蜻蛉」（同前、八三ページ）

修善寺での病床で漱石は再び漢詩を作るようになった。たとえば次に読み下しを示すような無題の五言絶句がある。吉川幸次郎の『漱石詩注』（岩波文庫、二〇〇二年／初刊、岩波新書、一九六七念）を参照しつつ、古井由吉『漱石の漢詩を読む』（岩波書店、二〇〇八年）の読み下しを引く。

仰臥《ぎょうが》　人　唖の如く
黙然　として大空《たいくう》を見る
大空に雲動かず
終日　杳《はる》かにして相《あ》い同じ

この詩を引いている『思い出す事など』（同書、一二一ページ）の箇所（二十）には、次のような文章が見られる。

余は当時十分と続けて人と話をする煩わしさを感じた。声となって耳に響く空気の波が心に伝《つたわ》って、平らかな気分をことさらに騒《ざわ》つかせるように覚えた。口を閉じて黄金《こがね》なりという古い言葉を思い出して、ただ仰向けに寝ていた。ありがたい事に室《へや》の廂《ひさし》と、向うの三階の屋根の間に、青い空が見えた。その空が秋の露に洗われつつ次第に高くなる時節であった。余は黙ってこの空を見詰めるのを日課のようにした。何事もない、また何物もないこの大空は、その静かな影を傾むけて悉《ことごと》く余の心に映じた。そうして余の心にも何事もなかった、また何物もなかった。透明な二つのものがぴたりと合った。合って自分に残るのは、縹渺《ひょうびょう》とでも形容して可《よ》い気分であった。（同書、七〇ページ）

「縹渺」というのは「はるかに広がる」という意味で、漢詩の「杳」に対応する。この前後で漱石はドストエフスキーの「神聖なる疾」、癲癇《てんかん》の体験に触れている。また、死刑の宣告を受けながら、どたんばで生き延びることができた経験についても述べている。そのときのドストエフスキーの心境を何とか思い浮かべようと繰り返し試みたという。「寒い空と、新らしい刑壇と、刑壇の上に立つ彼の姿と、襯衣《シャツ》一枚で顫《ふる》えている彼の姿とを、根気よく描き去り描き来《きた》って已《や》まなかった」（同前、七四―七五ページ）。

今はこの想像の鏡も何時《いつ》となく曇って来た。同時に、生き返ったわが嬉しさが日に日にわれを遠ざかって行く。あの嬉しさが始終わが傍《かたわら》にあるならば、――ドストイェフスキーは自己の幸福に対して、生涯感謝する事を忘れぬ人であった（同前、七五ページ）。

あるほどの菊抛げ入れよ棺の中

『思い出す事など』には、また漱石の闘病の時期に亡くなっていた数人の死者についても述べられている。初めの部分に書かれているように、漱石の病の診療を引き受け修善寺にも森成医師を派遣して助けた長与胃腸病院の長与称吉院長が、漱石が危機的な病態にあったときに亡くなっていた。自分がそのような事態を思いもかけずにいて辛うじて生き延びていたとき、院長に死は訪れ、すでに葬儀も終わり、さらに一月が経過していた。「生き延びた自分だけを頭に置かずに、命の綱を踏み外した人の有様も思い浮べて、幸福な自分と照し合せて見ないと、わがありがたさも分らない、人の気の毒さも分らない」（同前、一〇ページ）。続いてウィリアム・ジェイムズの死の報せについても感慨を述べているが、これはジェイムズの思想への深い共鳴が背後にあるものだ。一一月には東京帝大の同僚で美学者の大塚保治の妻で作家でもあった大塚楠緒子《くすおこ》の死の報せを得て、次の句を作っている（同前、三二ページ）。

あるほどの菊抛《な》げ入れよ棺の中

死別の悲嘆を分かち合う句として現代人の心にも響くものだ。しかし、さらに痛切な喪失の悲しみが襲ったのは、大患の直前に誕生した五女雛子《ひなこ》が、退院後、一年も経ない一九一一年一一月に突然亡くなったことだろう。さらに、東京朝日新聞社入社以来、親しい交わりがあった池辺三山《さんざん》が一九一二年二月に亡くなっている。これらの死別を通して深めた死者を偲《しの》ぶ思いについては『彼岸過迄』（一九一二年）や『こころ』（一九一四年）で重要な一角を占めている。

『彼岸過迄』では「雨の降る日」と題された章に、カタコトをしゃべるほどの「宵子」が突然亡くなった経緯、そしてその子を送る儀式の経緯が書かれている。子どもの死による悲嘆を描くことがこの小説の課題の一つだった。これはそもそも『彼岸過迄』という題を付けたのはなぜかという問いと関連する。単に彼岸が過ぎる頃まで連載をするという意味にすぎないとの自己弁明があるが、実は死者を偲ぶ彼岸会《え》にちなんで、この逸話を取り上げるという考えが念頭にあったからかもしれない。生存競争にあけくれる世がもたらす孤独・煩悶・神経衰弱に苦しむ人々を描くのだが、それを死と死の彼方にあるものに照らして描くという考えがあったという推察も成り立つのだ。

二、死生観表出の歴史を振り返る——伝統のなかの死生観

このように見てくると、夏目漱石の「修善寺の大患」に集約される経験、そしてそれを表出した『思い出す事など』は、自らの経験に根ざした「あなた自身の死生観」の醸成、そして表出という点で先駆的なものとして位置づけることができる。一人の個人として、自分自身の死生観を持つということが、これ以後、次第に多くの人の課題と受け止められるようになってくる。

それ以前の学者や文学者などもそれぞれに死生観を表出してきた。これについては、すでに見て来たとおりだ。世界的に見れば、『ギルガメシュ叙事詩』や「コヘレトの言葉」や屈原《くつげん》・陶淵《とうえん》

明《めい》以来、日本でいえば、万葉集の歌人や紀貫之《きのつらゆき》や菅原道真《すがわらみちざね》や西行以来、それぞれ独自の死生観の表出を行って来た。鴨長明や蓮如《れんにょ》のような仏教者もその時代の宗教的死生観にそって独自の表出を行って来た。

しかし、それらはそれぞれの時代、それぞれの地域で広く共有されているものを土台としており、その枠を大きくはみ出してはいない。とりわけ宗教文化・大伝統（Great Tradition）の文化（大伝統は文書伝統に多くを負い長い歴史をもつ伝統を指し、キリスト教・仏教・イスラームなどの歴史的な救済宗教のほかに、儒教、道教、ヒンドゥー、ユダヤの伝統なども含まれる）が大枠を定めており、そこから逸脱する死生観の表出はあまりなかったはずだ。日本において、「無常」はその核心にある理念と見てよいだろう。本書の第2章から第4章において、無常は死をめぐる基底的な理念として作用してきたと見て来た。死別の悲嘆の表出、また人のいのちがはかないものであることを嘆く表現は、無常として捉えられた。とりわけ中世においてそれは顕著だった。

死をめぐる大伝統・小伝統

中世的には無常は仏教と結びつき、「無常を超える」ことが解決であり、仏道がそれをもたらすという前提が共有されていた。典型的にはいろは歌である。第2章で述べたように、いろは歌は仏教の無常と解脱《げだつ》の教理に則っている。「色は匂へど　散りぬるを　我が世誰ぞ　常ならむ

有為の奥山　今日越えて　浅き夢見じ　酔ひもせず」とあるのは、『涅槃経《ねはんぎょう》』にある「無常偈《げ》」、「諸行《しょぎょう》無常、是生滅法《ぜしょうめっぽう》、生滅滅已《しょうめつめつい》、寂滅為楽《じゃくめついらく》」の意訳であるという。そこでは、無常のこの世の生を超えて、彼岸の涅槃寂静《じゃくじょう》へと至ることが目指されている。よりポピュラーであった浄土教に従うなら、永遠のいのちの表象として成仏があり、極楽往生がある。要するに目指すべきところという答えは大前提としてあり、共有されている死生観の根幹となっていた。これはキリスト教世界における死後の救い、神のみもとに召されるという死生観の大前提と対応するような救済宗教的死生観だ。

　他方、小伝統（大伝統・小伝統は文化人類学者のロバート・レッドフィールドが『未開世界の変貌』〔染谷臣道・宮本勝訳、みすず書房、一九七八年〕で定式化した用語）とも言える民衆の生活仏教や民俗宗教においては、生活環境からさほど遠くない他界に死者はおり、この世との往来がありうると信じられた。正月や盆にあの世からこの世に帰ってきて、生者とともに死者の祀りが行われるという循環的な永遠のいのちとの交流が信じられていた。現世と来世が断絶している救済宗教的死生観と、現世と来世が連続している民俗宗教的死生観が合体・併存していたわけだ。この世と断絶し遠い彼方《かなた》にある他界という死後の表象に対して、近くも遠くもありえて、個々人の内面にあるものと表象される死後の表象は「魂のふるさと」という言葉が指すものと近いだろう。

　西方極楽浄土は本来、遠い彼方のものであり、そこから死者が帰ってくるような他界ではないはずである。ところが実際には、民俗宗教的な世界と習合しており、死者と生者の交流が容易になされうるような他界として「魂のふるさと」が表象されることが多かった。多くの人々にとって、お盆に帰ってくる先祖、仏壇やお墓にいる死者、西方極楽浄土に往生した念仏者の表象が矛盾するとは意識されずに共存する事態が続いてきたのだった。

文芸で表出される死生観

一方、文芸における死生観を見ると、仏教教義におけるこの世と断絶した永遠のいのちや、民俗宗教におけるいのちの循環の表象とは、また少し異なった表象が再生産されてきた。妻や子の喪失を悲しみ、無常を嘆く詩歌や物語は多い。しかし、それは必ずしもひたすら涅槃を希求したり、浄土への往生を念じたりする方向を向くわけではなかった。紀貫之や西行や菅原道真はその良い例であるが、死別の悲嘆をかこち、無常を嘆き、桜が散ることによりいのちのはかなさを悟るのではあるが、詩歌を通して何ほどか死別の悲嘆や無常の痛みを受け入れようとしている。そしてこの世に踏みとどまり、美的な享受を大切にしている。これは神秘主義に通じる側面だ。

西行を例にとると、出家をして世を捨てて浄土へと思いをこらす高野聖《こうやひじり》なのではあるが、同時に花に浮かれ、花に狂い、それを歌に詠《よ》むことにこそ生きがいがかけられているような「数寄《すき》」の人でもあった。「花にそむ心のいかで残りけん捨てはててきと思ふ我身に」といった歌が示すように、この世にあってこの世を超えたものを思う、それはこの世に執着しているのか、はたまたそこにこそ無常を超える悟りがあるのか、わかりにくいような生き方とも言える。だが、漢詩にしろ和歌にしろ、そこに表出されるものは明確な宗教的理念や信仰と一致するものではないことが多い。そして、そのように教義とはずれているからこそ孤独な心がそこに如実に現れ、それがその詩歌の死生観表出の力にもなるのだ。

これは日本だけではない。『ギルガメシュ叙事詩』や「コヘレトの言葉」、そして『ルバイヤート』に見られるように、無常を嘆くとともにそのような世界と人間を詠嘆的に受け止める詩歌を死生観的な詩歌と捉えるなら、これは世界的に広く見られるものだろう。日本には漢詩を通してその強い影響が及び、和歌や他の文芸形式を通して深く文化伝統に根付いていった。現代日本においてもこの伝統の影響をまったく脱しているという人は少ないかもしれない。

「うき世」観と近代

近世になると宗教的な教義から離れて、死生観が表出される傾向は一段と強まる。そのことを示す用語に「浮き世」がある。この語は苦難や悲嘆を避けられない現世を嘆く「憂き世」に由来する語だが、時代を下るに従って現世に肯定的な捉え方が増えてきて、現世的な欲望や快楽の追求を肯定する言葉へと転じていくと理解されている。『閑吟集《かんぎんしゅう》』には「夢の夢の夢の世をうつ顔《がお》して　何せうぞ　くすんで　一期《いちご》は夢よ　ただ狂へ」とあり、井原西鶴は「色と金」を肯定する『好色一代男』の世界を描いた。「くすむ」というのは、「しぶくておもしろみがない。きまじめである」という意味とされ、「今ここ」のいのちを大事にしていないというニュアンスが入っている。この世を超越して永遠のいのちに眼差しをすえ、この世を相対化するという伝統的な宗教の現世否定的な姿勢は忘れられようとしているかのようだ。

だが、橋本峰雄『「うき世」の思想』が論じるように、「うき世」観がまったく現世中心的な考え方なのかというと、そうも言えない。『閑吟集』では「所詮、人生は夢よ。ただ面白、おかしく遊び暮らせ」と言っているようだが、では、この現世主義において、「後世」はまったく否定されているのか。橋本はそうではないと論じる。後世が意識されているからこその「浮世」なのだという。もう一度、引いておく。

浮世とは色と金の世の中ということである。しかし、それがあくまでも「浮世」であり、「夢の世」であるかぎり、夢にたいする実在が空語になってしまったわけでなく、「後世」が消滅したわけではない。むしろ、そういう消滅のありえないのが「浮世」であるというべきであろう。（『「うき世」の思想』、一〇九ページ）

橋本が強調していることの一つに、「うき世」の意識が平等主義的な人間観に通じているということがある。人みなのいのちが尊い。この世の現実に苦しみ、愛する者との死別で悲嘆にくれ、自らの弱さ、傷つきやすさを痛感する。「うき世」観には、そのような者同士としての横の連帯の意識が伴っているという。小林一茶の俳句の例を思い出しておこう（第4章）。

痩蛙《やせがへる》まけるな一茶是《これ》に有《あり》

やれ打《うつ》な蠅が手をすり足をする

連れて来て飯を喰《くは》する女猫《めねこ》哉

その一茶が子どもの死を受けて発した悲嘆の表現も思い出しておこう（第2章）。

露の世は露の世ながらさりながら

露の玉つまんで見たるわらは哉

秋風やむしりたがりし赤い花

一人の市井の親の悲嘆の表出として、多くの人が身近に感じることだろう。「うき世」もここまで来れば、近代人の死生観との違いは小さなものになっている。

三、漱石自身の死生観、『夢十夜』——不安と意味喪失

では、近代以降の死生観の特徴はどこにあるのだろうか。この終章の初めに示唆したように、それは「死生観」という言葉が使われるようになり、藤村操のようなエリート候補の青年の自殺が大きな話題になり、「煩悶」や「神経衰弱」が問われ自覚されるような時代と関わりがある。それはまた、伝統的な宗教や死生観の大きな枠組みが受け入れられにくくなり、人生の意味や目的について、また自らの価値観の基盤についてあらためて問い直し、自分なりの答えを出すこと

が必要と感じられる時代ということでもある。

漱石が死の瀬戸際を経験し、『思い出す事など』を書くのは一九一〇年のことだが、その少し前の一九〇八年、漱石は『夢十夜』を東京朝日新聞に連載している。一九一三年に連載が終わる『行人』や翌年の『こころ』では、近代文明そのものの病理や鋭敏な知識人の異常心理の表れとして「不安」が描かれている。だが、一九〇八年に書かれた『夢十夜』では、不安がもっと身近で、ふつうの人の経験から縁遠くないものとして描き出されている。ここに表現されているのは「不安」でもあるが、また、「意味喪失」や「徒労」や「絶望」でもある。

たとえば「第七夜」は「何でも大きな船に乗っている」と始まっている。「この船が毎日毎夜すこしの絶間なく黒い煙《けぶり》を吐いて浪を切って進んで行く。凄じい音である」とある。けれども何処《ど》へ行くんだか分からない。日が沈む方へ進んでいるようなので、西へ向かっているようだが、それも確かでない。「自分は大変心細くなった。何時陸《いつおか》へ上がれる事か分らない。そうして何処《こ》へ行くのだか知れない」。勢いよく進んでいるようだが、海として見れば何かが動いているのは船の周りだけだ。一層《いっそ》身を投げて死んでしまおうかと思う。思いとどまらせるはずの他者として、泣いている女性がいる。また、「星も海もみんな神の作ったものだ」という「異人」がいる。だが、他方、サロンにはまったく気にしていない船客もいる。

宗教を信じるという選択肢は取り上げられず、「自分は益《ますます》詰らなくなった。とうとう死ぬ事に決心した」。それで人がいないのを見て、海の中に飛び込んだ。ところが「自分の足が甲板を離れて、船と縁が切れたその刹那に、急に命が惜《おし》くなった。心の底からよせばよかったと思った。けれども、もう遅い。」ところがなかなか水中には届かない。死すらもかんたんには成就しない。そのうち船はどんどん遠ざかってしまう。「何処へ行くんだか判らない船でも、やっぱり乗っている方がよかったと」悟る。「しかもその悟りを利用する事が出来ずに、無限の後悔と恐怖とを抱いて黒い波の方へ静かに落ちて行った」(『夢十夜　他二篇』岩波文庫、一九九三年、二八―三二ページ)。

西へ進む船は浄土教の進行を思い起こさせる。また、創造主である神の信仰も出てくる。だが、どちらも信じることができない。信仰がもてないとすれば、生きていることは意味を奪われているので、死が選択肢となる。だが、潔く死を受け入れることもできない。死を覚悟することによっても、生きがいの根本に関わる不安から逃れられないということだろう。

『夢十夜』――禅による悟りと焦燥感

「第二夜」は参禅している自分の焦りが話題になっている。和尚と対話を重ねるのだが、自分なりの悟りを提示すると和尚に退けられて引き下がる。「お前は侍である。侍なら悟れぬはずはなかろうと和尚がいった。そう何日《いつ》までも悟れぬところを以て見ると、御前《おまえ》は侍ではあるまいと言った。人間の屑じゃと言った」。

死を覚悟して短刀を脇において「全伽《ぜんが》を組んだ――。趙州《じょうしゅう》曰《いわ》く無と。無とは何だ。糞坊主めと歯噛をした」。「悟ってやる。無だ、無だと舌の根で念じた。無だというのにやっぱり線香の香《におい》がした」。からだは痛むし、心は落ち着かない。腹が立つ。「苦しい。無はなかなか出て来ない。出て来ると思うとすぐ痛くなる」。「その内に頭が変になった」。まわりのものが「有って無いような、無くって有るように見えた。といって無はちっとも現前しない。ただ好加減《いいかげん》に坐っていたようである。ところへ忽然《こつぜん》隣座敷の時計がチーンと鳴り始めた」。「はっと思った。右の手をすぐ短刀に掛けた」（同前、一二一─一四ページ）。以上が「第二夜」のあらましだ。

若い頃、夏目漱石は鎌倉の円覚寺で二週間ほどの参禅をした。実際には漱石はこれほど焦燥して禅を経験したわけではないだろう。悟りに近づいたと感じた経験もあったかもしれない。『夢十夜』の数年後の『門』という作品では、自らの参禅の経験を思い起こすかのように、主人公の宗助の一〇日間の参禅が描かれている。作品全体で描かれているのは宗助の不安だ。参禅はそれに答えを求めようとする試みだった。その結果は挫折というべきか。「自分は門を開けて貰ひに来た。けれども門番は扉の向側にゐて、敲《たた》いても遂に顔さへ出して呉れなかつた。たゞ／『敲いても駄目だ。独りで開けて入れ』と云ふ声が聞えた丈であつた」と書かれている（『門』角川文庫、一九五二年、一九二ページ）。

『夢十夜』でも『門』でも、漱石は禅の悟りを求めて得られなかったことになっている。宗教的信仰や悟りを求めて得られないというのは漱石の本心ではやむをえないことと考えていたことだろう。だが、「第二夜」では、そのことを受け入れられず、夢の中の自己は焦燥感にかられている。悟れないのなら、死を覚悟しなくてはならないと考えている。落胆するだけでなく和尚に挑むような姿勢も描かれている。「侍」は「知識人」のことかもしれない。責任感が強いからこそ不安に苦しむという話とも読める。

『夢十夜』は漱石が自らの心の奥深くに潜む不安の正体を見定めようとして書かれた作品かもしれない。そこでは死と宗教が度々話題となる。背負わざるをえない過去の罪（第三夜）、報いなき祈り（第六夜、第九夜）、死と引きかえの愛（第一夜、第五夜）、徒労の末の死（第四夜、第十夜）といったふうである。それは死と宗教がともにこの世を超えた次元に関わるものであり、そのような次元が堅固にあってこそ、安定した自己意識が成立する。それが欠けていること、つまり超越性が欠落していることが、自己の存在基盤を揺るがし、人を根拠の欠如に由来する深い不安に陥れる。実存的な不安と言ってもよいだろう。

新たな死生観の訪れ

夏目漱石はそのような実存的不安、あるいは根拠の欠落といった意識に悩まされ続けたようだ。「煩悶」や「生存競争」や「神経衰弱」といった言葉を多用し、事実、留学中を含め、自ら深刻な「神経衰弱」の経験もしたのだった。その漱石にとって、「修善寺の大患」は確かに大きな経験だった。それによって漱石は宗教に近づいたとは言えない。『門』と『夢十夜』でふれている参禅についての記述は、彼がくぐることができなかった宗教の「門」を示すとも言ってよいだろう。だが、「修善寺の大患」は漱石に死生観の窓を開けたと言えるだろう。一度、失われてしまった超越的なものの支えを、新たに自らなりに獲得する、そのようなプロセスが始まった。『思い出す事など』はそうした新たな「開け」を記したドキュメントと言うこともできるだろう。漱石の頃から、「あなた自身の死生観」を見出すことが課題となり、それによって自らの心の拠り所、仏教風に言えば「安心《あんじん》」を獲得し得たと自覚する人が登場し、次第に増大していく。拙著『日本人の死生観を読む』で示したように、夏目漱石を文学の道の先達と仰いでいた志賀直哉（一八八三―一九七一）は、まさに自らの死生観を得ることを通して自己確立を行うことができたと考えた知識人だ。志賀直哉は自らの生き方の根拠となるものを見失い、彷徨《さまよ》うような苦しい青年期を過ごした後、死に直面して、心の安らぎを得た経験を小説にまとめる。短編「城の崎にて」（一九一七年）、中編「ある男、その姉の死」（一九二〇年）、そして長編『暗夜行路』（一九二一―三七年）だ。

漱石の死（一九一六年）からさほど時を経ずに、当時三四歳の直哉が発表した「城の崎にて」は、電車との接触事故で死を強く意識し、城崎（城の崎）温泉で療養した三〇歳のときの経験を描いたものだ。『日本人の死生観を読む』の一節の私自身の記述を引いてみよう。

このように「城の崎にて」は身辺の動物の死を描きながら、事故にあって死に直面した志賀の「自分」の死生観についてたんたんと語った作品で、随筆に近いとも心境小説とも評されてきた。だが、ここでは自らがいのちの危機に陥った経験を通してある種の死生観を得、死の恐怖を超え、死を身近なものとして受容することができたと述べられている。つまりある種の悟りの体験、あるいは死と生をめぐる真理を体得した経過が示唆されているのだ。

（同書、一〇一ページ）

志賀直哉が死に直面した経験と漱石の「修善寺の大患」の経験はその深刻さの度合いなど異なる点はいくつもあるだろうが、死に直面することを通してある種の大いなる安らぎの経験をもち、心の落ち着きどころを得るという点では確かに共通点がある。直哉は漱石に学んで、死生観を基底にすえる小説を書くようになったという理解もできないわけではないだろう。

死を前にした時期の漱石の漢詩

近代以降、そして「死生観」という語が用いられるようになった一九〇〇年以降の死生観の叙述は、漱石や直哉の例で見たように、宗教や超越的理念などの堅固なものがいったん失われた後に、個々人の探究や経験を通して新たに見出されるものとなっている。そのことを自覚的に語った漱石の漢詩を引こう。『明暗』の連載が続けられているが、死が近いことを予感されるなか、一九一六年一〇月六日に書かれた漢詩である。神山睦美『漱石の俳句・漢詩』（笠間書院、二〇一一年）の読み下しに従う。

非耶非仏又非儒　　耶《や》に非ず　仏《ぶつ》に非ず　又《ま》た儒に非ず
窮巷売文聊自娯　　窮巷《きゆうこう》に文を売りて　聊《いささ》か自ら娯《たの》しむ

採擷何香過芸苑　何の香を採擷《さいけつ》して　芸苑を過ぎ
徘徊幾碧在詩蕪　幾碧《いくへき》に徘徊して　詩蕪《しぶ》に在り
焚書灰裏書知活　焚書灰裏《ふんしよかいり》　書は活くるを知り
無法界中法解蘇　無法界中　法は蘇るを解す
打殺神人亡影処　神人《しんじん》を打殺《ださつ》して　影亡き処
虚空歴歴現賢愚　虚空歴歴として　賢愚を現ず（同書、一〇五ページ）

神山は大意を以下のようにまとめている。

キリスト教徒、仏教徒、儒者、自分はそのいずれでもない。露地裏で売文稼業をし、まず何とかひとり楽しむ者だ。どのようなにおい草を摘み取って文芸の畑を通り過ぎただろうか。また、詩の草むらではどれだけのみどりあるあたりをさまよったか。書物は、焚書の灰の中より復活することを知り、法のない世界でこそ、法は蘇ることを解した。絶対者を打ち殺して、姿も消え去ったところ。虚空にくっきりと賢者と愚者の相違があらわれるのではないか。

（同前、一〇六ページ）

ニヒリズムに接するような場所にこそ、真理が現れ出てくる。キリスト教でも仏教でも儒教でもなく、また法のない世界、神人を打殺したところ、そこにこそ魂のふるさとが現れてくると言ってもよいだろう。同年九月二日の漢詩には「詩人　自ら公平の眼有り／春夏秋冬　尽《ことごと》く故郷」とある（和田利男『漱石の漢詩』文藝春秋、二〇一六年、五九ページ）。

九月九日の漢詩はこれを仏教的な醍醐や空などの用語を用いて表している。

曽ては人間を見　今は天を見る

曽見人間今見天
醍醐上味色空辺
白蓮暁破詩僧夢
翠柳長吹精舎縁
道到虚明長語絶
烟帰曖曃妙香伝
入門還愛無他事
手折幽花供仏前

曽《かつ》ては人間を見　今は天を見る
醍醐の上味　色空の辺
白蓮　暁に破る　詩僧の夢
翠柳　長く吹く　精舎の縁
道は虚明に到りて　長語絶え
烟《けむり》は曖曃《あいたい》に帰して　妙香伝はる
門に入りて還《また》愛す　他事無きを
手づから幽花を折りて　仏前に供ふ（同前、六〇―六一ページ）

和田利男による「大意」は以下のとおりだ。

以前は人間の醜さのみが目について、暗い気分に閉されがちだったが、今では天のように明るく広い世界が見えてきた。差別の相を超えたところに真理の喜びを味わうようになったのだ。白い蓮が暁に花開いて詩僧の眠りをさまし、寺のほとりには青柳の枝が風に吹かれてなびいている。この爽かな心象が道に到り得た者のからっとした気分なのだが、口で説明するわけにはいかない。それは香の煙が美しい香りをただよわせながら形をとらえられぬようなものだ。家の中にあって俗事に煩わされることなく、手折って来た花を仏前に供える日頃の生活を、私はうれしく思っている。（同前、六一ページ）

漱石が死に臨む時を経過し、また大自然を前にして感得している安らぎの境地は、漢詩の伝統から多くを得ているだろう。「詩僧」という語で自らを捉えているのも納得のいくところだ。だが、また儒教的な天や道教的な無、あるいは仏教的な空からも影響を受けたものだろう。死を前にした時期の漱石の「天」は、近代人の「魂のふるさと」の漱石的な形とも言えるだろう。それは漱石が自ら切り開いた境地であり、死生観という枠組みで捉えることもできるものだ。

漱石から現代まで

漱石から現代に至るまで、このような「その人自身の死生観」がさまざまに表出されてきた。共有されている死生観の枠組みからいったん切り離された個々人が、それぞれにつかみ取る、あるいは探り続けるものとしての死生観である。これが近代における死生観の特徴である。拙著『日本人の死生観を読む』でもそのような死生観について宮沢賢治、折口信夫、吉田満、岸本英夫、高見順などを例にして述べた。本書の冒頭で取り上げた若竹千佐子の『おらおらでひとりいぐも』も二〇一〇年代の新たな文芸的な死生観表出のすぐれた例であった。

この終章では、近代になって「あなた自身の死生観」が問われるようになったこと、これは古代から近世に至るまでの死生観のあり方に対して新しい特徴として理解できることについて述べてきた。早い時期に「あなた自身の死生観」を問い、彫りの深い表出をした人物として、ここでは夏目漱石を取り上げた。主に取り上げたのは『思い出す事など』だが、漢詩や俳句、『夢十夜』、『彼岸過迄』、『こころ』なども関連しておりその一部しか見ていない。それらを広く取り上げれば、死を強く意識して以降の漱石の死をめぐる、あるいは死生観的な探究の幅広さをうかがうことができるはずだ。

拙著『日本人の死生観を問う』では、一九六〇年代頃までの近代の知識人の死生観をめぐる探究の種々相を見た。「知識人」と述べたが、彼らも一般の人々の死生観を意識し、それを拾い上げたり、その新たな展開に貢献したりするような場合があった。柳田國男や折口信夫《おりくちしのぶ》の民俗学、野口雨情や金子みすゞの童謡などはその例である。夕日や望郷の念がしばしば登場する童謡の「故郷＝ふるさと」の表象は近代の死生観と関わりが深い。

魂のふるさととの歴史

折口信夫が用いた「魂のふるさと」という言葉は近代になって力を得てくる言葉である。だが、小林一茶はすでに「ふるさと」へのこだわりを度々表現していた。

その小林一茶には、「日本」への愛着を表現した句も数多くある（青木美智男『小林一茶』岩波新書、二〇一三年、一一二—一一五ページ）。

けふからは日本の雁ぞ楽に寝よ　「七番日記」文化九年

渡る雁我とそなたは同国ぞ　「七番日記」文化一四年

花おの〳〵日本だましひいさましや　「文化句帖」文化四年

君が代や厄をおとしに御いせ迄　「七番日記」文化一〇年

明治維新後に次第に強まっていくナショナリズムと「故郷＝ふるさと」の表象は関連する（成田龍一『「故郷」という物語』吉川弘文館、一九九八年）が、ナショナリズムと死生観も関わりが深い。近代人の死生観を考えるとき、個人の死生観探究とともに、ナショナリズムと死生観の関係にも十分、注意を払う必要がある。とりわけ戦争が起こると、戦死者をめぐりナショナリズムと結びついた死生観の増幅が起こる。靖国神社や軍歌「同期の桜」と死生観の関わりを見逃すわけにはいかない（拙著『日本人の死生観を読む』／『ともに悲嘆を生きる』、参照）。「あなた自身の死生観」を問うとき、それがナショナリズムとどう関わっているかについて、十分に考えておくべきだろう。

一茶の「日本」や「ふるさと」は、近代の「魂のふるさと」観の初期の現れの一例と言えるだろう。

およそ一〇〇年後の金子みすゞの場合、ナショナリズムが強まっていた時代ではあるが、その童謡歌詞が提示する「魂のふるさと」は不思議にナショナリズムから遠く、むしろ孤独な個と多様な他者たちとの共生感、そして悲しみをたたえた他界の音調の澄明さに特徴がある。第1章で「大漁」と「燈籠ながし」を引いたが、ここでは「さびしいとき」と「鯨法会」を引きたい。

さびしいとき

私がさびしいときに、／よその人は知らないの。
私がさびしいときに、／お友だちは笑ふの。
私がさびしいときに、／お母さんはやさしいの。
私がさびしいときに、／仏さまはさびしいの。

これは深刻な喪失と祈り、そして死の彼方についてやさしい言葉で述べたものと感じられる。

鯨法会

鯨法会は春のくれ、／海に飛魚採れるころ。
浜のお寺で鳴る鐘が、／ゆれて水面《みのも》をわたるとき、
村の漁夫《れふし》が羽織着て、／浜のお寺へいそぐとき、
沖で鯨の子がひとり、／その鳴る鐘をききながら、
死んだ父さま、母さまを、／こひし、こひしと泣いてます。
海のおもてを、鐘の音は、／海のどこまで、ひびくやら。

第1章で紹介した「大漁」と重なるモチーフの作品だ。この世の生は深い孤独や残酷な争いに見舞われており、安らぎの場はないかのようだ。

どちらの詩も、避けがたい苦と無常がずしりと重く感じられる作品である。だがにもかかわらず、私たちは「お母さん」や「海」のなかに、そして「仏さま」や「お寺で鳴る鐘」を通して、「魂のふるさと」を感じ取ろうとすることをやめないだろう。一〇〇年近く前、深い悲しみの末

に自らのいのちを絶たなくてはならなかった金子みすゞが紡いだこれらの詩句は、二一世紀に入って多くの人々の心に響き、容易に癒しがたい悲しさ、寂しさの向こうにある魂のふるさとを思い出させてくれる。

本書の冒頭で紹介した『おらおらでひとりいぐも』の場合は、人生の旅も盛りを超えた時期の人々の、より安定感のある探究が共感をよぶ。そこでは、さびしさや悲しみの深さにも増して、安らぎをもたらす魂のふるさとの実在感が濃厚だ。

読者は『おらおらでひとりいぐも』の主人公の「桃子さん」が、夢に白装束の「女だち」が八角山を上っていく光景を見たことを覚えておられるだろう。その折の「桃子さん」のせりふを今一度、引用する。

帰る処があった。心の帰属する場所がある。無条件の信頼、絶対の安心がある。八角山へ寄せるこの思い、ほっと息をつき、胸をなでおろすこの心持ちを、もしかしたら信仰というのだろうか。八角山はおらにとって宗教にも匹敵するものなのだろうか。（同書、一五〇ページ）

「桃子さん」は「そうであって、そうでない」と自答する。「神だの仏だのそんな言葉は使いたくない。では、なんというか。おめ。おらに対するおめ。必ず二人称で言われなければならないのだ」。「ふるさと」は自ら選び取って、「おめ」（お前）と言われる存在となっている。「あなた自身の死生観」にふさわしい結末というべきだろう。

あとがき

少し前までしゃべりあっていた同級生が眼前で自動車にひかれ、近くの医院にかつぎ込まれていくのを見送ったのは七歳のときのことだ。その後も友人の死、祖父母や親族の死、教師となってからは学生の死などを経験し、衝撃を受けることもあった。家族が死ぬ夢を見て、枕を濡らしたこともあった。

しかし、私が自らの「死生観を問う」姿勢をはっきりもつようになったのは、四〇代の後半、白血病で亡くなった父の死を経験してからである。五〇歳を少し過ぎて、二〇〇二年には東京大学で死生学という領域の研究教育に取り組むようになった。

それまで宗教について考えることをしてきたが、自らの死生観について考える時間が長くなり、次第にそれが身近になってきた。宗教は自分自身の問いになりきらないところがあったが、五〇歳を過ぎてからは死生観は私自身の問いであり続け、自分なりの答えがほしいものでもあった。

二〇一三年には上智大学グリーフケア研究所所長となり（―二〇二二年）、二〇一六年には同大学に大学院実践宗教学研究科死生学専攻を立ち上げ、その初代委員長となった。授業や講演で死生観を取り上げる機会も増えた。

二〇一二年に『日本人の死生観を読む——明治武士道から「おくりびと」へ』を、二〇一九年には『ともに悲嘆を生きる——グリーフケアの歴史と文化』(ともに朝日新聞出版)を刊行し、日本の死生観に関わる考察を進めてきたが、両著は近代のみを対象としている。さらに射程を伸ばして「死生観を問う」必要を感じていた。

そこで、近代以前にも遡り、時間的に遠いにもかかわらず私自身にも身近に感じられる死生観表出を取り上げることにした。朝日新聞出版から刊行されている月刊誌『一冊の本』に、自分自身に問いかけるようにして、「あなた自身の死生観のために」という文章を二三回にわたって連載した。それをもとに序章と終章を書き加えてまとめたのが本書である。

死生観について書くのはこれで終わりということでもなさそうだ。死の床についても、なお死生観を問い続けているような気もする。私自身はすでに高齢であるが、副題に二〇代でこの世を去った金子みすゞをあげ、終章では四〇代で死の彼方を意識するようになった夏目漱石をあげているように、心に響く死生観の表現は年齢を超えてなされるもののようだ。

だが、「死生観を問う」ことは死に至るまで続く場合が多いだろう。私自身はそうに違いないと思っており、なお確固たる死生観をもつに至ったとは思っていない。

この度も連載のときから伴走して下さった矢坂美紀子さんには、役立つ多くの助言をいただいた。両親や恩師、先輩から学んだ、あるいは引き継いだつもりのことが多いことにもあらためて気づかされる。同僚のみならず、死生観についての拙い講義や講演や著述の刊行を重ねてきたが、それに対して批評して下さったり、さまざまな感想を寄せて下さった方々にも感謝の念を新たにしている。今後もよろしくお願いいたします。

島薗　進

二〇二三年盛夏

主な参考文献

＊引用文献については、本文の引用箇所で示しています。煩雑になるので、ここでは列挙を略します。ここにあげるのは、各章の論旨にかかわる主な参考文献です。

全章にわたるもの

島薗進『日本人の死生観を読む――明治武士道から「おくりびと」へ』朝日選書、二〇一二年
島薗進『ともに悲嘆を生きる――グリーフケアの歴史と文化』朝日選書、二〇一九年
中村元ほか編『岩波仏教辞典　第二版』岩波書店、二〇〇二年

序章

池上良正『増補　死者の救済史――供養と憑依の宗教学』ちくま学芸文庫、二〇一九年／初刊、角川選書、二〇〇三年
石牟礼道子『苦海浄土　新装版』講談社文庫、二〇〇四年／初刊、『苦海浄土――わが水俣病』、講談社、一九六九年
川村邦光『弔いの文化史――日本人の鎮魂の形』中公新書、二〇一五年
佐藤弘夫『死者のゆくえ』岩田書院、二〇〇八年

東北学院大学震災の記録プロジェクト・金菱清（ゼミナール）編『私の夢まで、会いに来てくれた――3・11亡き人とのそれから』朝日新聞出版、二〇一八年
山本幸司『死者を巡る「想い」の歴史』岩波書店、二〇二二年
若竹千佐子『おらおらでひとりいぐも』河出書房新社、二〇一七年

第1章　魂のふるさとと原初の孤独

安藤礼二『折口信夫』講談社、二〇一四年
長部日出雄『神話世界の太宰治』平凡社、一九八二年
折口信夫『折口信夫全集　第一巻〜第三巻（古代研究）』中公文庫、一九七五年／初刊、『古代研究』全三冊、大岡書店、一九二九―三〇年
同『現代襤褸集』『折口信夫全集 26』中央公論社、一九九七年
同『死者の書』『折口信夫全集 27』中央公論社、一九九七年／初刊、青磁社、一九四三年
同「山越しの阿弥陀像の画因」『折口信夫全集 32』中央公論社、一九九八年
鎌田東二『世直しの思想』春秋社、二〇一六年
川村邦光『出口なお・王仁三郎――世界を水晶の地に致すぞよ』ミネルヴァ書房、二〇一七年
窪寺俊之『金子みすゞの苦悩とスピリチュアリティ――自死をめぐる考察』関西学院大学出版会、二〇二二年
島薗進『思想の身体　悪の巻』春秋社、二〇〇六年
同『宗教学の名著30』ちくま新書、二〇〇八年

波平恵美子『いのちの文化人類学』新潮選書、一九九六年
野口雨情『童謡と童心芸術』同文館、一九二五年
早川孝太郎『花祭』角川ソフィア文庫、二〇一七年／初刊、岡書院、一九三〇年
速水融『日本を襲ったスペイン・インフルエンザ――人類とウイルスの第一次世界戦争』藤原書店、二〇〇六年
矢崎節夫『童謡詩人　金子みすゞの生涯』JULA出版局、一九九三年
柳田國男『故郷七十年』『定本　柳田國男集　別巻第三』筑摩書房、一九七一年／初刊、のじぎく文庫一九五九年
同『先祖の話』『定本　柳田國男集　第十巻』筑摩書房、一九六九年／初刊、筑摩書房、一九四六年
同「嫁盗み」『婚姻の話』『定本　柳田國男集　第十五巻』筑摩書房、一九六九年／初刊、岩波書店、一九四八年）

第2章　無常を嘆き、受け入れる

大岡信『古典を読む　万葉集』岩波現代文庫、二〇〇七年／初刊、岩波書店、一九八五年
大桑斉『寺檀の思想』教育社歴史新書、一九七九年
大嶽浩良・中野英男『若き日の野口雨情』下野新聞社、二〇一六年
笠原一男校注『蓮如文集』岩波文庫、一九八五年
大谷暢順『蓮如［御文］読本』講談社学術文庫、二〇〇一年／初刊、河出書房新社、一九九一年
オマル・ハイヤーム著、小川亮作訳『ルバイヤート』岩波文庫、一九四九年

小友聡『コヘレトの言葉を読もう――「生きよ」と呼びかける書』日本キリスト教団出版局、二〇一九年
金子未佳『野口雨情――人と文学』勉誠出版、二〇一三年
玄侑宗久『無常という力――「方丈記」に学ぶ心の在り方』新潮社、二〇一一年
『小林秀雄全作品〈14〉無常という事』新潮社、二〇〇三年
小松英雄『いろはうた――日本語史へのいざない』講談社学術文庫、二〇〇九年／初刊、中公新書、一九七九年
古茂田信男『七つの子――野口雨情 歌のふるさと』大月書店、一九九二年
高木市之助『〈日本詩人選4〉大伴旅人・山上憶良』筑摩書房、一九七二年
高島俊男『李白と杜甫』講談社学術文庫、一九九七年／初刊、評論社、一九七二年
谷口茂『外来思想と日本人――大伴旅人と山上憶良』玉川大学出版部、一九九五年
陳舜臣『オマル・ハイヤーム ルバイヤート』集英社、二〇〇四年
月本昭男訳『ギルガメシュ叙事詩』岩波書店、一九九六年
中嶋真也『大伴旅人 コレクション日本歌人選』笠間書院、二〇一二年
永嶺重敏『歌う大衆と関東大震災――「船頭小唄」「籠の鳥」はなぜ流行したのか』青弓社、二〇一九年
野口不二子『野口雨情伝――郷愁と童心の詩人』講談社、二〇一二年
見田宗介『近代日本の心情の歴史――流行歌の社会心理史』講談社学術文庫、一九七八年／初刊、講談社、一九六七年

矢羽勝幸校注『一茶　父の終焉日記・おらが春　他一篇』岩波文庫、一九九二年
山内清海『「コヘレト」を読む』聖母文庫、二〇一三年

第3章　悲嘆の文学の系譜

井上辰雄『在原業平――雅を求めた貴公子』遊子館、二〇一〇年
大岡信『紀貫之』ちくま学芸文庫、二〇一八年／初刊、筑摩書房、一九七一年
同『詩人・菅原道真――うつしの美学』岩波現代文庫、二〇二〇年／初刊、岩波書店、一九八九年
折口信夫「叙事詩の発生」『折口信夫全集　第一巻　古代研究（国文学編）』中公文庫、一九七五年
同「小説戯曲文学における物語要素」『折口信夫全集　第七巻　国文学篇1』中公文庫、一九七六年
唐木順三『新版　現代史への試み』筑摩書房、一九六三年
同『無常』筑摩叢書、一九六五年／初刊、筑摩書房、一九六四年
同『「科学者の社会的責任」についての覚え書』ちくま文庫、二〇一二年／初刊、筑摩書房、一九八〇年
川口久雄校注『〈日本古典文学大系72〉菅家文草　菅家後集』岩波書店、一九六六年
萩谷朴『〈日本古典評釈・全注釈叢書〉土佐日記全注釈』角川書店、一九六七年
藤井貞和「仮名序」、増田テルヨ「真名序」『一冊の講座』編集部編『〈一冊の講座　日本の古典文学4〉古今和歌集』有精堂出版、一九八七年
正岡子規「芭蕉雑談」『獺祭書屋俳話・芭蕉雑談』岩波文庫、二〇一六年
目崎徳衛『紀貫之』吉川弘文館、一九六一年／新装版、一九八五年

カール・ヤスパース著、重田英世訳『〈ヤスパース選集Ⅸ〉歴史の起源と目標』理想社、一九七六年／原著、一九四九年
吉川幸次郎著・高橋和巳編『中国詩史』上・下、筑摩書房、一九六七年
同『中国文学入門』講談社学術文庫、一九七六年／初刊、弘文堂、一九五一年

第4章　無常から浮き世へ

家永三郎編『〈現代日本思想大系2〉福沢諭吉』筑摩書房、一九六三年
頴原退蔵『江戸文芸論考』三省堂、一九三七年
大貫恵美子『ねじ曲げられた桜——美意識と軍国主義』岩波書店、二〇〇三年
金子兜太『他界』講談社、二〇一四年
同『荒凡夫　一茶』白水社、二〇一二年
五来重『高野聖』角川ソフィア文庫、二〇一一年／初刊、角川新書、一九六五年
斎藤正二『花の思想史』ぎょうせい、一九七七年
白洲正子『西行』新潮文庫、一九九六年／初刊、新潮社、一九八八年
宗左近『小林一茶』集英社新書、二〇〇〇年
高尾一彦『近世の庶民文化』岩波現代文庫、二〇〇六年／初刊、岩波書店、一九六八年
高木きよ子『桜百種——万葉・古今・新古今・山家集』短歌新聞社、一九七九年
同『西行の宗教的世界』大明堂、一九八九年
同『桜——その聖と俗』中央公論社、一九九六年

同　『西行――捨て果てきと思ふ我身に』大明堂、二〇〇一年
谷脇理史　『浮世の認識者　井原西鶴』新典社、一九八七年
圭室諦成　『葬式仏教』大法輪閣、一九六三年
津田左右吉　『文学に現はれたる我が国民思想の研究（五）』岩波文庫、一九七八年／初刊、洛陽堂、一九一八年
中山ヒサ子　『ホスピスケアと音楽――室蘭市カレス・マークホスピスの実践』春秋社、二〇〇七年
橋本峰雄　『「うき世」の思想――日本人の人生観』講談社現代新書、一九七五年
秦恒平　『閑吟集――孤心と恋愛の歌謡』日本放送出版協会、一九八二年
目崎徳衛　『西行の思想史的研究』吉川弘文館、一九七八年

終章

青木美智男　『小林一茶――時代を詠んだ俳諧師』岩波新書、二〇一三年
伊藤浩志・島薗進　『「不安」は悪いことじゃない――脳科学と人文学が教える「こころの処方箋」』イースト・プレス、二〇一八年
神山睦美　『〈コレクション日本歌人選037〉漱石の俳句・漢詩』笠間書院、二〇一一年
十川信介　『夏目漱石』岩波新書、二〇一六年
夏目漱石　『夢十夜　他二篇』岩波文庫、一九八六年
同　『思い出す事など　他七篇』岩波文庫、一九九三年
成田龍一　『「故郷」という物語――都市空間の歴史学』吉川弘文館、一九九八年

古井由吉『漱石の漢詩を読む』岩波書店、二〇〇八年
吉川幸次郎『漱石詩注』岩波文庫、二〇〇二年／初刊、岩波新書、一九六七年
ロバート・レッドフィールド著・染谷臣道、宮本勝訳『未開世界の変貌』みすず書房、一九七八年
和田利男『漱石の漢詩』文藝春秋、二〇一六年

初出誌

「一冊の本」の2020年5月号より2022年3月号まで掲載。

書籍化にあたって、はじめに、序章、終章を書き下ろして、連載部分も大幅に加筆修正をした。

島薗 進（しまぞの・すすむ）

1948年、東京都生まれ。宗教学者。東京大学名誉教授、上智大学グリーフケア研究所前所長。NPO東京自由大学学長。

主な研究領域は、近代日本宗教史、宗教理論、死生学。

2012年に『日本人の死生観を読む――明治武士道から「おくりびと」へ』（朝日選書）で第6回湯浅泰雄賞を受賞。

『スピリチュアリティの興隆』（岩波書店、2007）、『宗教学の名著30』（ちくま新書、2008）、『国家神道と日本人』（岩波新書、2010）、『宗教を物語でほどく――アンデルセンから遠藤周作へ』（NHK出版新書、2016）、『ともに悲嘆を生きる――グリーフケアの歴史と文化』（朝日選書、2019）、『なぜ「救い」を求めるのか』（NHK出版、2023）ほか多数。

朝日選書 1037

死生観《しせいかん》を問《と》う
万葉集《まんようしゅう》から金子《かねこ》みすゞへ

2023年10月25日　第1刷発行
2024年 1 月20日　第2刷発行

著者　島薗 進

発行者　宇都宮健太朗

発行所　朝日新聞出版
〒104-8011　東京都中央区築地 5-3-2
電話　03-5541-8832（編集）
　　　03-5540-7793（販売）

印刷所　大日本印刷株式会社

Published in Japan by Asahi Shimbun Publications Inc.
ISBN978-4-02-263128-2
定価はカバーに表示してあります。

源氏物語の時代
一条天皇と后たちのものがたり
山本淳子
皇位や政権をめぐる権謀術数のエピソードを紡ぐ

平安人の心で「源氏物語」を読む
山本淳子
平安ウワサ社会を知れば、物語がとびきり面白くなる！

枕草子のたくらみ
「春はあけぼの」に秘められた思い
山本淳子
なぜ藤原道長を恐れさせ、紫式部を苛立たせたのか

落語に花咲く仏教
宗教と芸能は共振する
釈徹宗
仏教と落語の深いつながりを古代から現代まで読み解く

long seller

易
本田済《わたる》
古来中国人が未来を占い、処世を得た書を平易に解説

COSMOS 上・下
カール・セーガン／木村繁訳
宇宙の起源から生命の進化まで網羅した名著を復刊

東大入試 至高の国語「第二問」
竹内康浩
赤本で触れ得ない東大入試の本質に過去問分析で迫る

中学生からの作文技術
本多勝一
ロングセラー『日本語の作文技術』のビギナー版

島薗進の本

『日本人の死生観を読む
明治武士道から「おくりびと」へ』

日本人はどのように生と死を考えてきたのか？幅広く活躍する宗教学者が、柳田国男、折口信夫、吉田満、宮沢賢治などの作品をもとに、死の受容の言説を探り、日本人の死生観を眺望する。

朝日選書885

『ともに悲嘆を生きる
グリーフケアの歴史と文化』

災害・事故・別離等、「ひとり」に耐えて生き抜く力の源とは。喪失による悲嘆は、人生の意味が問われる大きな体験だ。フロイト「喪の仕事」、内村鑑三の悲嘆文学、『きけわだつみのこえ』などを通して考察するグリーフケアの基本図書。

朝日選書982